羅光著

士林哲學

——實踐篇——

臺灣學生書局印行

此書謹獻於

露德聖母

書成於露德顯聖百週年内

小引

這兩冊書是我所寫的「哲學」書的下半部。上半部名『理論哲學』，下半部名『實踐哲學』。理論哲學包括認識論自然界哲學和形上學；實踐哲學則包括宗教哲學，倫理哲學和美術哲學。

哲學上下兩部，原來承張曉峯部長列在國民基本智識叢書以內，交由中華文化出版委員會出版。去年政府改組，曉峯先生改任陽明山革命研究院院長，文化出版委員會總幹事，屢次以該會出版費短絀，哲學一書不能如期出版相告，後又謂這書已編在基本智識叢書第六輯以內，繼則謂該輯先印名著翻譯會譯書，末又謂第六輯叢書已中途停頓。我早已知道哲學書籍在付印上，困難很多；第一，哲學上派別很多，出版者，不能不看書中的思想屬於那一派。第二，哲學書籍很枯乾，出版者對於這種書籍不感到興趣，而且又怕這種書籍賣不出去。因此，我很諒解總幹事的苦衷，便把『哲學』一書，移到眞理學會出版。先將下半部『實踐哲學』付印。上半部的稿本，因去年赴台時，願意隨身將手稿帶往台灣，匆匆趕完，缺漏頗多，於今乘機將上半部稿本詳加修改，等改完後，將來才付印。

爲印這冊書，公教進行社華德中神父及梁作祿神父，聖經學會雷永明神父，公教報陳雄爲神父，幫忙很多，謹向四位神父虔致謝意。

羅光識　一九五九年　二月二十五日

目錄

第二編　倫理學

目錄

第一編　宗教哲學

實踐哲學

羅光著

第一章 宗教

在理論哲學書裏，我們討論了認識論和形上學各方面的問題。認識論和形上學的問題，普通稱爲理論的哲學問題；因爲是討論的問題，都是理論方面的哲理，和實際生活不相關。於今在這兩冊書裏我們要討論的問題，是關於實際人生的各種哲理，因爲這一部份的哲學稱爲實踐哲學。

實踐哲學所包括的通常只有倫理哲學，近來有人在倫理哲學以外，再加上美術哲學，總稱之爲價值論。

「價值論」這個名稱，我不大贊成。倫理哲學所討論的問題，雖是行爲的善惡問題；行爲的善惡，可以說是行爲的價值：但是行爲的善惡，不是人生的目的，只是人生的方法。倫理學所討論的問題，第一個，應該是討論人生的目的，然後纔討論人生的方法。因此不能以價值論去概括倫理學和美術論，況且美術論所講的，不僅是美術的批評，還要講美術的本性。美和善，固然是行爲的兩種價值，然而美和善的意義，是人發展精神生活的方式。

實踐哲學既是討論實際人生的問題，我所以把宗教哲學也歸併在實踐哲學以內，列爲實踐哲學的第一篇，人對於人生的目的，和人有無宗敎思想很有關係。宗敎哲學，便討論人生的意義和目的，以規定實際人生的學理基礎。

倫理哲學繼續宗教科學，討論人趨向人生目的之道，人在實際的生活中，所追求的目的雖多，但在各種目的中，人都是爲求幸福。人的最大幸福，便是人的最終目的。人能趨向這個目的，則爲善，不能趨向這個目的，則爲惡。倫理學討論善惡問題，是討論人生之道。

美術論可以列爲人生哲學的一部份，以人的美術活動爲對象。美術有如宗敎信仰和學術研究，能夠發揮人的精神生活。況且眞美善三者，普通都以爲互相連貫，理論哲學爲求眞，宗敎哲學和倫理哲學爲求善，因此便該以美術去求美。有的美術家主張純藝術論，不承認藝術論屬於人生哲學，但是無論怎樣提倡美術，美術總是人的一種活動。既是人的活動，便不能說不屬於人生的範圍。把美術從人生的範圍裏抽出去，那不是尊重美術，而是掩殺美術。

(二) 宗教的意義

(1) 宗教哲學

宗敎哲學的一個名詞，在許多人看來，似乎是一種兒戲，而且似乎是自相矛盾。在許多人的眼目中，宗敎只是一種迷信，哲學則是人的理智的最高學術，迷信相反理智，那麼怎樣可以把宗敎和哲學連合在一齊呢？

在事實上，問題不是這樣簡單；不然，爲什麼歐美許多學者都談宗教哲學呢？而且在以往，歐美哲學家尚只談『神論』（Theodicea），目前則正式提出宗教哲學的名詞。

宗教可以是迷信，但不是一切宗教都是迷信。宗教裏可以有迷信，但不是宗教所談的都是迷信。宗教哲學就是在於指出合理的宗教觀念，以排斥非理的迷信。

宗教哲學在開始時稱爲「神論」（Theodicea）。神論一詞爲哲學家萊本尼茲所創，萊氏創神論一詞，爲神辯護，當時有些學者因世界充滿汚穢罪惡，起而懷疑神的美善，萊氏爲神辯護，以神論一書發揚神的善德。繼起的學者，擴張「神論」的內容，包括神的存在和本性等問題，乃成爲理性界的神論，稱爲本性界神學（Theologia naturalis）。

宗教哲學則是現代學者所用的名詞，用以研究宗教的內容。黑格爾會反對科學家討論宗教，如歷史家討論宗教，僅能就歷史的宗教事實，研究宗教，可以說明宗教的經歷不能推出宗教的本性。但是第十八世紀的科學家，却常高興從科學方面去談宗教。考古學者，人類學者，和社會學者，大家都從各種民族的宗教信仰，去決定宗教的性質。結果大家只抓到宗教的外皮，不能窺見宗教的內心。到了第十九世紀，科學家則大都承認宗教問題，不是科學問題；於是有些哲學家乃從哲理一方面去研究宗教，造成宗教哲學。（註一）

宗教哲學和本性界的神論，兩者的範圍，前者大於後者；因爲宗教哲學除討論神以外，還討論宗教。我於今採用宗教哲學的名詞，就是願意連神連宗教都加以討論。

宗教哲學不是一個教會的教義或神學。教會的教義，來自教主，不一定都是按理智推論而得的，有的是神的啓示。教會的神學，隨自己的教義而定，宗教哲學則是按照理智去推論關於神和關於宗教的學理。宗教哲學所講的都是理智可懂，都是理智可以證明的。

（2） 宗教的意義

我在公教教義（註二）一書的緒論裏，曾從語言學，人種學和哲學三方面討論宗教的意義，簡略述說了學者們的意見。在這裏我不再加以重複。

中文『宗教』兩字，結合成一個名詞，在四書五經裏不曾有過。宗教兩個字，經傳裏則都有。宗字，說文說是『从宀从示，示謂神也，宀謂屋也』，宗卽是指宗廟。說文又說：『宗尊雙聲，按當云尊也，……大雅公尸來燕來宗。傳曰：宗，尊也，凡尊者謂之宗，尊之則曰宗之……禮記別子爲祖，繼別爲宗，繼禰者爲小宗。凡言大宗小宗，皆謂同所出之兄弟所尊也。』那麼宗字又有共同尊敬信服的意思，而且所尊敬者爲神示。

『教字，說文說：『效也。上施故從文，下效故從孝。』教字指的是上施下效。易經的觀卦上說：『觀天之神道而四時不忒，聖人以神道設教，而天下服矣。』程伊川易傳註說：『天道至神，故曰神道。觀天之運行，四時無有差忒，則見其神祕。聖人見天道之神，體神道以設教，故天下莫不服也。』易經又說：『觀盥而不薦，有孚顒若。』盥，是行祭禮以前，盥手取潔；薦，是奉酒食以祭；有孚，是有孚信；顒若，是尊敬之貌。那麼觀卦卽是代表在行祭以前盥手取潔，表示心中的眞誠，能够引起旁人的敬服作效。因此象辭上所說的『聖人以神道而設教』，也可以解爲以事神靈之道而設教。後來人所以把教字用爲稱呼道教和佛教。

「宗教兩字，連合起來，結成一個名詞，意義便該是以神道設教，爲人所宗。辭源解釋宗教說：『以神道設教，而設立誡約，使人崇拜信仰者也。』(註三)

但是所謂以神道設教，什麼是神道呢？神道不明，宗教的意義也不明。我們認爲神道是「人們對於至上無限的神靈，所有的信仰，所執行的敬禮。」(註四)用這種神道去教人，便稱爲宗教。

宗教所教的，所以是人和神的關係。

人和神的關係，是人自己知道自己從屬於神，自己對於神應該有尊敬，講明這種關係，而教人去實行，這就是宗教。

宗教講明人和神的關係，便造成宗教的教義，宗教教人實行人和神的關係，便製成宗教儀禮。

聖多瑪斯說：『屬於宗教分內的事，卽在向唯一的天主，按照唯一的理由，獻上敬禮。理由是說天主乃一切事物的造生和主宰根源。』(註五)

(3)　宗教和人生

(甲)　宗教不是僅爲補救法律之不足

有些人雖不信仰宗教，但是他們看重宗敎，甚至於提倡宗敎；因爲他們以爲宗敎勸人爲善，以身後的賞罰，約束人的良心。這樣，當着國家法律只能約束人的外面行動，不能約束人的良心時，宗敎可以補救法律之不足。

宗敎可以補救法律之不足，這是人人承認的實事；但是宗教的意義，不僅在於補救法律之不足。因爲宗敎的意義，是敎人實行人和神的關係。在這種關係以內，包括着遵守規律，行善避惡。宗敎所敎人做的，在行善以外，還有別的事。因此不能以勸善去概括宗敎一切的意義，假使宗敎只是爲勸善，那麼在政府可以用他種極有效方法，使人爲善時，政府便可以取締宗敎了。

（乙）宗教不僅是爲美化人生

有些人提倡宗敎或至少看重宗敎，以爲宗敎發揮人的精神生活，普通一般人的心理，都不滿於現實，都有追求更高幸福的意識。宗教能够給人講述精神的快樂，和來生的幸福，使人的精神有所皈依。

對於這班人的主張，我們也不反對；因爲宗敎眞是可以發揮人的精神生活，但是宗敎爲什麼能够提倡精神生活，使人生能够美化有詩意呢？因爲宗敎講明人和神的關係。人的精神生活因着實行人和神的關係乃能提高，乃得發揮。因此提高精神生活只是宗敎生活的效果，並不是宗敎的本身，不然，宗敎便要和藝術同科，甚至於或者可以拿藝術去代替宗敎了。

勞榦先生說：「在茫茫大宇之中，人的求知慾望是無盡止的。向着無盡止的發展，結果仍然感到空虛。任何一個人，不論賢智愚不肖，他都是要去尋找一個寄託的。……因此，一個用心的人，總會意識到，宇宙中總有一種超物質的至善力量。這種力量就將成歸依的對象。而使得隨時可以求仁得仁，心安理得。使得不會再有精神上的匱乏，成爲空虛之感。這也就成爲充塞宇宙無所不在的上帝觀念所由出發。』（註六）

唐君毅先生說：『宗敎要求乃一求價值的實現與生活之圓滿悠久之要求。宗敎信仰卽直接由此要求冒出之信仰，此要求與信仰之本身之價値，並不須以其是否合所知現實世界之情况以爲衡定。此卽使我們對於人間之一切宗敎本身之價値，皆可先與一廣泛之肯定。我們可說不管一宗敎之所信是如何希奇古怪，只要其所自發之要求是當有，此宗敎之生起，在開始點，卽是當有而合理的。』（註七）

宗敎是精神的一種要求，乃是一樁實事；但是不可以把宗敎的意義都收縮在一點上；不然結論就要和唐君毅先生的結論一樣，以爲無論那種宗敎，只要是發自人的精神要求，『卽是當有而合理的。』這種結論，我們不能接受：因爲宗敎的意義，是講明人和神的關係，並敎人實行這種關係。宗敎合理不合理，是在於所講和所行的人神關係，是否合理。合理的宗敎當然可以發揚人的精神生活。

（丙）　宗教是人生的基礎，支配整個人生

歐洲第十八世紀和第十九世紀時，盛行自由主義。自由主義鼓吹私人的自由，同時却極力主張羅瑪公敎（天主敎）的敎士應該退居在敎堂以內，不應干預敎堂以外的事件。自由主義認爲敎會的任務，僅僅在於舉行宗敎儀禮，對於旁的事件，一槪不宜過問。羅瑪公敎會反對這種主張，自認對於人生的各方面都有自己該說的話，因爲『宗教的信仰，指出人們的歸宿，標明人生的目的。因此宗教生活，便成爲人們生活的基礎，總攝人生的各部。倫理生活，固然是直接由宗教信仰而發，常受宗教信仰的統制；即是理智生活，感情生活，以至物質生活和人們的職業活動，莫不受宗教信仰的支配。』（註八）

人們是理智動物，人們的生活，便由人的目的而定。人生的目的，由宗教而講明，因此整個人生便受宗教的支配。

但是世上有許多人不信任何宗教，有許多人自認是無神派，他們又說人生沒有一定的目的；那麼這一班人的生活，當然是不受宗教的支配了？他們既然不信宗教，我們便該承認他們的生活不受宗教的支配。我們主張，是宗教按照自身的意義，應該支配人們的生活。可是在實際上是否眞的支配人們的生活，那是另一問題。

（二）宗教要素

（1）宗教要素

宗教的意義，第一在於講解人和神的關係；所講的人和神的關係，構成宗教的教義。第二，在於實踐人和神的關係；實踐的方式，構成宗教的儀禮。因此教義和儀禮，乃是宗教不可少的兩種要素。教義和儀禮，旣是宗教的要素，宗教爲保全教義，爲講解教義，爲執行儀禮，應當有自己所委任的人：這一班被委任的人，普通稱爲司祭。司祭因此也是宗教要素之一。宗教於是有三種要素：一是教義，一是儀禮，一是司祭。

凡是沒有這三種要素的宗教，都不是正式的宗教。若是三種要素裏，缺少一種，也就是不完全的宗教。

中國古代素來不稱儒家為儒教或孔教，因為儒家並不專講天人關係，造成信仰，更沒有一定的司祭主行祭祀儀禮。但若廣泛一點說，儒家的思想裏包括有天人關係，儒家的儀禮中，有祭祀的典禮，而且有規定的主持典禮的人；因此，由廣義一方面說，儒家也可稱為宗教。古代所以有三教合流的主張，便是以儒家算為三教之一。至於道教和佛教，則眞眞是宗教，道佛都有自己的教義，都有自己的教儀，也有道士和尙，為教會的司祭。

(2) 宗教信仰

普通討論宗教的人，完全注意在信仰一點，不單單是研究宗教的人，根據各教的信仰以分別宗教；就是普通討論宗教性質的人，也都是從宗教信仰下手。

(甲) 宗教信仰不能是非理智的

有些哲學家雖不反對宗教，但他們認為宗教的信仰，是非理智的信條。第一，他們說神不能作為人的智識之對象。唯心論一派的人，以為人的理智力，不能超過人的精神；唯物論一派的人，以為人的理智力，不能超過形式的現象，「神」則是超於形式又超於人的精神的實體；因此人對於神的有無和本性，都不能知道；結果主張人的理智對於神和人的關係，不能有知識。宗教既然以人和神的關係爲信仰的教義，信仰的教義便是非理智的。康德黑格爾以及現代的柏格森等，都是這種主張。

假冒科學的唯物主義和共產主義，則更以宗教信仰是相反理智，不合理的迷信，是未開化的初民的遺產，進化的文明人，不會再信宗教。

爲答覆這一些人的疑問，爲辯駁他們的主張，我們要請讀者回頭去看知識論；因爲這些人的主張，在學理上都是以知識論的原則爲根據。我們反對他們的主張，也是因爲我們反對他們的知識論。我們所持的理由，也就是我們知識論的原則。

把我們知識論的原則，簡單地歸括起來，有下面三點：

人的理智，可以直接認識外面的對象。

人的理智所認識的對象，不限於物質的形式也不限於人自已的精神。

神可以作爲人的理智的認識對象。

在下面我們討論神的存在和神的本性時，我們要解釋上面的三點。人的理智既然能夠認識神，宗教信仰便不是非理智的了。

（乙） 信仰不是感情的盲目要求

凡是不承認理智有認識神的能力的學者，不一定就反對信仰宗教。他們主張宗教信仰時，都以宗教是感情的產物。他們的解釋法雖不相同，但是都認爲宗教信仰是感情的要求。感情是不可理解的，宗教信仰也就不可理解。

這一班人的主張，我們一律都不贊成。宗教是人生的一種要求，然而不僅是感情的要求，也是理智的要求，宗教既是理智的要求，當然是可以理解的。而且人的感情是由理智去指使，因此感情的要求，也不該是盲目的，却應該是合理的。

我們於今簡單地看一看，主張宗教是感情的要求的學者們，所有的意見。

德國人種學者克洛益宅（Friederick Créuzer）主張未開化的初民對於自然界的現象，例如風雨雷電等等事件，心生畏懼，又不能解釋，於是相信這些現象都是神靈。因此宗教是宇宙現象的人格化，是初民畏懼這些現象，用祭祀去禳災祈福。

英國社會學者孔德（Auguste Comte）主張最初的宗教，是崇拜自然，他乃倡『拜物論』（Feticism）。未開化的初民，不知道有神靈，相信自然現象是神力的表現，他們便樸實地崇拜自然界的日月星辰和水火。

比較宗教史專家太娄（Edward Burnett Tylor）主張初民因爲對於死亡和夢境，不知道怎樣解釋，便信人有一種靈魂，既然信人有靈魂，便相信自然界的物體也有靈魂，於是便崇拜自然界物體的靈魂爲神靈。太娄的主張，稱爲「精靈論」（Animism.）。

德國民族學家翁特（W. Wundt）繼續太婁的精靈論，謂初民因信精靈而信鬼，因信鬼乃崇拜祖宗和英雄。

人種學者馬克冷南（T. F. Mac lennan）和法賚（J. G. Frazer）倡「圖騰崇拜論」（Totemism）。圖騰爲一種禽獸的象徵物，初民相信某種禽獸爲自己的遠祖，於是畏懼這類野獸而與以敬禮。

法國民族學者杜耳根（Durkeim）又倡『巫術論』（Magism）巫術論主張初民相信宇宙間有種神祕的自然力，幾時遇到人力不能抵抗的災禍，信爲這種神祕力作祟，於是心生畏懼，圖謀用術法去制止，由巫術而後有宗教。

上面的學者，都是從民族心理方面去研究宗教的起源，他們的意見，以爲宗教乃是由於初民一種盲目心理所造成的，但是於今世界上的民族大多數巳經是開化了的文明人。文明人中於今仍舊有宗教，這又是什麼道理呢？近代許多哲學家答覆這種疑問，說這是因爲文明人對於宗教有種感情要求。

康德以倫理的規律爲每個人自己意志的絕對要求，同樣宗教也是意志的一種要求；因爲我們覺得非有倫理，非有宗教不可。

德國哲學家希來爾馬格爾（Schleimacher）認爲宗教是人誠心感覺到從屬於天主（神）。

法國撒巴提葉（A. Sabatier）則說宗教是人對於至高至大的神靈的感情。

美國心理學家威廉詹姆士（William James）主張宗教仰信是人的下意識，對於神靈，自信所有的接觸。

法國現代哲學家柏格森（H. Bergson）以爲宗教的信仰，乃是人對於神的「直觀」。直觀不屬於理智，也不屬於意志，乃是人心靈深處的一種感覺。直覺所有的對象，不能解釋，只能體會。因此宗教信仰常是神祕的。

現代歐洲社會上有不少的人，也把宗教作爲本人趨向神靈的感情。宗教完全是每個人內心的感覺，是自己內心覺得和神相親近，用不得外面的儀式，更用不着宗教的組織。

上面所說的各種主張，我們都不能贊成，宗教既是人生的基礎，既然支配人生的各種活動，宗教不能是感情的一種盲目要求，人是理智動物，人生的基礎，絕對不能是非理智或反對理智的。

宗教是什麼呢？宗教是人對於神的關係。是不是有神呢？若是有神，對於人有什麼關係呢？這兩個問題該按理去講。按理說，應當有一位造生人物的尊神；那麼按理該敬禮這位尊神。豈不是按理該當有宗教嗎？怎麼宗教可以是盲目的感情衝動呢？若說神的存在，不是理智所能定斷的問題；在理智方面既不能斷定有不有神，另一方面人却感到非敬神不可，那末敬神便不是理智所推出的結論，乃是人心所有的一種要求。

神的存在，是不是理智所能定斷的問題，在下面我們要討論。我們的主張，是主張理智可以定斷這個問題。卽使撇下這個問題，單單就人心要求敬神的一點來說，我們也該解釋這種要求。人心都要求敬神，這不是証明神的存在嗎？

（丙）宗教信仰不能純粹是理智的產物

上面各派學者，把宗教認爲非理性或反理性的感情行動，原因是他們一致主張宗教信仰，應該純粹是理智的產物。於今各種宗教的信仰，旣不純粹是理智所推想出來的，宗教便是非理智的或是反理智的了。看來這種主張正合乎我們的主張。我們不是主張宗教是理智的產物嗎？然而我們却說這種主張是錯的。因爲我們主張宗教是理智的產物，但是並不主張宗教純粹是理智的產物。

（A）宗教有啓示

宗教的對象是至上之尊神。尊神的本性當然是無限的偉大，人的理智力雖大，終究是有限的。有限的理智力，可以認識無限的尊神，但是不能完全認透尊神的全部本性。人對於尊神所能推知的智識，只是尊神的一部份性質。我們不能說尊神完全被我們認識了。

尊神當然不能是塊然無靈的死物；尊神而有靈，誰也不能阻擋尊神以自己的本性，畧爲告訴人。尊神把自己的本性告訴人，稱爲啓示，（Revelatio）宗教的信仰裏因此能够包含有啓示。

實徵論的哲學家絕對反對啓示。他們所主張的知識論，是以感覺的形式爲範圍。神的啓示完全超乎感覺以外，他們不承認啓示爲智識，他們更詆毀啓示爲迷信。

我們也承認有許多宗教徒所信的啓示確實是迷信。但是這不是因爲啓示本身是錯誤，乃是因爲所信的啓示，並不是啓示。啓示能够成爲啓示，應該具備當有的條件，就是應當証明眞正是神的啓示。已經証明確實是眞神所說的啓示，這種啓示則是合理的，不能是迷信。

神爲啓示一項眞理給人，所用的媒介物，是用人已經有的觀念。由啓示而來的眞理，並不是不用人們普通智識所有的觀念，牠的新奇和神祕，是在於觀念結合而成一辭（評判）人們的理智不能懂，因此啓示是超乎人的理智，但不是反乎人的理智。

例如『耶穌是天主（神）』，『耶穌』，我們懂得是什麼意義，『天主』我們也懂得是什麼意義。『耶穌』和『天主』結合而成一句評判：『耶穌是天主』，我們就不能懂淸這句話的意義了。耶穌是一位歷史上的人物，怎麼樣能够是天主（神）呢？於今我們因着啓示知道了這項眞理，我們雖然懂不淸楚，可是我們能够推論這樁事並不是不可能，並不是完全相反理智。

天下有多少超乎人的理智的事呢！人身的營養作用和生殖作用，生物學家也只能解釋這些作用是怎樣進行，但是爲什麼要這樣進行呢？生物學家便不知道解釋了。你能說這些作用是反乎理智嗎？還有許多現象，就連進行的程序，也沒有人可以解釋，例如毒瘤病症，你能說毒瘤是反乎理智，便不能有嗎？自然界有這樣的秘密，難道神就不能有超乎人的理智的特性？

若是不信有神，或是不能証明所說的啓示確實是神所啓示的，啓示當然便不能信。但是有神，是合理的事；神作啓示，也是合理的事；証明神確實有這種啓示，更是合理的事；樣樣都合理，怎麼能說啓示不合理呢？

（丁）宗教有意志的信服

啓示超乎理智，宗教信仰中含有啓示，宗教信仰便不純粹是理智的產物。

宗教信仰既然包含有啓示，啓示又超乎理智，超乎理智的啓示不是人所能懂的，人對於宗教信仰就不是一見必定要信了！

一項眞理，若是顯而易見，大家都懂，人就不能不信。一加一，等於二，你難道不信嗎？不信，別人就要駡你是瘋子。科學上的問題，有深有淺，淺的容易懂，深的難懂；每種問題在懂了以後，就不能不信；若是不懂，信不信，便有自由了。一個人向我述說一樁事，信不信則在於我，我可以信他的話，也可以不信他的話；因爲我並沒有親眼看見那樁事。

凡是理智懂得淸楚的事理，人心當然應該相信。在這種機會上意志不發生動作，不能去加選擇。若是事理不是理智所懂得淸楚的，人心信服不信服，則要由意志去決定了。意志願意信，就信；不願意信，就不信。意志在決定信或不信時，當然該看理智所供給的理由，有可以信的理由而不信，則不免過於固執；沒有可信的理由而信，則又是輕信或迷信。

宗教的信仰包含有不懂的啓示，人心信從否，便要由意志去決定。然而意志的決定，還要順從理智中的理由。因此宗教信仰屬於理智也屬於意志感情。

(3) 宗教儀禮

(甲) 宗教儀禮是人對於神的敬禮

敬禮是下對於上的心理表現，下對於上的心理，是一種從屬的心理，因着從屬，便表示尊敬。在上者愈高，在下者的尊敬也愈深。至上之神，爲造生並掌管人物之天地主宰，人對於至上之神，便應該表示至深的尊敬。敬神的儀式，就是宗敎儀禮。

宗敎因此不能沒有敬神的儀禮。宗教既是敎訓人們知道神的尊高，便不能不敎訓人恭敬神。捨神而不敬，宗教便不合理，也不成爲宗敎了。

宗敎儀禮既是敬神的儀禮，儀禮便以神爲對象，應該適合於神的品位。凡是不適合於神的品位的儀禮，則是不合理的儀禮，而是迷信。不是神而以神靈去敬，敬禮爲迷信；敬神而不以神道，敬禮也是迷信。孔子曾說：『非其鬼而祭之，諂也。』（論語爲政）又對孫賈之問：『與其媚於奧，寧媚於竈，』答曰：『不然，獲罪於天，無所禱也。』（論語八佾）

（乙）宗教儀禮應有外面的儀式

主張宗敎爲感情的要求的學者，解釋宗敎生活純粹是感情作用。他們主張宗敎生活的精髓，在於人的內心，直接和神相接觸。人向神祈福，人向神懺悔，人使自己的精神溶化於神中。人和神相接，是內心精神的接觸，是神祕莫可名言的接觸，怎麼可以假藉外面的儀式呢？於今基督誓反敎裏，最多數的教派，都沒有特別的公開宗敎儀禮，除誦聖詩和聽講道以外，每個信徒自己私人對越上帝。

我們主張宗敎應該有公開的宗敎儀禮。人的生活不純粹是精神的內心生活，人有肉體的感官，感官的生活，也是人生活的一部份。另一方面人與神相接，雖是藉着自己的精神；但是人的精神並不僅是感情，理智是人的精神的重要部份，人的理智活動，常假藉語言或動作去發表。因此人在敬神時，不能僅僅在感情方面求和神相接觸，人是要用整個的人，去表現對於神的敬意。中國古禮教人在祭祀時，內心要誠，外面要莊重，一進一退，都要按着儀節行動。而且外面的儀禮，常能啓發內心的敬意。當公開舉行一種嚴肅的祭禮時，參加典禮的人，內心容易受感動。中國儒家所以重禮，是以禮能教人。

上面我們曾經說過，敬神的敬禮應該適合神的品格。感情是盲目不知理的，若是敬神全憑感情而動，敬禮必至於多有違情叛性的妄舉。因此敬神的敬禮應該由理智與以規定。但是理智所能定的，是外面的舉止儀式，藉着外面的儀式，進而範圍內心活動。公開的宗教儀禮，便是宗教不可缺少的要素。

除規定的公開儀禮外，每個人對於神，還可以有其他的內外敬禮。這種私人對於神的敬禮，也是宗教生活的一部份。不過這一部份的宗教生活，不能代表全部的宗教生活，也不能和公開儀禮的原則相衝突。

感情在宗教生活裏，當然佔着一個重要的地位。敬神要虔誠，不然，外面的儀禮只是虛套，失去一切的價值。敬神還要孝愛神，孝愛爲感情動作。敬神而不愛，敬禮不全。有合理的儀禮，有虔誠的心情，敬神的敬禮纔算是成全的了。

(4) 司　祭

宗教有爲敬神所規定的儀禮，爲執行這些儀禮，便應該有宗教所規定的人。宗教所規定爲執行敬神儀禮的人，稱爲司祭。

爲什麼應該有執行敬神儀禮的司祭呢？理由很簡單，若是爲敬神沒有一定的司祭，無論誰便都可以執行儀禮，那不是要亂了嗎？中國古禮對於每種祭祀，也歸定了主祭的人。

至於說司祭應該是終生獻身於神的人，司祭的一生應該清心寡慾，司祭的選擇應該有天命（神的命令）；這一切問題都是神學上的問題，出乎哲學的範圍以外了。

教會除教儀以外，還有所信仰的教義，教義而且是在教儀以上。對於教儀，不能任聽私人亂做，教會應該予以規定；對於教義，更不能任人亂加解釋，應該有規定的一致條文。從教義裏常有引伸而出的教規，凡是信教的人都該當遵守。教會對於教規的執行，也應加以監督。爲行使上面的幾種任務，教會不能不有執行任務的權力。因此教會裏常有教長，常有組織。普通掌管教會組織的人，便是執行教儀的司祭。

世界的宗教裏，只有羅瑪公教（天主教）具有一統的嚴密組織；其餘的宗教最多是一國一區，各有首長。馬丁路德所倡的基督教，主張私人任意可以解釋聖經，後代的基督教，便四分五裂，各派各一教義，漸至失去宗教的性質。佛教和道教雖也具有組織，然而所組織的只是寺院道觀，對於信教的人，教會不予以管理。儒教因不是純粹的宗教，從來沒有過宗教方面的組織。

但是一種完全的宗教，按理應該是有嚴密的宗教組織。

(三)宗教的性質

宗教的性質，隨着宗教的信仰而定。於今全世界各民族的信仰，千花百門，從拜物圖騰，敬拜多神，以及敬禮一神，各種信仰同時存在；因此現在的宗教，種類很多，性質也互相不同。

研究宗教學的人，按着信仰的對象，把宗教分成多少種。另外是研究民族學的人，詳詳細細地分析初民宗教的性質，看他們的信仰屬於那一種宗教。我們於今就哲學的立場，討論宗教的性質，我們不去歷舉某種某種宗教，具有什麼性質。我們是就宗教的本性，去推論她的性質。

(1) 宗教是精神的生活

宗教教人實踐人和神的關係，敬拜神靈。神靈爲精神體，敬拜神靈，當然是精神的活動。

一班學者，主張宗教爲精神的要求。他們所注意的，就在於宗教的精神特性。人在精神方面，感覺自已不能自足，要求一種超於自然界的神，以發展自已的精神。宗教便是爲發展人的精神。

無論那種宗教，卽使所信仰的對象，爲一種最物質化，最無靈性的頑石，樹木或禽獸，在信徒的心目中，所信仰的對象，乃是一種神化的對象，爲一種精神體。因此無論那種宗教，都是屬於精神生活的。但因所信仰的對象，神化的程度，有深有淺，禽獸而神化的神，不及人而神化的人；人而神化的神，不及本身爲神之神。因此宗教的精神性也有淺深的不同。最高而最完全的宗教，應該是敬拜至上唯一精神體之一神教。

但是宗教雖是精神生活，不能因此斷定宗教除人的精神生活以外，絕對不管人的肉體生活。人是精神和肉體結合而成的，肉體生活可以阻礙精神生活，也可以幫助精神生活。孟子曾說爲教民行善，先應使民有衣食。宗教爲發展人精神生活，便同時也該顧到和宗教生活有關的肉體生活。因此宗教提倡慈善事業，倡提教育事業，也提倡社會事業，而且宗教規定外面的宗教儀禮和宗教組織。宗教儀禮和宗教組織，目的是在相幫人發展精神上的宗教生活。

(2) 宗教是講來生的

講哲學的人，可以不講來生；講宗教的人，則不能不講來生。因爲宗教講人和神的關係，在這種關係裏，必定包含有人生的究竟。人從何處來，人往何處去，哲學上找不出圓滿的答案。在宗教的教義裏，應該有圓滿的答覆。

宗教所以應該講來生，有兩種原因：第一、因爲人生的究竟，是由人和神的關係裏去探索。第二、因爲善惡的賞罰，不能在現世得有完全的了解。

從人和神的關係裏，我們應該知道人是從何處來的。人所以要敬神，是因爲人是由神所造的，人便是由神所造而來。人將往何處去呢？那要看神有怎樣的規定。人旣是神所造的，人的歸宿當然由神去規定。宗教應該把神對於人的歸宿，所有的規定，昭示於人。宗教因此便不能不講來生。

再者，宗教勸人行善避惡，較比治國的人教民行善，效力更大；原因是治國者用法律去迫人爲善，法律的效力限之於現生，行之於人身以外。宗教的效力，能够達到人身以內的良心，能够延到死後的來生。宗教的善惡賞罰，若不實現於來生，在現生便不能實現；因爲人世的禍福和賞罰，不常和善惡相合，行善者不一定得賞，遭禍的人不一定是作了惡。儒家主張善惡的賞罰及於子孫，『積善之家，必有餘慶。』這種賞罰觀念，在勸善一方面，當然可以鼓勵人行善；但是在誡惡一方面，不足以使惡人誡惡。中國古代的族刑和誥封，也包含着家族刑賞的原則，結果儒家只有現世的法律賞罰觀念，沒有宗教的賞罰觀念，儒家因此不足以稱爲宗教。

然而宗教講來生，應該是由現生以講來生，人的現生，是一種實在的生活，不過牠的目的是在來生。假使若是沒有現生，結果也就不能有來生。假使現生只是一種幻想，來生涅槃也只能是一種幻想。因此宗教雖講來生，但不能以現生爲虛無。

(3) 宗教是公而又唯一的

從各國的民族歷史去看，有些民族以自己的宗教，爲本民族獨有的宗教，不許他種民族信奉。例如猶太民族，以猶太古教爲本民族獨有的宗教。在另方面，有些民族則共同信仰兩三種宗教，把這些宗教混而爲一。例如中國人，同時信仰儒釋道，實行三教合一。

近代有許多學者，主張各種宗教地位平等，同時都有存在的價值。他們認爲宗教彼此排擠，彼此攻擊，乃是沒有意義的事，不過表示宗教的氣量狹隘，不能容人罷了。

但是按學理上去說，人類的眞正宗教只能有一種，這種宗教爲各民族的公有宗教。因爲宗教是就人和至上尊神的關係去敬禮尊神。至上尊神按理說只能有一位，不能够有多位。假使有多位尊神，則就不是一尊，結果也就不是眞眞的至上之神了。

尊神既是一位，人和尊神的關係也都是相同的，因着相同的關係而定的敬禮，也該是相同的。因此按理說，人類的眞正宗教，只能有一種，大家都應該信奉這種宗教。各種宗教都知道這種理論，各種宗教便都自信是唯一的眞教，盡力排擠其他的宗教。所以宗教的互相排擠，不是氣量狹隘，乃是宗教的本性如此。

爲什麼在事實上世界上有許多宗教呢？在事實上世界上的各種宗教，都有自己的歷史背景，我們不能一一加以述說。我們只就哲理方面去講，世界上有許多宗教，原因是因爲人的理智，不能直接了解尊神。人對於尊神的存在和性格全憑理智去推論，而且推論出來的結論，都是間接的智識，不是直接的智識。於是便好比物理學上有一樁物理現象，大家不明白眞相如何，物理學家便各自就自己的見解作一假設，等到物理現象的眞相被發明了以後，一切的假設都被取消。

人對神既然不直接明瞭他的眞相，人對於神的解釋，便可以有許多假設，假設中有對的，有不對的，因此世界上乃生出許多宗教，宗教中有對的，也有不對的。但若一旦，至上尊神自己啓示於人，叫人知道他的一部份本性，而且這種啓示是在歷史上可以証實的，於是因着這種啓示而立的宗教，便應該是敬禮尊神的眞正宗教了，大家便都應該信奉這種宗教。

但是在事實上，神的啓示的歷史証據，不容易被人所接受，因爲歷史的事蹟，是人世的本性事蹟，神的啓示是超乎人性的事實，拿本性的事蹟，去証實超性的事蹟，雖不是不可能，但是彼此間的關係，不是明如皜日，大家都一見而信。結果，在世界上的許多宗教裏，人們不容易分眞辨假，也不容易改換自己的信仰。

若是從哲理方面去說，眞正的宗教應該是有可以分辨的特性。眞正宗教的特性，必定和至上尊神的本性相符。相反尊神本性的宗教，一定不是眞的宗教。若是至上尊神旣然啓示了一種宗教，至上尊神必要設下標記，爲作証自己的啓示。

至於尊神爲作証啓示，該設有何種標記，這些標記又何在，這一切是屬於宗教神學的範圍。

（註一）Fulton Sheen. Philosophy of Religion Dublin 1952. Paul Ortegat S.J. Philosophie de la Religion Paris 1932.

（註二）羅光、公教敎義、香港眞理學會出版、1955年。

（註三）羅光、公敎敎義，頁三。

（註四）羅光、公敎教義、頁一二。

（註五）S. Thomas. Summa Theologica. IIa II.81.3.

（註六）勞榦、論宗敎的發展與中國的宗敎、民主評論、第七卷第十期、頁十二。

（註七）唐君毅、宗敎信仰與現代中國文化、民主評論、第七卷第二十二期、頁五九七。

（註八）羅光、公敎敎義、頁一三。

第二章　論神的存在

（一）神的存在可以證明

（1）人的理性可以有神的觀念

在普通一般人看來，神的觀念是最普通的一個觀念。那一個民族不敬神呢？非洲最不開化的民族也有敬禮神靈的宗教；歐美自號文明的無神派，既然反對有神，便也該知道神是誰。神字，可以說大家都知道有什麼意義。

哲學家却故意要與衆不同，他們自以爲事事都追求根柢。有些事在外面看來是這樣，追到根柢竟至於根本不同。有些哲學家便說，神的觀念，在外面看來，似乎很容易，人人都有，但是在根本上人不能有神的觀念，人的理性不能懂得神字的意義。

（甲）唯理性主義（Rationalismus）

（a）神的觀念爲天生觀念

上面我們說一些哲學家認爲人的理智不能上升到神的觀念，於今我們若講唯理性主義，這種主義舉揚理智的能力，我們應該相信這一派的哲學家一定主張人的理智可以有神的觀念。在事實上，唯理性主義是主張人能够認識神；然而他們因爲過於伸張人的認識力，結果反倒使人不能够正確地認識神了。

笛克爾是看重理智力的哲學家，他主張人所有的「神」的觀念，不是來自後天的經驗，而是由於先天而得，與生俱來。造生人物的至上尊神，在人的理智上，印刻了他的觀念，人因着這個先天的觀念，再去認識萬物。

主張這種先天的「神」觀念的學者，在笛克爾以前有柏拉圖，以後有萊布尼兹，以及別的哲學家，在他們的心目中，神的觀念應該是先天的，纔是最可靠、最穩固的觀念。殊不知他們的主張，正曝露理智的無能無用。若是智理自己可以構成神的觀念，爲什麼要有先天的神觀念呢？況且在事實上，神的觀念，在民族間，意義最不一定。這就表示神的觀念，並不是先天固定的。

（b）神的觀念純粹是理性的產物

法國大革命時，是歐洲思想最抬舉『人』的時代。那時一種浪漫主義浸溶了歐洲各方面的思想。歐洲人以爲「人」是最上，人是自己的主人翁。

盧梭，和瓦爾特極端的崇拜人的人性：盧梭崇拜人的感情。瓦爾特崇拜人的理智。他們是最樂觀的人物。在他們看來，神的觀念，當然是理智的產物，人不但能够知道神是否存在，而且可以澈底明瞭神的本性。這麼一來，神和人平等了，神已經不是神了。

（乙）本體直觀論（Ontologista）

義大利十九世紀哲學家奇阿白提（Gioberti 1801-1852），和羅斯米尼（Rosmini 1797-1855）繼承法國十七世紀哲學家馬朸布朗西（Malebranche 1638-1715）的思想，以爲人的理智，直接看見神的本體，在神的本體以內，再認識其他的事物。人對於神的本體，所有的直觀，爲人的理智的第一種智識。

人的理智能够直觀神的本體，理智的能力，不是很可驚訝的嗎？但是在骨子裏，這派哲學家抬舉理智，是因爲主張理智在宇宙的事物裏，不能攝取『神』的觀念。宇宙事物都是流動的，都是有限的事物，不能供給無限和一致的觀念。

（丙）　社會傳說論（Traditionalista）

從思想史方面去看，或是從宗教史方面去看，再不然就從人的社會經驗方面去看，一個人的見解容易錯誤，因而造出許多的錯誤思想和不正的邪敎。爲保証人的思想能够正確，應該有先師的敎訓。這些敎訓由社會人士歷代傳說下去，作爲人們思想的指南。神的觀念，在歷代的社會裏都有；但是在開始時，神的觀念，必是由於神自己的啓示，然後歷代的人纔能傳說神的觀念。

（丁）　懷疑論

近代的哲學家，對於「神」的觀念，大都主張懷疑論。洛克，休謨，孔德，斯賓塞以及馬克思等都認爲人的理智力，只能够達到具體的形色物，至於超於形色的神，人不能够知道他的有無，更不能够知道他的本性若何；於是便流爲無神派。

（戊）宗教感

許多懷疑派的哲學家，不甘心爲無神派，乃發明一種宗教感。人對於神，不能用理智去認識，只能憑藉這種宗教感，直接和神相接觸。神的觀念，不是屬於理性的，是屬於感覺的。

（A）萊特（Thomas Reid 1710-1796）和他所創的蘇格蘭學派，主張普通人的共同感覺（意見），覺到非有神不可。

（B）康德主張「神」的觀念，爲人心倫理感的迫切要求，沒有神，則不能有倫理。

（C）詹姆士主張適用者爲眞理，神的觀念，爲人生最適用的觀念。

（D）柏格森主張宗教生活完全是人心宗教感的活動，人用宗教感和神相接。

（E）存在論的哲學家，杞爾克加，雅士培，海德格等極力主張神的存在。他們主張神的存在，是從每人的實際存在去體驗。我們體驗出來自已的渺小，自已的缺憾，自已的罪惡。因爲感覺到罪惡，便不能不體驗到神的存在。

上面各派的學說，多多少少都是因爲看不起理智的認識能力，便從他方面去求神的觀念。人是理智動物，人生的一個最基本觀念卽是神的觀念，却不由理智而來，宗教在理智生活發達的文明世界裏，將沒有立脚的地點了。我們主張神的觀念，是理智所構成的，「神」字的內容，則不是理智所可完全包括的。神是高於人的，神的本性大於人的理智。但是神的高大，並不致於使人的理智茫然無知，而以神爲不可名不可言之『無』。

（2）人的理智由宇宙萬物上溯至造物之神

（甲）人的理智可以有神的觀念

反對理智可以有神的觀念的哲學家，不能視爲一概都是糊說，他們也有他們的理由；不過他們過於偏激，乃走於極端。

我們也承認形色之物，不足以產生精神的觀念。但是人的理智，可以從形色之物中，構成抽象的觀念。由抽象的觀念，人的理智可以升到精神觀念。

我們也承認，宇宙萬物都是有限的，都是流動變化的，不能代表無限的和永久不變的神。但是人的理智從有限可以推知到無限，從流動可以推知不變。

我們也承認人人都可以錯，在宗教方面，邪說左道很多，因此要緊有先師，要緊有最初的啓示，要緊有傳說，要緊有一般人的共同感覺（意見）。但是這一些要求並不能掃除理智的認識力。先師和傳說，只是爲幫助理智，不是爲代替理智。

我們也承認，人的心理方面有許多要求，可以作神之存在的証據，但是這些証據並不是脫離理智而獨立的，更不是超乎理智而不可懂的。

因此我們不宜過於誇大理智的缺點，致於抹殺理智的認識力。同時也不宜誇大理智的能力，反使理智力縮少。我們第一應當承認理智有抽象化的能力，從單體的形色物中，可以構成抽象的共通觀念。第二，我們承認在知識論上有幾項最基本的原理，如因果律，矛盾律等。人的理智按照這些原理，從已知者可以推到未知者。

神的觀念雖不是抽象的觀念，而是代表具體的精神體。但是人的理智能够使用抽象觀念，去代表精神體的特性，因此神的觀念，不是完全超乎理智力以上。人憑着自己的理智，可以知道有神。

(乙) 人的理智由萬物溯到造物之神

在知識論裏我們講過人的理智爲構成觀念的過程，是由知覺和想像而到觀念，一切超乎形色的觀念，是由感覺中抽出來的。除去這種過程以外，我們沒有別的道途去得觀念。

神的觀念，不是由先天生來的；因爲我們沒有先天生來的觀念。神的觀念，不是全憑傳說而來的；因爲在傳說開始時，神的觀念必定應該有個來源。神的觀念更不能來自感情，感情只覺到自己的需要，不能構成觀念。因此，神的觀念，是由理智構成的。

理智爲構成「神」的觀念，一定該由形色之物而出發；由形色之物，上升到至高的精神體，形色之物和至高精神體之神，彼此間的關係，是因果的關係，至高精神體之神爲造物主，形色之物爲受造物。人的理智按着因果律，由受造物而上升到造物主，於是乃有「神」的觀念。

在宗教史和民族學上，我們知道在許多宗教裏，神並不是造生萬物之造物主，初民所信的神，能够是一種動物的代表，能够是一種自然現象的代表。然而，就是在這種宗教裏，神總是代表一位掌管人事禍福的神靈；神的觀念也是由於禍福的因果關係而有的。

按理說，神只能有一位。這位唯一的神，乃是宇宙萬物的造物主，人爲知道有神，當然是由萬物而上溯到造物之神。

（丙）　萬物可以代表造物之神

我們既然主張人的理智可以由萬物上溯到造物之神，受造之萬物便在相當之程度內，可以代表神。聖葆樂宗徒曾經說：『蓋自有世以來，天主形而上之神性靈德，實可憑其所造之萬物而辨認洞見也。然則世人亦烏得而推諉乎？』（致羅馬人書：第一章第二十節、吳經熊譯本）

天主之神性靈德，可以在萬物裏看得出來；爲什麼緣故可以看得出來呢？因爲萬物是天主所造的，按照因果律去推論，不得不如此。

萬物可以代表造物之神，第一，是代表神的存在。按照因果律，有果必有因。果既然存在，因當然應該存在。人一看到果，便自然想到因；果的存在，便代表因的存在。因此，既然有萬物便該有造物之神；萬物的存在代表造物之神的存在。

第二，宇宙萬物可以代表神的特性，宇宙萬物受造於神，萬物的特性，便都是得之於神。按照因果律的原則，果所有的特性，因當然可以有。在因果相等的因果之間，果所有的特性，因不一定都有；但是果的本性必定和因的本性相同。例如父子之間，人性相同，父子的特性，則不一定相等。在因高於果的因果之間，因果的本性不相同，但是果的特性；因可以有。例如畫家畫畫，畫家和畫的物性不相同，但是畫的特點，代表畫家的特長。

宇宙萬物和造物主的關係，有如畫家和畫的關係，兩者不是同等的。人物的本性和神性不相同，因爲神性遠遠高於人物的本性；但是人物所有的特點，既都由造物之神所造，若是這些特點不相反神的本性，神當然可以有，而且也應該有。因此說：『天主形而上之神性靈德，實可憑其所造之萬物，而辨認洞見也。』

(二) 爲證明神的存在，形上學方面的理由

(1) 形上學原理

在這本哲學的緒論裏，我們曾經說過世上的學術大別之可分爲三類：物理科學、數學、哲學。爲証明神的存在，我們不能用科學上的實驗，實驗是就形色的物質物而試用的；神則超乎形色之上，實驗對於神，直接不能試用。爲證明神的存在，我們也不能用數學上的公式。數學的公式，可以用之於『量』；神是沒有質量的，對於神不能用數字去計算。爲證明神的存在，我們只有哲學方面的論證，哲學是追求萬物根由的學術，因爲追求根由，便上溯到造物之神。

哲學的分類以形上學爲最高。形上學的理由也最可靠；因爲形上學是就物體的本性而加以研究。在形

上學以下，有自然界的哲學，也可稱爲形下哲學，是就形色物體的特性而加以研究。再下，則有實踐哲學，是就人生的行爲而加以研究，也稱爲倫理哲學。從這三方面的哲學去看，我們都可以提出一些很強的理由爲證明有一位造物之神。我們於今便把這三方面的理由，按照次序去加以討論。

爲能應用哲學上的理由，去證明造物之神，我們該當注意哲學上的幾項原理。我們的理智，爲推論事理，是要憑藉前題和結論間的關係，假使前題和結論一點關係也沒有，理智便無法從前題推出結論。前題和結論的關係，有一定的法則，這些法則稱爲哲學上的基本原則。在這等基本原理中，最重要的原理有三：矛盾律，因果律，目標律。在理論哲學裏，我們已經討論過這些原則。

矛盾律：在同一方面，是者不能同時不是；有者，不能同時無。假使不承認這一項原理，一切的學術都沒有立足之地了。是非既能同時並存，還有什麼學術的可言呢？有人說矛盾律只能應用於同時同地同一情況下之事。一樁事理在兩種不同的時間內，或兩處不同的空間以內，便不能適用矛盾律。百年前所謂是者，今日可以成爲非。百年前所有者，今日可以沒有。但是這種說法，並不能推翻矛盾律。矛盾律是只應用於在同一方面的同一事件，不問時地和情況。例如說中國有孔子；你却說中國沒有孔子，因爲孔子早已死了，中國於今沒有孔子。但是人人都知道你是詭辯。

因果律：包括兩項原則，即是充分條件的原則（Principium ratio sufficiens）和因果原則。凡是一項事物既然存在，便具備爲存在該有的充分條件。條件不足，當然不能存在。那麼凡是自己不能具備爲存在該有的條件的事物，便要仗着另一原因，以取得存在的條件，這就是因果律。

目標律：凡是一個系統或組織，一定有自己的目標；因爲系統或組織，不能是偶然盲目而湊成的，應該有系統或組織的構成者，而且也應該有構成的理由。爲什麼有這種系統或這種組織呢？這個問題必定應該有答覆。這個問題的答覆就代表系統或組織的目標。凡是不是偶然盲目而湊成的事物，則必有製造者；凡是不是盲目的製造者，便是有理性的製造者。凡是有理性的，在自己的行爲上，必定常有一種目標。這就是目標律的根基。

這三項原理，在證明神的存在，是一切證明的學理基礎，另外是因果律，應用特別多。若是不承認因果律，便沒法講神的存在了。

(2) 生者不能自生

在證明神的存在以前，我們應該解釋神字的意義。但是這種解釋，在下一章論神的本性時，我們將要說明，於今我們只就神字在字面上的意義，簡單說幾句，免的發生誤會。中國古書上的神字，能有好幾種意義。我曾在儒家形上學一書裏，說明儒家所用的神字的意義(註一)。概括地說來，儒家古書用神字代表神靈時，不是指上帝或上天。古書上的神靈，指的上下神祗，上帝則稱帝或稱天。我們於今用神字所指的，則不指上下神祗的群神，而是指的上帝或上天。因爲上下神祗不足稱爲神，只有上帝纔眞是神。因此在我們的心目中，上帝，上天，天主，和神都是意義相同的名字，同是指着造物主。

形上學爲證明神的存在，第一個證明理由，取之於萬物的本性。

宇宙萬物都不是自有的；凡是不是自有的，都是由他物而生；宇宙萬物便是由他物而生。凡是由他物而生之物，不能自有自生，因此追其源，宇宙萬物應該有一位造物主，這位造物主爲自有的實體。上面的論證是兩個三段推論式，第一個三段推論式，證明宇宙萬物是由他物而生的。第二個三段推論式証明由他物而生的萬物，是由一位自有的神而來的。

宇宙萬物都不是自有的，這是我們日常經驗所看到的。但是有許多人雖是承認每種物件不是自有的，却要主張宇宙的整體是自有的。這種主張，我們在宇宙論裡曾經說明物質不能是自有的。

宇宙整體是指的什麼呢？不能是指的地球，因爲地球不足代表宇宙。也不是指的太陽系的天體，因爲在太陽系以外，能够有別的天體。也不是指的包括各種天體的宇宙，因爲宇宙是由物質變化而成的。按照地質學的研究，我們知道地球物質的變化。在別的天體以內，物質一定也是繼續變化，於是宇宙的代表，只可說是物質了。那麼主張宇宙是自有的，便是等於主張物質是自有的，或是等於主張物質變化是無始無終的。

宇宙萬物既是由物質而成的，物質或只是在宇宙萬物以內或是獨立在宇宙萬物以外。假使物質在萬物以內，而物質是自有的，宇宙萬物便也應該是自有的。假使物質在宇宙萬物以外，物質是自有的，就該承認宇宙只有一個物質是實體，其餘萬物只是物質變化的形式。這樣的主張，都是違反形上哲理了。

物質不能是自有的，也因爲物質是有變遷的。有變遷的物體，不能是自有的。因爲有變遷者是被動。關於這一點，我們在下面再說。

自有的實體是必然該有的實體，是常存常有的實體。凡是今日有，明日無的物體，一概不能是自有的，因爲都是可有可無的實體，不是必然該有的實體，不是常存的實體。

有的人說，宇宙是常存常有的實體；因爲宇宙的年歲，誰也沒有辦法可以計算。可是沒有辦法計算的時間，並不能就是永久，只不過是久或很久很久而已。在哲理上，時間和永久是兩不並立的。有時間便不是永久；是永久便沒有時間。但是他們說，宇宙本是沒有時間的，時間不過是一種計算法。然而既然該有時間去計算宇宙的變化，宇宙便不能是沒有時間的了。關於這一點，在宇宙論裡我們已討論過了。

就是假設宇宙是永久的，宇宙也不能是自有的。列子書上說：『有生不生，有化不化。不生者能生生，不化者能化化。生者不能生，化者不能化。……故生物者不生，化物者不化。』（列子，天瑞篇）生物者不生；造生別的物體的實體，自身不能是由另一實體生出來的，自己應該自有的。因爲不然就沒有由無中而造有的能力。所以「有生不生」，出生的物體不能造生別的物體。同樣，變化別的物體之實體，自身不會變化，自身變化的實體，不能變化別的物體。宇宙萬物都是「有生者」都是「有化者」，因此不能是自有的實體。

而且「有化者」必定是「有生的」。什麼是變化呢？變化是從一種狀態到另一種新狀態，新狀態之所謂新，是變化的物體得了新的特性或新的本形，或者是失去了一種原有的特性，或者是甚而失去了自已的一切而歸於消滅。這種種的變化，都表示變化的新狀態不是物體所固有的，是後來加上去的。既是物體所沒有的，物體不能自已加給自已，一定要靠另一原因然後纔能加上去。於是可見凡是變化者，都不是自全的。凡不是自全的，都不能是自有的。既不是自有的，便是有生的了。

宇宙間的一切都是有變的，因此便都不是自有的。那麼宇宙萬物要緊有一位自有而能造生萬物之神。

（3）凡變者不能自變

前面我已經說了，宇宙萬物都是有變的。凡是有變化的，都不能自變，要緊有一位不變而能變化萬物之神。

宇宙萬物都是有變化的，這是我們日常的經驗，變化的種類有生、有滅、有運動，有變更。前兩種是本形的變化，後兩種是副形的變化；但是無論若何，都是從一種舊的狀態到一種新的狀態。新的狀態是物體在變化以前所沒有的，物體對於新的狀態只有一種潛能。物體在變化時，是由一種潛能到一種新的現實。由潛能到現實，不是潛能本身所能發動的，要緊有一種外在的發動力。

有的人或者要說，已經存在的物體，能够發動自身的變化，宇宙間的物力，互爲因果，互相發動，如宇宙間的磁力、電力、原子力等，推使宇宙間的物體，沒有一刻不是在動。原子的因子，自已本身運動的迅速，簡直出乎人的想像以外。因子的運動，乃是自動。

自動在哲學上算是自相矛盾的名詞。動是從潛能到現實，自動則是潛能自身由潛能而到現實，這是不可能的事。物理學和生理學上的自動，是目前不直接因着外力的推動而動之動。如人身血液之循環和飲食的消化，都不是因着外力的推動然後纔動。於今物理學家對於因子的運動，也認爲不藉外力的推動而動。

但是這些物理上的自動，並不是純粹不藉外力而動。血的循環，是要藉心臟的跳動而進行，血液自己不能運行。心臟自己也不能跳動，要再藉着別的器官的助力；不然，心臟若是自己發動自己，心臟便應該長久跳動不停了。

若說宇宙的各種「能」和「力」，互相發動，這一點在哲理上也講不過去。既然每樁物都不是自動，要依賴另一物來發動，一直追到根底上去，必定應該有一不動而能發動他物的實體。這不動而發動他物的實體，就是造生宇宙萬物之神。

(4) 宇宙間的因果關係需要有一最後之原因

上面我們討論因果律時，我們曾看過哲學家關於這一點所有的意見。有些哲學家不承認在宇宙間有因果關係，因果不過是人的智識方面所有的範疇。有的人並且說無法可以證明兩物者的因果關係，因爲不能知道一定，一物究竟是不是因，或究竟是不是果。

我們的意見，絕對贊成宇宙間有因果關係，這種關係在許多機會上很明白地可以證明。例如父母生兒女，誰不知道父母是因，兒女是果呢？工程師和工人建造房屋，誰不知道工程師和工人是因，房屋是果呢？當然，在許多機會上，因果的關係很不明瞭，那是因爲科學的智識，尙沒有達到解釋的程度。但是，單只就已經知道的因果關係，按照哲學的玄理關係往上追，一定該有一個不爲果而只爲因之最上原因。

例如兒子生自父母，父母又從父母所生，這樣一直追溯上去，一定應該到一對不生自父母的男女，而為人的原祖。原祖既然是人，有死有生，便也不能是自有自生之神，必定來自另一最高之原因，我們主張原祖受造於天主（神，上帝），自天主受有傳生子女之能。唯物主義者認為人來自獸，不是神所造。於今姑且假設進化論是眞的，人由獸進化而來，獸由下級生物進化的，下級生物又由最下級生物而進化的，最低級生物由無機體的物體進化而來。但是我們不能在此停步，我們還要問無機體由何物而來。你若說無機體是自有的，我却要問物體既然是要進化而變，為什麼無機體反倒不由進化而來呢？而且我還要問，在物體裏有機體是不是高於無機體呢？有機體是由進化而來，無機體反倒是自有的，倒是什麼原因。按理說，無機體也不能是自有的，一定該由更簡單的物體進化而來，追到最後，一種最簡單的原始物質，該是由於一造物主所造，受有進化而生發萬物之能。

因此，宇宙間的萬物，為什麼今日有呢？都是因為由另一物而有的，都是另一物之果。另一物又是另一物之果，此另一物又是他另一物之果。這樣一直追溯上去，一定要追溯到一個只是因而不是果之最高原因。作為萬物的始點。宇宙萬物又為什麼能够變化動作呢？因為有變化動作之能。但是單單有能，若沒有發動之力，物體仍舊不能工作。因此，變化動作都是一種動因之果。為什麼一件物體能够發動他一件物體的動作呢？因為自身又為另一物體所發動。這樣，每一種動作都是另一動作之果，於是一直追溯上去，便該當追到發動力的始點，這個始點，該是一切動力之因，自身則不是另一動力之果。

宇宙間的萬物，既然都是由因而生之果。宇宙間之因，所有能生果之能，都不是自有的，都是受之於另一因；因為宇宙之因既是物體，物體不是自生自有的，物體所有生果之能，當然也不是自有自生的。因此宇宙間的因果關係，一定要承認一個自有而具有一切能力之因。這一個因就是造物之神。

（三）自然哲學證明有神的理由

我們在這本哲學的分類裏雖然沒有列出自然哲學一門，我們僅列舉知識論，形上學和實踐哲學三門；但是我們並不否認有自然哲學。我們是把自然哲學歸併在形上學裏而去了。於今在證明有神的一點上，爲更明瞭起見，不防把形上學和自然哲學分開，拿兩方面的理由，按類列出。形上學的理由，是就宇宙萬物的本體去講的；自然哲學的理由，則是就自然界的現象去講的。

（1）天道

就宇宙現象界去看，我們看見什麼呢？孔子說：『天何言哉！四時行焉，百物生焉，天何言哉！』（論語陽貨）張載說：『天道四時行，百物生，無非至教。聖人之動，無非至德，夫何言哉，』（正蒙天道）

宇宙間的現象，最令人注意的，是宇宙間的次序。宇宙間的一切自然現象，都按照一定的次序而動。中國古哲便推論宇宙間有自然法，他們稱宇宙間的自然法，爲天道或天理。

而且宇宙間的天道，按照儒家的思想是有目標意向的，卽在於生育萬物。『百物生焉』。有目標意向的天道（自然法），不能是偶然而成，必來於一位有理智的天主（上帝），易經說『是故天生神物，聖人則之。』（繫辭上，第十一章）詩經說：『天生烝民，有物有則，』（烝民）。書經說『惟皇上帝，降衷於下民，』（湯誥）。

關於宇宙有自然法一點，我們在理論哲學加以討論，有些學者不承認宇宙有自然法，他們以爲自然法乃是科學家爲研究便利計，所假設的原則。但是我們要問問這班學者，爲什麼科學家要假設一些自然法呢？是不是因爲看到宇宙裏的現象常有一定的規律，因此纔假設一些原則去解釋宇宙現象一貫不移之道呢？

有的人說，宇宙間的自然法，出自物性，用不着我們去想像一位創製自然法之神靈。宇宙間有什麼地方留有這位神靈的痕跡呢？聖葆樂宗徒早已答說，天主的痕跡，就是宇宙萬物的本性和自然法。因爲物體和自然法不能够是自有的，便應該是造物主所造。宇宙自然法的奇妙，還不足以顯示天主的德能嗎？

（2）萬物的品類

宇宙間不僅是自然法的奇妙，顯示天主的德能：宇宙萬物千千萬的種類，有高有下，每一種物體，都是各有各自的美好。我們不必說香花異草的美麗，寶石珠玉的閃耀，我們就只看任何一種草木的葉子，構造若何精細！世上的生物，從最低級的單細胞生物，一直升到有靈性生物的人，各種生物結成一支梯子，一種一級，每上一級，生命的構造更加圓滿。詩人騷客對着自然界的美景，發爲詩歌，歌詠讚賞。

宇宙萬物的品類，既然具有這等的美好，是不是偶然而成，或是來自一位具有一切美好的造物主呢？我們認爲應該是來自一位造物主。蘇東坡曾說：『唯江上之清風，與山間之明月，耳得之而爲聲，目遇之

而成色，取之無禁，用之不竭，是造物者之無盡藏也，而吾與子之所共適。』（前赤壁賦）

宇宙萬物的美好，雖是很美很好；但是每種物體的美好，都仍舊是局部的美好。每一種物體的美好都不足以做其他物體之美好的模型。因此應該在宇宙以上，有一位具有一切美好的造物主，作爲宇宙各種美好的模型。

唯物論的學者，反對宇宙之美造於神靈，他們以爲照吾人的經驗，據科學的實習，物體由物體而來，物體之美，乃是物之天性，絕對用不着神助，但是我們要問他，物體由物體而來，物體之美出自物性，這一切我們也承認；不過，最初的物體由何而來，最初的物性由何而生？是否應該是由神所造呢？宇宙物體的美好，超過人造物以上，是不是應該承認由於一位比較人更聰明萬倍之神靈所造呢？我們認爲一定應該是由於神所造。

宇宙間每一種物體，看來都有精密的結構。這種結構表示由於一位有理性者所佈置，因爲偶然的結合，決不能如此精密，也決不能常常前後一轍，千百年不變。佈置宇宙萬物的理性造物主，便是至尊之神。

進化論者則說，進化萬物的結構，都是由簡單而複雜，每種物體的結構，是由千萬年的進化而後成的。但是我們要問一問宇宙論者，萬物的進化是偶然的，還是沿着一定的規律呢？偶然的進化，絕對不能造成拾級而登的各種物體。萬物的進化，便是有規律了。進化的規律，到底由何而來？非來自一位造物主不可！

(四) 實踐哲學證明有神的理由

實踐哲學就是人生的具體活動，討論活動之道。實踐哲學的對象，是人的活動。我們於今從人的活動方面看有什麼理由，可以証明神的存在。

(1) 至上的幸福

從精神生活方面去看，大家都承認宗教可以發展人的精神生活。目前的物質享受，雖因科學的許多新發明，已經增到很高的程度，但是仍舊不能滿足人在精神方面的要求；因此須要宗教去彌補物質享受的缺憾。

人在精神方面有什麼要求呢？在物質方面人所要求的，是物質享受；那麼人在精神方面所要求的，也就是精神享受，因爲人的本性是傾向於幸福；在物質方面，傾向物質的幸福，在精神方面，傾向精神的幸福，享受幸福，乃是人的天性。

什麼是幸福呢？幸福是人對於自己所缺少的福利，在得到時，心中所有的快樂。

在精神方面，人缺少什麼呢？人的精神生活，是理智和意志的生活。理智所缺少的是眞理，所以人追求眞理的智識。意志所缺少的，是美善，所以人追求美善的實體。

宇宙間的萬物，雖都具有眞美善；但是因爲都是有限之物，本身所具之眞美善也都是有限的，便不能滿足人心的要求。因此應該有一全眞全美全善之精神體，以滿足人心的要求；使人能享受最圓滿的幸福。

實踐哲學爲証明有神，第一項理由便在於此：人心有追求圓滿幸福的傾向，宇宙間的萬物，都不能滿足人的這種傾向，因此世上的萬物不能是人的至上幸福，可是人的天然傾向不能沒有實在的對象，因此該有一個可以滿足人的幸福要求之對象。這個對象乃是全眞全美全善之神。神（天主，上帝，造物主）便是人的至上幸福。

（2）善惡的賞罰者

談宗教的人，都以宗教提倡道德，能補法律之不足。法律禁人爲惡，犯法作惡便要受刑罰。但是刑法不足以敎人爲善，而且也不能禁絕惡事；因爲法律只能禁人外面之惡，不足以使人心避惡向善。孔子曾說：『道之以刑，治之以刑，民免而無恥，』（論語爲政）。況且對於外面的惡事，不能樣樣都用刑法去禁止；卽使有了刑法的禁令，若不能証明某某犯了法，某某眞眞犯了法，也不能加以刑罰。因此爲勸人行善避惡，應有一種高於刑法的制裁力。孔子曾說：『道之以德，齊之以禮，有恥且格。』（論語爲政）。

孔子主張用禮去敎人爲善。儒家之禮，代表倫理規律。倫理規律，約束人爲善避惡，倫理規律的制裁力，不能僅僅的在於社會的公論。若是禮敎的結果，只是敎人對於社會的公論有所畏懼，作惡時受人批評而有羞恥，這等制裁力，較比刑法的制裁力更加薄弱。有些人根本不顧社會的公論，況且社會的公論在很多的機會上並不公平。

倫理規律不是人憑空所造，乃是出自人的本性。中庸上說：『天命之謂性，率性之爲道，修道之爲敎。』（中庸第一章），敎人爲善避惡，在於按照人性的天命去敎。所以倫理規律乃是人性上的天命。人性的天命，現於人的良心，良心沒有一刻會離開人的。中庸又說：『道也者，不可須臾離也。可離，非道也。』人一有行動時，無分內外，良心立刻昭告人的行動是善是惡。人絕對不能瞞自己的良心。中庸因而敎人愼獨『是故君子戒愼乎其所不睹，恐懼乎其所不聞，莫見乎隱，莫顯乎微，故君子愼其獨也。』（第一章）。

人在獨居時，爲什麼對於自己最隱微的思言行爲，不是人所見所聞的，還要戒愼恐懼呢？難道是單單爲自己的良心嗎？假使良心對於善惡的昭示，只是良心的昭示，不代表一種更高的判詞，人便可以把良心看爲本人的一種活動，本人可以任意改變，更用不着戒愼恐懼了。人之所以恐懼自己的良心，是因爲良心代表對於善惡一種最高的判詞，就是代表製定人性上倫理規律的造物主對於善惡所有的判詞，是人所不能逃避的。隨時隨地都可以發現，一思一言都加有評判。人對於良心評判，常生恐懼；因爲善惡的評判，常有善惡的刑賞，凡是人無論信神不信神，天然感覺到善惡有最高的刑賞，對於良心的評判，天然發生恐懼，發揮這種天然的恐懼心，使進爲有意識的恐懼心，常隨良心的昭示而行動，人便能眞心避惡行善。這就是宗敎勸善的力量。

因此，實踐哲學爲証明有神的第二項理由，在於善惡的最高賞罰。人的良心對於行動的善惡常加評判，良心所昭示的刑賞者不是世上的威權，因此應是超乎人世的威權。這項威權卽是造物主天主（神）。

有的人要說，所謂良心，不過是一種心理作用，由於社會遺傳和宗教迷信所造成。對於這個問題。在後面我們要加以討論。於今我們就假設良心是人所造成的心理作用，良心應該抹掃。但是在人都沒有良心以後，人自已能得什麼益處？社會更能得什麼益處？人沒有良心，可以任意作事；社會不是要亂到一塌糊塗，大家都不能安生了嗎？結果必定要出現一種極端的政權，用最嚴密的刑法驅使人民順從牠的指導，以牠所說的善爲善，以牠所說的惡爲惡。因此世上常是或者人信有神，或者人自造一神而爲所驅使。善惡則不能沒有賞罰！

世界上沒有一個不信有神的民族，因爲人天生就信善惡一定要有最後的賞罰，最後的賞罰者卽是神。雖然各民族所信的神不同，而且多不是眞神；但是一切民族都信非有一位最高的賞善罰惡者不可。可見人生不能無道德，道德不可無賞罰之神。

從哲學的各方面，我們都可以提出有力的証據，爲証明有神。但是反對有神的人，他們只相信科學的實驗，在科學的實驗裏，不能証明神的存在。或是相信自已的感覺，以爲宇宙萬物，自生自滅，用不着有造物主。然而有許多科學家，從實驗室裏看到宇宙間物理的奧妙，誠心信服有一位至上之神，創造了宇宙，時時掌管宇宙。因爲若是我們以爲有神，爲不可解釋爲不容易相信之事；宇宙無造物之主，則更不可解釋，更不可相信了。飛機的構造爲我很難懂；但若說飛機爲自生的，我就完全不懂了。

（註一）羅光、儒家形上學、台北、民四十六年、頁一一三至一三四。

第三章 論神的本位

（一）神爲唯一至上天主（上帝）

（1）名稱

中國古人稱至尊之神爲帝爲天。在殷墟的甲骨文裏，至尊之神，常稱爲帝，帝字在甲骨文裏，作爲采，米，米，采，米，采，米。在金文中，作爲𢂇（周憲鼎）或采（戩狄鼎）或采（聃敦）。在說文裏，作爲帝。

天字在甲骨文裏作爲兲，兲，兲，在金文中，作爲兲（頌鼎）兲（毛公鼎）。在說文作爲兲。

神字在甲骨文裏，沒有發現，似是後出的字。中國古人稱至尊之神不稱神，而稱帝稱天。但是在帝天之上，常加其他的形容詞。我們從詩經書經去研究尊神的稱呼，可以得以下的幾種：

『帝』——「夏王有罪，矯誣「上天」，以布命于下，「帝」用不臧，式商受命，用爽厥師，」（書經仲虺之誥）

「上帝」——『予小子夙夜祇懼，受命於文考，類於「上帝」，宜於冢土，以爾有衆，底「天」之罰。』（書經泰誓上）『上帝是皇』（詩經執競）

「皇上帝」——『惟「皇上帝」，降衷於下民。』（書經湯誥），『皇矣上帝』（詩經大明）

『蕩蕩上帝』——『蕩蕩上帝，下民之辟。』（詩經蕩）

『明昭上帝』——『明昭上帝，迄用康年。』（詩臣工）

「天」——『天佑下民，作之君，作之師，惟其克相上帝，寵綏四方。』（書經泰誓上）『天保定爾』（詩經天保）

「上天」——『今商王受弗敬「上天」，降災下民。』（書經泰誓上）

「皇天」——『皇天眷命，奄有四海，爲天下君。』（書經大禹謨）

「昊天」——「昊天疾威，敷于下土。』（詩經小旻）

「皇天上帝」——『皇天上帝，改厥元子。』（書經召誥）

「昊天上帝」——『昊天上帝，則我不遺』（詩經雲漢）

中國天主教稱至尊之神爲天主，實際就是經書上的帝或天。因此我們在後面也常用天主代替神。

（2） 人對於天主的認識

老子曾對於「道」加以聲明說：『道可道，非常道；名可名，非常名。』（道德經第一章）老子以爲人對於「道」，不能够認識，「吾不知其名，字之曰道。」（道德經第二十五章）因爲道是不可聞見。莊子說：『道不可聞，聞而非也。道不可見，見而非也。道不可言，言而非也。知形形之不形乎，道不當名

。』（莊子知此遊）

「道」不能爲人所知，因爲「道」彷彷彿彿，無形無象，不能名，不能言。

按照同樣的理由，我們也可以說，造物之神，天主，也是不可名，不可言。天主的本性不能爲人所認識，但是我們的主張，和老莊的主張有些不同。

老子以「道」彷彷彿彿無形無象，因而不能爲人所識。「道」所以然無形無象，是因爲道彷彷彿彿，沒有一定的本形。天主則有一定的本形，絕對不是彷彿不定。然而天主的本性，不能爲人所知，因爲天主的本性是至大至高，遠遠超乎人的理智力以上。天主是無限的，人是有限的，以有限去觀無限，當然不能觀其涯岸。況且天主的本性，不僅僅是無限的，人對着這種無限的實體，有如莊子所說的河伯，望着北海之水而興嘆（秋水篇）。天主的本性乃是無限而且又是超性的，即是說超乎人性，天主的本性在人性以上。人的智識，由感覺以到抽象的觀念；天主的本性是純粹精神體，絕對不參雜物質；又是純粹的現實，絕對不夾有潛能。人的理智對於這一種實體，沒有觀念去表現。因此我們說天主的本性不能爲人所知。

天主高高在上，人低低在下；人的理智不能直接上到天主的本性。那麼是不是兩者之間，完全是鴻溝不通呢？幸而在兩者之間，有可以通達的橋樑，這種橋樑而且可以有兩條，一條是自然界的本性橋樑，一條是超性界的啓示橋樑。啓示的橋樑是天主（神）自己以自己的本性啓示於人，這一條橋樑是屬於宗教神學。自然界的本性橋樑，是由自然界的現象和物體，去認識天主。許多哲學家以爲這條路走不通，他們認爲自然界的本性橋樑，只能在自然界這一端築橋柱，但是在神那一方沒有辦法築橋柱，所以中間的橋無法築成，從自然界人不能認識神的本性。

我們則認爲這條自然界的橋樑是可以築成的，因爲在神那一面可以築橋柱。換句話說，就是我們從宇宙萬物可以推知神的本性，而且我們關於神性所推出的智識，在神那一方面是有根據的，並不是捕風捉影，强以虛爲眞。

怎樣解釋我們的主張呢？在下面我們就加以解釋。

我們對一客體的認識，可以是直接的，可以是間接的，直接的認識，又可以是直接感覺，直接了解，或直接明見。間接的認識，又可以是傳聞，推論。

- 認識
  - 直接的
    - 直接感覺——感官直接與物相接觸，如耳聞目見。
    - 直接了解——理智直接和對象相接觸，直接了解對象。
    - 直接明見——或稱直觀，理智直接看到對象，一望而知。
  - 間接的
    - 傳聞——由人所寫所說而得一種智識。
    - 推論——由已知的前題，推出未知的結論。

我們對一客體的認識，又能夠是完全的，或只是類似的。完全的認識，是對於一項客體，按照牠的物性，能夠用同等的觀念，表示出來。類似的認識則是對於一項客體，按照類似的物性，局部與以表現。類似的認識有深有淺，按照類似關係的深淺而定。

我們對於造物主天主之認識，不能是直接的，因爲我們既不能眼見天主，也不能以理性明見或了解天主。我們認識天主，只能間接的認識天主，但不是靠着傳聞，乃是用理智去推論。理智推論的根據，在於萬物和天主的類似關係。萬物和天主不是同一物性，而且也不同等，天主遠遠高出萬物以上；但是萬物由於天主所造，天主是萬物的成因，同時，天主也是萬物的模型，雖然天主不是仿照自性而造萬物的物性，但是物性的優點，在天主的神性中必有其根據。

因此我們按照因果律的關係，從宇宙萬物的優點中，可以推出天主神性中的優點。我們對於天主的智識，是間接的類似智識。這種智識是缺而不全的，而且不是對於神性的直接智識。

在推論天主神性的優點時，我們以物性的優點爲根據。物性的優點分消極和積極的兩類。消極的優點，在排除一種缺點，如無病，如非物質性，如無限，如不變不滅。積極的優點，在指出一項特性。物體的積極特性又能有兩種：一種是純淨的特性，一種是滲雜的特性。純淨的特性，不滲有缺點，如明智，精神等。滲雜的特性，滲雜有物質的缺點，如運動，滲有物質性；如思索，滲有思維的勞苦。

我們以物性的優點，去表示天主的優點時，消極的優點，按照整個的意義，可以用之於天主；純淨的優點，按照本來的意義，再擴充至最高度，也可以用之於天主；滲雜的優點，用之於天主時，則只是一種藉用的譬喻。

（二）天主的本性

一項實體的本性，可以由兩方面去看，第一從實體的具體存在方面去看，例如從具體的人一方面去看人的本性，稱爲「物理方面的本性」（Essentia physica）。第二從實體的抽象物去看，研究這項實體所以成爲這項實體的理由，則稱爲形上方面的本性（Essentia metaphysica）。但是在物理方面的本性裏，包括有形上方面的本性，還包括實體在具體上所不能缺的各種特性。例如人的形上本性是有理性的動物，人的物理本性則包含人在具體方面的許多不可缺乏的特性。

普通哲學上研究實體的本性時，是研究實體的形上本性，研究此物所以爲此物的理由。於今我們也試一試問：天主爲什麼是天主呢？即是說天主的形上本性何在？

（1）天主的形上本性在於是自有的實體

天主之所以爲天主，是因爲天主是自有的實體。

宇宙萬物所以爲受造物，是因爲都不是自有的實體，既不是自有的，便該是受造的了。天主和萬物的分別，就在於這一點，萬物是受造的，天主是自有的，若不是自有的，也就不是天主了。

「自有的實體」（Ens a se），指着一種實體是自有的，不是由另一實體而有的。所謂自有，是包括「自有的」整個的涵義。普通社會上也常用「自有的」，代表「自有的」一部份的意義。例如作家或藝術家創作一項藝術作品，這項藝術作品稱爲藝術家自有的，因爲不是抄襲人家的。又如化學上一些單純的物質，稱爲自有的，因爲不是用別的原素合成的。

「自有的實體」則包含「自有的」所能有的一切意義，但是意義中最重要的，則是說實體的存在或有，是從自己而有，不是從他一實體而有。

但是「自有的」並不是說「自生的」，生的意義中，包括着原先沒有，後來生了。「自有的實體」沒有所謂「生」，因爲他是常有的。所以列子書上說：『有生不生，……不生者能生生。』「自有的實體」爲「不生者」。

「自有的實體」也不是說自爲自因；因爲「自爲自因」，是說自己所沒有的，自己又給自己。自己既然沒有一件東西，又不能從別處去拿，爲什麽竟又能把自己所沒有的給自己呢？凡是所謂因，在於能够把果所沒有的給與果。自爲自因，便是說自己先不存在，自己後來使自己能够存在。自爲自因，乃是一個自相矛盾的名詞。「自有的實體」，是沒有「因」的實體；他既然常常存在，當然不要「因」了。列子書上也說：『有化不化，……不化者能化化，』『自有的實體」是不化者，因此從來用不着「因」。

「自有的實體」，是常有的實體，「有」或「存在」出自本性。他的本性就是「有」。爲什麽緣故呢？因爲「自有的實體」是完整的現實（actus purus），沒有絲毫的潛能。所以從來不會由潛能而到現實，從來不會變化。「自有的實體」爲整個的「有」，爲完全的「有」。

一個實體的形上本性，是這個實體所以爲這個實體的理由。例如人之所以爲人，在於是有理性的動物；有理性的動物便是人的形上本性。天主（神）之所以爲天主，在於是自有的實體；自有的實體便是天主的形上本性。

天主之所以爲天主的理由，在於是自有的實體；因爲假使若不是自有的實體，那便不是天主，而是一受造物了。

再者，一個實體的形上本性，是這個實體所有一切特點的根本。人的特性都是根之於『有理性的動物』，人一方而有動物的特性，一方面有「理性」的特性。『自有的實體』可以認爲天主一切特性的根本，這一點在後面談天主的特性時，我們就可以看出。因此「自有的實體」爲天主的形上本性。你若問天主是誰？我便答覆『天主是自有的實體』。

（2）天主是唯一的

「自有的實體」只能有一個，天主是自有的實體，所以天主是唯一的。

（甲）自有的實體只能有一個，因爲「自有的」即是完備的現實。凡是可稱爲現實的，自有實體都具有，自有的實體，可以用一「有」字作代表，或用一「在」字作代表，他是整個的有，他是整個的在。摩西曾問天主有什麼名稱，天主答覆說：『我是自有者（我是有，我是在，）。』（註一）

自有者既是有「有」的一切，就是整個的有：假使若有兩位天主或多位天主，那不是有兩個或多數個自有的實體嗎？這種自有實體已經不是自有實體了；因爲他每個不是整個之有，而是一部份之有。在一個自有實體外，尙有另一個自有實體，則這個實體不能爲他一個所有，兩個都不是整個之有，也就都不是自有實體了。

（乙）自有實體的本性即是有。在本體論裏我們討論每個實體的構造時，我們曾說實體的本性和存在（有）是相分離的，在理論方面是先有本性，後乃存在（有）；因爲實體是由可能存在而到現實的存在。自有實體的本性即是存在，（有），他的本性和存在沒有分別，他既不是由可能而到有，也不是在自己以內含有潛能，遇着機會纔使潛能成爲實現，自有實體是整個的有，純粹是現實；他的本性常是存在的。

因此，自有實體，只能有一個，不能有兩個或多數個，他的本性既是存在（有），他以外不能另有眞正存在，即是說，在他以外甚麼都沒有。天主曾訓誡以色列人說：『你們現在要認淸我，惟有我是天主，在我以外，沒有別的天主』（註二）

（丙）自有的實體爲一最純淨的實體。有的人或者想像天主既是整個之有，既是具有一切的有，必定是最複雜的實體。實際上天主則是最純淨的實體。

所謂複雜，是因爲有分子，分子越多，分子所構成的實體也更複雜。複雜並不在於事物的大小；若是一塊龐大的大理石，質色純淨，沒有一點別的滲雜，牠較比另一塊由各色大理右片合成的小桌面，更純淨的多了。

自有實體爲整個之有，但是他既沒有一絲的潛能，他的本性就是存在，因此他的本性是極純淨的，極純淨的實體只能有一個，因爲他的本性內沒有潛能。

（丁）自有的實體是無限的實體。一個實體的限制，來自兩種原因，第一來自質量，因此凡是物質實體在質量上都有限制。第二來自潛能，因此，凡是由潛能而到現實的實體，不論是物質體或精神體，都是有限制的。自有實體既沒有質量，又沒有潛能，本身便不會有限制。

自有實體的本性爲有，爲存在，自有實體乃是整個之有。整個之有是無限制之有；因此自有實體是無限的。

無限的實體，只能有一個，不能有兩個，更不能有多數個；不然，無限就要變成有限了。

（3） 天主是超乎宇宙的精神體

對於天主的本性，在上一段我們已經加有解釋。上一段雖是說天主爲唯一的，但是我們連帶也解釋了自有實體爲整個之現實，爲最純淨的實體，爲無限的實體，因此天主的本性卽是存在，天主的本性和存在，沒有絲毫的分別。

於今我們對於天主的本性，再予以解釋，使天主的本性更容易懂得清楚。

（甲）第一，天主按本性說是超乎宇宙的。歐亞哲學上的泛神論，無論是那一種，都是以天主（神）和宇宙萬物同一本性。印度的古代宗教，以宇宙萬物由梵或昆紐拿而出。波斯古代以善惡兩神代表宇宙。希臘柏拉圖則開歐洲泛神哲學之先聲，後來新柏拉圖學派以及斯披諸剎，黑格爾等以宇宙爲唯一精神體的流轉。至於唯物論的洛克和馬克思等以宇宙爲一物質體的變化，都是不承認有一超乎宇宙之神。

但是按哲理去說，造物之神，若不超乎宇宙萬物以上，則不能是天主（神）了。因爲若是天主不是超乎宇宙的，則或者是和宇宙萬物同是一體或者和宇宙萬物同是一性，天主和宇宙萬物同是一體，即是說宇宙是神，神是宇宙。天主和宇宙同是一性，即是說宇宙萬物由神（天主）的本體中演變而出。但是這兩者，和天主的本性都不能相合。宇宙若是和神同爲一體，無論以宇宙爲唯一的精神或爲唯一的物質，則神或宇宙是自爲自因，自爲自果；神（天主）就不是自有的實體了，因爲自有實體是無因無果的。若是神和宇宙同一性，宇宙萬物由神體演變而出，則神的本體常變，因此便也不能是自有實體了。

而且神若是不超乎宇宙以上，神就不能造生宇宙萬物，宇宙萬物是常在變動的，地球和天體中的星宿是經過千千萬萬年的轉變而成今日的現狀；假使神不是超乎宇宙的，便不能有創造宇宙和轉變宇宙的動力，因爲他是和宇宙萬性同體同性，而不是自有的實體了。

中國道家的「道」，既生萬物又在萬物以內。老子曾說：『道生一，一生二，二生三，三生萬物，萬物負陰而抱陽，盎氣以爲和』。（道德經第四十二章）天地萬物由「道」的本體流轉而出。道家之「道」，便不能是自有實體。雖是道家以「道」爲「自生」，爲極大無限，爲萬物之母；然而「道」實在不能是創造萬物之神。勉强言之，道可以爲泛神論之神。

中國儒家講太極，以太極爲萬物之始，『易有太極，是生兩儀，兩儀生四象，四象生八卦』（易經，繫辭上第十一），易經的太極也不是自有的實體

（乙）　天主是精神體

精神體是和物質體相對待的。精神體沒有質量，也沒有質量的物質特性。精神體不僅僅是非物質體，非物體是消極的名稱，凡是抽象的觀念，都是非物質體。精神體是積極的名稱，是具體的實體。

自有的實體必定是精神體；因爲自有實體純粹是現實，不含有任何的潛能，物質則由純粹的潛能即所謂原始質料而生，所以自有實體不能是物質物。自有實體的本性是現實，物質的本性是潛能，兩者正正相反。

天主是精神體，因此是無聲無臭，無形無色，凡是精神體，都是像中庸所說：『視之而弗見，聽之而弗聞，體物而不可遺。』（第十六章）

因此，天主（神）是不能以形態去描寫，或以畫像去代表。聖經無論舊約或新約，有時描寫天主的喜怒形態，那只是人格化的譬喻描寫法。至於許多宗教以禽獸或怪物的形相作爲神，根本不合於情理。

（丙）　天主是完全確定的實體

我曾論中西哲學在形上方面的』個不同之點說：『中國哲學的宇宙論跟西洋士林哲學的宇宙論，一個根本不同之點，就在於第一實有體的本性。中國儒家所講的太極，道教所講的「道」，都是恍惚不明，本性不定。士林哲學所講的第一實有體，則本性最完全，最確定。……中國哲學以太極與「道」，自有變化，生成萬物；萬物跟太極和「道」，乃同氣同質。天主，創造萬物，用力不用質；天主自性則最完全，常沒有變化。道和太極，化生萬物，自身常有變化；自性便絕對不固定。所以中國的宇宙論由不定者而變到

固定者：士林哲學的宇宙論由極完全極固定者，造出不完全不固定者。』（註三）

士林哲學的第一實有體即是天主，天主爲完全確定的實體，因爲他是純粹的現實，沒有絲毫的潛能，他的本性本形，完全確定，絕對不像老子的道：『惟恍惟惚。惚兮恍兮，其中有象。恍兮惚兮，其中有物。窈兮冥兮，其中有精。』（道德經第十一章）自有實體的本性，雖是無聲無色，雖是無限無量；然而是確定不移，不像張載所說的太虛之氣：『氣坱然太虛，升落飛揚，未嘗止息。』（正蒙太和篇）

所謂不定，都是因爲尚沒有成爲現實，一成現實，則是定局了。天主純粹是現實，他的本性即是存在。當然不能會有不定了。

（二）天主（神）的特性

在上一節講天主的本性，我們也講過天主的幾種特性。如天主是唯一的，是純淨的，是無限的。這幾種特點，都是天主本性的特點，也就是天主的特性。於今我們在這一節裏，要再加以補充，要再詳細一點討論天主的特性。

在上面我們也已經說過，我們所指爲天主的特性，是由萬物而推知的。對於消極的特性，若用之於天主，則按原意而加以擴充。對於積極的特性，若和天主本性不相違背，能應用於天主時，則把原意提高而排除一切的缺點。於今我們按照這一項原則再談天主的特性。

一個實體的特性，可由兩方面去觀察，或由實體的性質方面去看，或由物體的動作方面去看。我們講天主的特性，也由這兩方面去看。

（1）天主性質上的特性

（甲）天主是最純淨的

在上一節我們已經說過天主是最純淨的，理由在於天主是純粹的現實，不能含有潛能，沒有潛能則不能有分子：沒有分子，即不能含有複雜性。

於今我們對於這一點，再加說明。

在天主的本性上，絕對沒有構成的成份，他是一位最純淨簡單的實體：

（a）在形上方面，天主的本性沒有構成的成分，因爲天主的本性上，沒有質料和理。天主的本性是現實，便是純粹的理。

（b）在形上方面，天主的本性，也不分性和存在（有）。別的實體，可能有，可能不有。他的本性是能存在，而不是存在；物性和存在是可以分離的，天主的本性卽是存在；天主不是可能存在而是常在。

（c）在具體上，天主的本性沒有構成的成分；因爲天主沒有物質的身體，用不着物質的成份。物質物體常有物質的成份，人的身體就是由許多份子合成的。精神體也常有精神的成份，例如精神的動作能力。唯獨自有實體，爲最純粹的精神體，在具體上也沒有構成的成份。

（d）天主的本性沒有類別。人的本性是有理性的動物。「動物」爲類，「有理性的」爲類別。普通的物體本性，都是由類和類別而成。天主的本性是唯一的，故不能有類別。我們雖然說天主的本性爲自有的實體，並不是以實體爲類，以自有爲類別；因爲實體的意義用之於天主和別的物體時，意義不完全相同，只是相類似。

（e）天主在具體上，不分本性和個性。宇宙間的萬物，都是分有種類的。例如人，人是人類。一個具體的人，有人性，還有本人的個性，個性不是本性，個性是人性以外的特質。天主則不分本性和個性。天主是整個的有，在有以外不能另有什麼了！

（f）天主的特性和本性不分，而且特性彼此也不分。宇宙萬物的特性和本性是分開的，而且一項特性和他一項特性也是分開的。例是聰明是人的一項特性，但不是人的本性，不然一切的人就該當都是一樣的聰明人了！不能有天分的高低了！又如仁慈也是人的一項特性，可是仁慈不是聰明，兩種另有分別。天主的特性，和他的本性完全是一個，彼此不分；因爲他是純淨的現實。一切的區分，都來自「有限」，凡是在任何方面都沒有限止的實體，就沒有辦法在他本性上求到區分的根基。不過我們是按我們的想法去講，我們便以爲在天主以內，有各項特性，其實天主是純一的，不分本性和特性。但是我們的講法，也並不是完全空談。在抽象方面，我們不是常把具體上不能分的事分開來講嗎？天主的特性，分成多少項，也不過是我們在抽象方面所設的區分。

（乙）天主是無始無終而常在的

時間是先後的計算。爲有先後的計算，事物該能存留（Duratio），同時還該有變換。不能存留的事物即是不存在。在抽象方面我們可以想像一些不存留的事物，但是在具體上，若是絲毫不能存留的事物，則不能爲實際存在的事物。卽如佛家所說的念念生滅，後一念生時，前一念卽滅，但是念念都尙有一剎那的存留。

一切存留的事物，如有時間，還該有變動。時間旣是計算先後的，先後由變動而顯；若是一個實體，完全沒有變動，則超出時間以上，不能計算先後。

始終表示開始和結局，開始和結局，普通雖是和時間相連，但在理論上，並不一定和時間務必在一起。有時間必定有始有終，或至少有始：沒有時間，也可以有始有終。例如在空間裏計算遠近時，也用始點終點。

在哲學上對於時間的始終，有兩個重要的問題：第一，是否可以想像一個無始無終的時間；第二，是否可以承認變動的宇宙爲無始無終。

時間旣是有先後，在實際上是隨事物而存在，故不能自有無始無終之時間。在理想上，時間要有兩點纔可成立，卽先後，先後卽是始終，先後可以有久暫，先後也可以想像着如同兩點，在一條直線上繼續移動，移至無限。這樣在理想可以想像出一個無終的時間，好比一條直線在空間可以延長到無限，但是眞正的無始無終，則是超出時間以外，因爲自身沒有變動，不受時間的計算。

不受時間計算的實體，卽是常有常存，

聖多瑪斯解釋「常有常存」，說是『同時整個地完全享有無止境的生命』（註四）

『同時』不是指着時間，乃是指的無先無後，即是指的超出時間以外。我們沒有語言爲形容超出時間的狀況，我們只好借用『同時』這個名詞。

『享有』即是具有。同時享有，則是說『享有』的動作，無先無後，在無論何時，都是現在，都是同時。

『生命』是一種存在，但不是任何一種的存在，乃是一種最高的存在，乃是有內在活動的存在。一個人的存在，即是一個人的生命。人的生命，則是有內在活動的存在。所以我們說一個人活着，這個人就「在」，一個人幾時是活着呢？幾時一個人有內在的活動。若是一個人的內在活動都停止了，這個人就死了，也就不在了。

『無止境的』，即是無限止的。所謂無限止，不僅是不受時間和空間的限止，而且在生命的本身意義上，也是無限止。無止境的生命，是絕對沒有限制的生命。

『整個地』形容『享有』的動作，即是整個地享有。無止境的生命，在我們的想像裏，想像不出怎麼樣能够同時整個地實現。但是按理說，天主的生命，該當是同時整個實現的無止境之生命。『整個地享有』，便是說，天主的生命雖是無止境的，但同時整個地實現，絕對沒有先後的變化。

「完全」也是形容「享有」的動作情形。整個地享有，在於享有整個的生命；完全的享有，則是對於整個的生命，享有到最完全的程度。例如一個人有萬貫家產；目前他眞正具有整個的萬貫家產，便是整個地享有萬貫家產：但是他享受的程度可以不同，或者知道好好享受，或者只知道把家產埋藏地下。天主享有整個的生命，是享受到最完全的程度。

所以說天主無始無終，永遠常在，即是說天主同時整個地完全享有無止境的生命。對於天主，沒有過去，沒有將來：只有現在。不單是天主自身，常有常存，超出時間以外；天主對於宇宙間的事物，也是超出時間以外，『宇宙是在時間以內；宇宙的一切事物，都有既往來今，可是天主從自己一方面看宇宙的事物，不分往古來今。往古來今的事物，在天主眼中，如同都是同時的，都是現在的。這一點在我們的理智看來，很不好懂。但是按理說，則該是這樣。有人譬比天主好似一個圓周的中心，圓周代表宇宙，圓周的每一點，跟圓心的距離相等，好似往古來今的事物，同天主的距離相等，不分先後。』（註五）

（丙）　天主是不變的

中國詩經書經，都稱讚天命不變，書經大誥說：『迪知上帝命，……天命不易。』詩經維天之命一章說『維天之命，於穆不已，於乎不顯。』

天命不易，是就天主動作一方面去觀察，以天主所決定的，不再有變動。於今我們說天主是不變的，是進一步，說明天主在本體方面，沒有絲毫的變更。

天主是不變的，因爲天主是整個的現實。整個的現實是不會有變的，因爲整個的現實內不含潛能；沒有潛能即沒有變動，因爲變動是由潛能（可能）到現實（完成）。在天主以內，一切都是完成的，一切都是「有」。

天主是不變的，第一從本體方面說，天主的本體，絕對不能有變動。第二從倫理價値方面說，天主的意志，不會有變動，旣定必行。同時天主的理智，也不會有變動，因爲天主的智識，沒有增加或減少的變動。

但是天主不變，並不是說天主沒有活動。假使天主沒有活動，天主便沒有生命，那不是呆木不靈了嗎？天主是有活動的，而且天主的活動極大無限，可是，旣有活動，怎麽能是不變呢？天主的活動，只是理智和意志的活動，理智和意志的活動在人一方面也不變動人的本體。理智和意志的活動，使人變更的，是原先沒有的動作，如今有了；同時在倫理價値一方面，還可以使人更換以往的決定或智識。然而人的這些理智和意志的變動，第一因爲人的活動，常是由潛能進到現實；第二因爲人的理智力有限，不能一次看清全部的眞理和全部的美善。天主的活動，不由潛能而到現實，所以是永久的現實；而且天主是全知全善，祂理智的智識和意志的決定，不會變壞變好。

另一方面，天主不變，並不否認一些外在的新舊關係。例如世界的變動，是有先後的；這些事物和天主都有關係。天主造了世界，世界原先沒有，於今有了，世界便加給天主一種新關係。但是這關係，都是外在的；對於天主本體，一點影響也沒有。

（丁） 天主是全美的，是無限的實體

（a）全美的實體，具有一切的美好（Perfectio）。他的美好，在每種美好的本性上說，好到無限；在各種美好的數目上說，多到無限。因此說天主是無限的美好，因爲天主是全美的。

詩經爲表示上帝的偉大，常用蕩蕩浩浩等形容詞，形容上帝無限無止。

「蕩蕩上帝，下民之辟。」（詩經蕩）

「浩浩昊天，不駿及德。」（詩經雨無正）

天主爲全美的實體，因爲天主是自有實體，爲整個的現實，爲整個的「有」。凡是美好，都是現實，都是「有」。壞惡乃是美中有缺，乃是美中不足，即是「有」中之缺，不是現實。因此天主有一切的美好，而沒有一絲的缺點。

（B）詩經所用的浩浩蕩蕩，還有至大無限，無所不在的意思。上帝天主，無所不在，是對於空間而言；好比天主對於時間，是無始無終。在時間上，天主常是現在，沒有過去和將來；在空間上，天主常是當面在，沒有距離。

所謂「當面在這裡」，是空間的地位關係。天主有這種關係，乃是對於宇宙萬物而言。天主本體不佔住空間；但是萬物是在空間以內；天主既是無限的，他便對於一切的萬物，都是當面在，沒有距離。因此天主也有空間的存在。然而天主在空間之在，是隨處都在，是無所不在。

牛頓和克拉爾克曾以天主爲絕對的空間，萬物都在天主的空間以內。我們在理論哲學上說過無所謂獨立的絕對空間，更不能以天主爲絕對空間。

天主是絕對的精神體，怎麼樣能夠有空間的關係？對於空間的「當面在」，可以有三種：第一種爲有地區界限的「在」，第二種爲無位置的「在」，第三種爲無所不在的「在」。

有地區界限的在，爲實體的各部份，每一部份佔有自己的地位，不容納他一部份，實體乃有擴張的平面，在空間裡乃有地區的界限。凡是物質物都有這種特性；凡是物質物，都只在一處地方，不能同時在兩處地方。

無位置的在，是精神體對於空間的關係。所謂精神體，爲有限的精神體。有限的精神體，對於空間，不是因爲自身的各部份，各佔一位置，於是發生空間關係，乃是因爲精神體和物質物相接觸，然後和空間發生關係。這種精神體既是有限的，他和空間的關係，便不能是無限的；在空間以內，他只佔有限的地方。同時，他既是精神體，便不能因部份排擠部份而有平面的位置，因此他是全體在所佔的地區以內，全體又在這地區的各部份以內。例如人的靈魂，整個地在人身以內，又整個地在人身每部肢體以內。

無所不在的在，是同時整個的「在」。天主對於時間，稱爲永遠常存，即是同時整個地佔住全部時間。天主對於空間，稱爲無所不在，或者說處處都在，即是同時整個地佔住全部空間。天主在一處，同時就在整個的空間以內。而且同時，又不受空間的限制。並不是在空間以外，就沒有天主。

「無所不在」，雖說是一種優點，但是並不是天主本性的特性，乃是天主對於萬物的一種外在的關係。假使沒有宇宙萬物，而沒有空間，天主也就無所謂無所不在了。但是既有空間，天主按自己的本性說：

便不能不是無所不在。

(二) 天主在動作方面的特性

至尊無限之神，所有的活動，當然也是無限之大無限之多，不是我們人所可盡知的。但是按照我們的理想去推，天主既是精神體，則精神方面的兩種動作，即是理智和意志的動作，不能不有。天主能够有他項動作，我們無法否認也無法知道。然而理智和意志的活動，天主一定該當有，不然，天主將如頑石，呆木不靈。

(甲) 天主有理智和意志

理智是認識的本能，意志是主宰的本能。人所以是有靈動物，全在於有理智和意志。假使天主缺少這兩種本能，天主便是無靈之物了。中國古代和現代，反對有神的學者，他們所持的理由，就在於說天爲塊然不靈之物。

荀子說：『天行有常，不爲堯存，不爲桀亡，應之以治則吉，應之以亂則凶。……大天而思之，孰與物畜而制之。從天而頌之，孰與制天命而用之。』(荀子天論篇)

王充說：『天地合氣，萬物自生。』(論衡自然篇)『夫天道自然也，無爲；如譴告人，是有爲，非自然也。黃老之家，論說天道，得其實矣。』(論衡譴告篇)

朱熹說：『蒼蒼之謂天，運轉周流不已，便是那個。而今說天有個人在那裡批評善惡，固不可；說道全無主之者，又不可。這裡要人見得。』（朱子語類）又說：『天地之間，品物萬形，各有所事，惟天確然於上，地隤然於下，一無所爲，只以生物爲事。故易曰天地之大德曰生。』（朱子答張欽夫書）

荀子，王充和朱熹都把上帝之天，和蒼蒼之天相混。蒼蒼之天當然是懵懵不靈，至多也只能是運轉不息的自然法。但是中國書經詩經和論語等書，稱揚天的德威，明明承認天有理智意志；因爲經書上屢屢說明天掌賞罰之權，天授命成湯和文武討伐夏桀和商紂的罪惡。假使天是塊然無靈，絕對不能執行賞罰之權了。

我們也主張天主有理智意志：

第一、因爲理智和意志是精神體的優點，天主旣是全有的實體，當然就有這兩項優點。

第二、因爲在宇宙萬物的品類和次序中，顯示有一位造物主。可是假使一位造物主沒有理智和意志，造物主便不能是造物主了。因爲造化的動作，不是一項盲目的自然運動，是一項自由的動作；而且宇宙間萬物的美好和自然法的秩序不是一位無靈性之神所能造的。

天主有理智和意志，但是天主的理智和意志當然不能和人的理智和意志是同等的。人的動作，是人的附屬品，而且常是由潛能而到現實，即是先有可以動作的本能，然後再實有動作。天主一方面不能有附屬品，一方面又不能由潛能而到現實，天主的動作和自己的本性相等，本性是動作，動作是本性。天主的本性和動作的分別，只是對於向外的萬物而言，才有分別，在天主的本性上說，是沒有分別的。所以天主的理智和他的本性同爲一，天主的意志和他的本性同爲一；而且天主理智的動作，以及意志的動作，和他的本性也同爲一。

(乙) 天主全知

天主旣然有理智，我們就問天主知道什麼呢？天主是無所不知，天主是全知。「全知」是知道一切。這所謂「一切」，包括天主自已，包括其餘萬物。所謂萬物又包括以往和現在的事物，又包括將來的事物。所謂將來的事物，包括將來要有的事物，也包括將來可以有而不有的事物。爲解釋這一切知識，先要對於天主知識的本身，加以說明。

(A) 天主理智的性質

(a) 天主的理智就是他的本性。

在我們人以內，我們的理智是一種本能。理智本能附之於靈魂，爲靈魂的附屬品。天主乃是一整個的現實，整個的現實爲最純淨的實體，絕對沒有構成份子。因此天主也就沒有附屬品。天主的理智，即是他的本性，即是他的本體，即是他的存在。

同樣，在人一方面，理智的每項動作，是一偶然的附屬品，可有可無。在天主一方面，理智的動力，不能是附屬品，而是和他本體的存在相同，也就是他本體的存在。

因此，在哲學上稱自有的實體，——天主，爲自立的理智。

(b)天主理智的動作，不是由潛能而到現實。

人的理智的活動，先有理智的本能。當認識的因緣都齊全時，理智本能發爲認識的動作，理智的動作乃成爲現實。因此人的理智常是由潛能而到現實。在天主以內無所謂潛能，天主的理智便不經過潛能而到現實，天主是整個的現實，天主的理智應該常是動作，常是現實。人的理智動作，旣是暫時的現實，須有記憶的本能，以保存所得的知識。天主的理智是純淨的現實，他的知識，從不會過去，從不用回憶。

(c)天主的知識不是思慮的知識。

我們人的理智，對於一切事理，都採取推論的方式，一步一步的前進，由已知到未知，或者用綜合，或者用分析；因此人的知識是思慮的知識。原因是人的理智力有限，不能一下看淸全部事理；而且人的知識積聚許多觀念而成，人要把所積的觀念，一步一步加以硏究思考。天主的理智，對於任何事理，都是一見則明，不用前後推論。人的知識積聚觀念而成，天主的知識不用觀念，或更好說只用唯一的觀念；因爲他的理智動作，也只有唯一的動作。因此天主的知識，可以說只有一個知識；但是在這個知識內，包括萬物。

(B)天主理智的對象

什麼是天主理智的對象呢？天主可以知道什麼？

我們人的理智由潛能而到現實。爲使潛能成爲現實，要緊有外在的原因。因此人的理智所有的對象，都是在理智以外，理智由對象而發動。天主的理智常是現實，用不着外在原因去發動。

天主的理智旣常是現實，和這樣常是現實的理智相等的對象，只有天主自己的本性。天主的本性本是常在的現實，因此便是天主理智的對象；而且不單單是天主理智的對象，還是天主理智的唯一對象。因爲沒有第二項事物，是常在的現實，可以充作天主理智的對象。在每種動作中，動作的本能和對象，應該是高低相合。

（a）天主認識自己。

因此天主所認識的，第一是自己。在於認識自己的本性，我們人的理智，爲認識自己的本性，要從各方面去觀察，經過長久的研究，纔能够認識自己；因爲我們人的理智不是直接看到自己的本性，而是由觀念去代替。天主的理智直接看到自己，一下便認淸自己的本性。天主的本性是無限的，天主的理智旣是他的本性，當然也是無限的。

（b）天主認識萬物。

一切的萬物，都由天主所造。天主創造萬物，爲萬物的意象，爲萬物的動因，爲萬物的目標；萬物的一切，都來自天主，當然不能有一點，不爲天主所知。詩經曰：『昊天孔昭』，（抑）『明昭上帝』（臣工）。

萬物所有的一切，旣是來自天主，萬物不能較比天主多出任何的現實。天主認識了自己，也就認識萬物，況且天主理智的對象，只能是天主的本性；因此天主在自己的本性上，認識萬物。這種認識不是間接的認識，缺而不全，而是從根本上認識萬物，認識得最清楚。

(c) 天主知道將來的事。

一切的事物，既然都以天主爲最高根源，一切未來的事物，也不是例外，天主認識自已，也就知道未來的事物。

未來的事物，若是人事，人事成於人的自由意志；天主對於未來人事也知道淸楚，毫釐不爽，因爲天主看清人的意志活動。我們人類中有些很懂明的人，能够按着一個人的性情，推測他在某種環境中將會怎樣行動。天主操有無限的明智，難道不能看淸人的活動嗎？

(d) 天主爲認識對象，不用觀念。

天主的理智，有自已的本性爲對象，而且理智和本性，是一而二，二而一。天主的理智爲認識本性，又不是由潛能而到現實，而是永久的現實，因此天主的理智和本性面面相對，不用觀念去代表了。天主對於萬物，是在天主本性內去認識，於是對於萬物，也不用觀念了。

於今我們可以懂得天主全知的意義了。天主的知識，包括一切可以知道的事物，而且天主的知識是直接的直觀，不用觀念，不用推論，對於一切，眞是一目了然。

天主的知識，在形式上說是最單純的，只是一個動作，這個動作是一個永久的現實。在這永久現實的知識動作中，天主認識自已，又認識萬物。

（丙） 天主全能

天主具有全能，凡是一切可做的事，他都可以做。因爲天主旣是自有的實體，是一整個的現實；因此天主的動作，能够具有一切的效果。普通每個實體的工作力，要看自己本性所具的特點而定。人的工作力異於禽獸的工作力，因是人的本性和禽獸的本性不相同。就是在本性相同的實體裡，工作力的高下，也並不是完全一樣，一個人可以較比別一個人更懂明，因爲人們在本性的特點上，可以不是一樣。天主的工作力，按照他的本性的特點而定。天主本性的特點，在於是無限的偉大，包括一切的美好；因此天主的工作力，也就是無限之大，是無所不能，天主乃是全能。

「全能」究竟應該怎樣解釋呢？我們不是多次說過，在天主以內，沒有潛能，只有現實嗎？普通所謂能，即是能力；說天主是全能，不等於說天主有萬種潛能嗎？

在這裡我們對於全能之能，要緊加以解釋。「能」，即是能力，能力有被動能力和動能力。被動能力常是潛能。動的能力，由動者本身方面說，若是能力不是現實，當然是潛能；若是能力已經是現實，即是已經成爲動作，當然是現實。動的能力由效果方面說，動力產生了效果，則是現實；沒有產生，則是能力。

在宇宙萬物裡，所有的能力，無論被動能力或是動能力，都是被認爲潛能，因爲萬物的動作，必定要由潛能而到現實。我們討論一個實體的動能力，常是由動能力在沒有動以前的潛能方面去看。因此便把能力看成可能性，看成潛能。

天主則是整個的現實，是永久的動作。我們討論天主的能力，不是從天主本身一方面去看，因爲天主既是整個的現實，動作是現實，天主的現實就包括一切的動作。因此我們討論天主的能力，是由動作的效果方面去看，即是說從天主的動作裡，有什麽事物可以發生。我們說天主全能，便是承認，從天主的動作裡，一切事物都可以成爲現實。所謂天主全能之能，是由效果一方面說，效果若在天主以外，效果便有時間性，在未有以前，當然稱爲能有的效果。因此對於將來能有的效果，我們說天主能够產生這種效果，我們便說天主有這種能力。實際上，這種關係是天主的外在關係，對於天主的本性，絲毫沒有增加。

我們解釋了全能的「能」字，於今再要解釋全能的「全」。

「能」字既是由效果方面去看，表示從天主的動作可以產生什麽。「全」字也是由效果方面去看，表示從天主的動作裡可以產生一切，「一切」就是「全」字的意義。

然而「一切」又有什麽意義呢？「一切」指的凡是自身不相衝突的事物。若是自身相衝突，則不是事物；既然不是事物，當然不能成爲現實。既然不能成爲現實，也就不能由天主的動作而產出。例如三角形的圓周，是自相衝突的名詞不能成爲事實。天主也就不能造三角形的圓周。並不是天主不能造，實際是不能有三角形的圓周。

因此，天主是全能，意思是說，凡是不自相衝突，可以成爲現實的事物，都能由天主的動作裏產生出來。

可以成爲現實的事物，不一定都成爲現實，有的已經成爲現實，有的將來要成爲現實，還有許多從來不會成為現實，但是對於天主的動作說，凡已成或要成為現實的以及可以而不會成為現實的，只要天主願意，都是可以產生的。

從天主一方面說，天主全能，便是凡是天主願意作的事，天主都能作。自相矛盾的名詞，不可以成為實事，天主當然不會願意作，因為天主是全知的，又是全善的。

(丁) 天主全善

上面我們說天主具有一切的美好，天主是全美的；那是從本體論方面去觀察；於今我們說天主是全善的，則是從倫理方面來觀察。我們認為按倫理說，天主是全善的。

(A) 全善

在倫理方面善是指的合理的事，中國儒家以合理的事，為合於天理的事。所謂天理，是人物的性理。對於一事一物，按照性理去做，便是善事。性理為天賦之理，天賦之理為「天生人物，有物有則」之理。天賜予人物之理，不是任意隨便給的，乃是按照每種事物的本性而給的。例如人，為理性動物，人之為人之理，按照理性動物而定。造人或不造人，完全在於天主，但若要造人，則非造一理性動物不可。既然造了人，則對待人，就應該以對待理性動物之道去對待人，不能以對待禽獸之道去對待人。

我們說天主是全善的，便是說天主對待萬物，沒有不合理的。因為萬物之性理所有的模型，乃是天主的本性；天主當然不能反對自己的本性，所以對待萬物，常合萬物之性理。再者，人之為惡，是因為人看不清事物之理和自己之福利；天主是無所不知的，因此便不能有錯。

善字在倫理方面，還有第二種意義，善卽是利他。我們普通讚美某某是善人，因爲他做許多好事。所謂好事，都是有益於人的事。天主是全善的，也就是說天主是最大的利他者，天主以外，都是天主所造的萬物。天主對於萬物，常是爲萬物謀利益。第一、從善的本身說，士林哲學有句成語說：Omne bonum est difusivum sui 凡是善都是施捨自己。因爲善就是完全是美好。小善是小完全，大善是大完全。在完全上說，旣是完全，則無所求，所求者，在施捨自己的善予他物。天主則是最大的完全，是整個的有，他是絕對無可增益的，也是絕對無所求的。那麼天主對外的動作，就必定是施捨自己的美好，以利萬物。第二、從天主的本性說，天主是全德，旣是全德，天主對於萬物當然不會爲害，只會賜予利益。

老子却說：『天地不仁，以萬物爲芻狗』（道德經第五章）

詩經也說：『浩浩昊天，不駿其德，降盡飢饉，斬伐四國。昊天疾威，弗慮弗圖，舍彼有罪，旣伏其辜。若此無罪，淪胥以鋪——。』（詩經雨無正）

老子是不談上帝的，他所謂天地不仁，也不過是說宇宙間只有自然之道，無所謂仁愛之上帝。詩經則是信有上帝，雨無正一章怨天的話是人在遭蒙患難時的怨語。遭難而怨，乃人之常情；遭難時的怨語多半是不合情理的。詩經普通則常說天命合於情理：『敬天之怒，無敢戲豫。敬天之渝，無敢馳驅。昊天曰明，及爾出王。昊天曰旦，及爾游衍。』（詩經版）。朱熹註釋引張載的話說：『張子曰，天體物而不遺，猶仁體事而無不在也。禮儀三百，威儀三千，無一事而非仁也。』

儒家因此以仁字，代表天德。

（B） 天主是全德

德字代表善的習慣。人常行一善，在心理上養成了一種習慣，這種習慣稱爲德。古書上雖然有時稱善德惡德，以心理上的習慣稱爲德；但是通常都是以善習慣爲德。

凡是德，在於中庸。德不得其中，則是過與不及。過與不及都不成爲德。

於今我們稱天主爲全德，德字是不是按照上面的意義呢？按理說，德字却不能應用於天主。因是天主旣不能有習慣，而且天主的每種美善都是無限的。沒有習慣，則不能有善習慣，結果不能有德。每種美善是無限的，便不能有中庸，結果也不能有德。

但是這又是我們拘泥於字面的解釋了。德固然是善習慣，習慣是附加品，是由重複的動作而造成的心理狀態。然而追究習慣的所以然的意義，是在於常常容易行一善。人因着種種的不齊全，（或種種的缺點），生性不容易常常行善事，需要時加練習。天主則常常行善，而且常常容易行善；行善無難，行善爲天性（本性）。我們以這種行善的天性爲德，誰說不宜呢？中庸之道，在執兩端之中而用之；然而這並不是指着一種物質的動作，也不是指着一種形上的本質條件，而是表示每種善德的實行標準。我們人爲懂得每種善德的內容，不必拿兩端折中而纔能懂得善德的意義。每種善德有自己的意義。例如仁愛有仁愛的意義，不必說仁愛是威和柔折衷而成的。況且若是這樣去說，仁愛的意義更不明顯了。所謂善德在於中，是說在實行時，每種善德要用得其中，不能過或不及，爲什麼在實行時，要有這樣的標準呢？因爲我們人看理不明私慾動蕩，在行動時容易有缺失；所以要緊指出一種具體的標準。天主的行動即是他的本性，因此天主的善德，在實行和德性上同是一樣，用不着折兩端而用之的中道，而實際上則又常合於中道。因爲既然或過或不及，都不是德，那麼德的本性就合於中。那麼發揮德的意義而擴張到無限，德的意義更完全，而又仍舊是善德，仍舊不是過而又不是不及。因此天主的善德雖是無限，並不合中道相衝突。

我們說天主具有各種善德，因爲天主的行動卽是同於自己的本性，天主的本性又是一切事理的模型，天主的行動便不能不合理，而且不但是不能不合理，而且常是恰到好處；因此天主行動常是善德。所以天主便具有各種善德。不過，所謂各種善德，當然不包括那些只適合於人性而不適合於天主性的善德。例如孝德，是人的善德，而不是天主所該有的善德。

（C）　天主的自由

我們於今要討論的這個問題，很不容易懂。天主是不是有自由？

自由的意義，最簡單的是在兩者之中，能隨意選擇一個。爲什麼能夠選擇兩者之一呢？是因爲或者兩者都不是我們所絕對要求的是事物，或者是我們不完全懂得兩者的意義。再者，我們有自由，也因爲我們的行動，可有可以不有，由潛能到現實，由我們意志去決定。

天主則是全知的，凡事都看得很明白；再者天主又沒有任何的要求，因爲他是整個的實有；況且天主的行動和本性同爲一，沒有由潛能到現實的過程，因爲他純粹是現實，那麼，天主怎麼樣可以有自由呢？

但是從另一方面去看，自由的根柢，在於所選擇的對象，不是我們所絕對要求的事物。假使是我們所絕對要求的事物，我們理當選擇，便沒有不選擇的自由。宇宙萬物，對於天主，是不是天主所絕對要求的對象呢？當然不是。天主在自己以外，是無所要求的。那麼天主對於宇宙萬物，便當是自由的了。

自由的眞義，在於兩者之中擇其一；天主的動作雖是和本性同一，無所謂有不有，但是天主動作對外面的關係，則隨天主的意志而定。例如創造宇宙，是天主的一種自由行動，因爲天主可以造宇宙，也可以不造宇宙。爲什麼天主可以有這種自由呢？因爲宇宙不是天主所必要的事物。但是天主怎麼樣可以實行這種自由呢？因爲創造宇宙，只是天主對外的一種關係，這種關係的有無並不影響天主的本性本體。因此創造宇宙一事在於天主意志願不願：願，就有宇宙；不願，就沒有宇宙。同樣天主對於宇宙間的每椿事物，都保持這樣自由；而且對於天主以外的事物，天主都保持這種自由。

（註一）梅瑟五書、出谷紀第三章第十四節、思高聖經學會譯本。
（註二）梅瑟五書、申命紀第三十二章第三十九節。
（註三）羅光、中國哲學大綱、下冊第二〇頁。
（註四）5. Thomas. Sunma Theologica. Ia 10. 1.
（註五）羅光、公教教義、第十七頁。

第四章　神和人的關係

這一章所講的，似乎是屬於宗教神學的範圍。神和人的關係，不是宗教的信仰嗎？神和人的關係，固然是屬於宗教的信仰；但是人的理智，旣能推知有神，當然也能推論神和人關係。況且宗教的意義，就在於講求神和人的關係；我們講宗教哲學，對於神和人的關係，便不能不講。在宗教哲學裏，一切的問題，都是憑理智去推論，不問神是否有所啓示；我們於今討論神和人的關係，也是憑理智去推論，一切的結論，都是理所當然。旣是按理智去推論而求結論，便是哲學的研究工作。

對於神和人的關係，我們分四段去研究：第一、神爲造物主，第二、神爲宇宙主宰，第三、神製定天理，第四、人生的目的。前三段，研究神對人的關係；後一段，研究人對於神的關係。

(一) 神爲造物主

(1) 宇宙萬物爲受造物

各國的神話裏，都有創世的神話。中國古代神話裏，有盤古開天地，女媧煉石補天，摶黃土爲人的傳說。於今我們不去研究創世的神話，更不去批評辯駁。我們所要討論的是宇宙萬物，是自有的呢？是受造的呢？

我們的答覆，是宇宙萬物爲受造物。關於這一點，我們在理論哲學裏面，加以討論。於今我們總括地再把我們的理由說一說。

（A）宇宙萬物不是自有實體

第一、因爲宇宙是變化的。凡是變化都要有個動因。凡是變化的實體，爲起變化，應該有一個外在的動因。因此，宇宙的變化，追到根底處，該有一個不變的最高原因。宇宙既有一個外在的最高動因，宇宙便不是自有的了。至於互爲因果之說，在哲理上講不通。

第二、宇宙間的萬物，都不是常有的，也不是絕對非有不可的。李白在生以前不存在。而且宇宙間也不是非有李白不可。可見李白不是自有的實體。自有的實體是常有的，是必定該有的。宇宙間的萬物，都是和李白一樣，都不是自有實體。因此宇宙萬物不是自有，而是受造的。

至於說宇宙萬物只是原子的轉變和進化，在一切轉變和進化裏，物體時生時滅，原子則是常存，原子便是自有的。宇宙也就是自有的了。於今我們假定宇宙萬物是由原子進化轉變而來。但是按理說，凡是變化，都有起點，原子所以有開始存在的一刻。既是有始，便不是自有。

（B）宇宙萬物是受造物

宇宙萬物既不是自有的實體，便應該是受造物。因爲宇宙不能由另一實體，流變而出，也不能由神體變生而出。老子以『道』生一，一生二，二生三，三生萬物。』萬物由「道」的本體流變而出。然而萬物既由道而生，道和萬物同性同體，道便不能是萬物之母；道的本身既不能自有，道自己要緊有另一根源。所以泛神論，在哲理上不能成立，以宇宙和神同體，等於是無神。

宗教方面的神話，以宇宙萬物，由神身變生而出。『昔盤古氏之死也；頭爲四岳，目爲日月，脂膏爲江海，毛髮爲草木。秦漢間俗說：盤古頭爲東岳，腹爲中岳，左臂爲南岳，右臂爲北岳，足爲西岳。先儒說：盤古泣爲江河，氣爲風，聲爲雷，目瞳爲電。古說：盤古氏喜爲晴，怒爲陰。』（註一）按理去說，誰也不能以盤古爲神，神而死，則不神了。

印度的開闢論有多種，新婆羅門教的世界觀，在摩奴法典第一章所記述的，『宇宙之從，是一混沌未分的暗黑態，所謂一切是眠的狀態。這時，永遠的自存者，欲去黑暗開展萬有，先從自體產水。彼在水中，更播種子，就成爲像太陽那樣的光輝灼耀的金卵，於中梵天顯現。梵天在這金卵上，經過一年之後，將卵分爲二分，上爲天，下爲地，中爲空，於是作成三界。與作器界同時，彼又欲作有情界，先從自作意，從意作我慢。從我慢，大我爲始，而作五唯，五根。更由五唯與我慢之天，作生命的依處。再由彼作五大以完成一切。』（註二）永遠自存者由自體而生水，由水中播種子而分爲三界，三界便是永遠自存者本體中流變而生，和永遠自存者同性。既是這樣，永遠自存者已經不是永遠自存者了。

因此我們主張宇宙萬物只能由神之創造而成。

（2） 天主造宇宙萬物

神創造宇宙，創造有什麼意義呢？

（A）創造

創造，用之於神創造宇宙：第一、表示創造是神的一種動作。神創造宇宙，是用自己的一種動作使宇宙成立，不是由自身變化而產生宇宙。第二、表示神使宇宙成立，不用預先已經有的材質，完全是從無中生有。我們人作事，都是要用預先已經有的材質。藝術家創造藝術作品必定用紙和筆，或用別樣的材料。神爲創造宇宙萬物，不用任何的材質，由無造有。創造宇宙的動作，是神意志的動作，神一願意造宇宙，宇宙就有了。舊約創世紀記載天主創造天地萬物，只用一個「說」字，天主說有光，就有；說有穹蒼，就有穹蒼；說有日月就有日月；說有生物，就有生物。（註三）

創造的意義，是由無中生有。

中國儒家的經書上，常以天地萬物爲天所造生，但是造生的意義不明。詩經說：『天作高山，大王荒之。』（天作）『天生蒸民，有物有則。』（蒸民）『天生蒸民，其命匪湛。』（蕩）

儒家絕對不主張泛神論，不以天地由上帝本體所流變而出；儒家主張上帝造生天地人物。但是天作高山，天生人物，是不是用已成的材料？儒家沒有講明這一點。但是按理去想，在沒有造天地以前，當然沒有天地，而上帝又不用自己的本體去變出萬物。那麼上帝造天地人物，可以說是由無中生有。儒家的造生，可以解釋爲從無中生有的創造。

（B） 神創造

創造旣是自無中生有，則只是自有者纔能創造。列子曾說：『有生不生，有化不化。不生者能生生，不化者能化化。』。（列子天瑞）不生不化者爲自有實體，爲天主上帝。

天主由無中造天地萬物，天主和萬物不同性不同體，天主高高在天地萬物以上。

創造天地萬物，是天主自由意志的動作。從天主一方面說，創造天地的動作，天主在無始之始已經就有了。但是就外面的效果說，天主定了在相當時期然後實現。天地的有無，對於天主的本性本體，絲毫影響也沒有。未造天地以前，天主不見小；造了天地以後，天主不見大。天主自己都是一樣，絲毫未變。創造天地，只是多了一層天主向外的關係。

爲創造天地萬物，天主不用材料，但是在先一定願意造如此如此的天地，這般那般的萬物；就是說在先必定有天地萬物的意象。天地萬物的意象，處在天主的理智中，理智爲成這些意象，是以天主的本性爲模型。因此我們主張，萬物本性的特點，顯露天主本性的一些特點。

天主創造萬物，造物造人；但是怎樣造的呢？是先造簡單原素，由原素經過千千萬萬年的變化，然後進爲現今的宇宙嗎？生物的出生，是由無機體進化而成呢？或是由天主直接所造呢？這些問題已經超出哲學的範圍以外，因爲一部份是屬於宗教的，一部份是屬於科學的。屬於哲學的部份，我們在宇宙論和心理學裡已經講過了。

哲學上對於神造天地萬物，只堅持兩點：第一、宇宙萬物不能自有，由一自有者從無中而造成；第二、生物的生機，不能純粹由無機體變出，人的靈魂更不能由下級動物變成。

(二) 神(天主)爲主宰

(1) 神爲主宰

上面我們曾引朱熹的話，謂宇宙有主宰不可，謂宇宙無主宰也不可。像朱熹那樣不信神的人，尙且以爲宇宙不能完全無主宰。至於古代，信神的先儒，完全信宇宙由上帝（天）主宰。甲骨文裡所有的中國古代宗教思想，以天雨天晴，行旅的吉利，和戰爭的勝負，都由帝（天）主宰。詩經書經和論語孟子也明明說人事的禍福，操之天地，因爲天賞善罰惡；人君的廢立，也歸之於天命，因爲人君是替天行道的。

書經上說：『天降割於我家，……天降威，……不敢啓上帝命，……迪知上帝命，……天命不易。……』（大誥）

詩經上說：『敬之敬之，天維顯思，命不易哉。無曰高高在上，陟降厥士，日監在茲。』（敬之）

『皇矣上帝，臨下有赫。監視四方，求民之莫。』（大明）

論語上說：『子畏於匡，曰：文王旣沒，文不在茲乎！天之將喪斯文也，後死者不得與於斯文也！天之未喪斯文也，匡人其如予何！』（子罕）

孟子上說：「行或使之，止或尼之，行止非人可能也。吾之不遇魯侯，天也！臧氏之子，焉能使予不遇哉。」（梁惠王下）

「萬章問曰：堯以天下與舜，有諸？孟子曰：否！天子不能以天下與人。然則舜有天下，孰與之？曰：天與之。」（萬章上）

「萬章問曰：人有言，至於禹而德衰，不傳賢而傳於子，有諸？孟子曰：否！天與賢，則與賢，天與子，則與子。」（萬章上）

宇宙人物由帝或天而主宰，中國經書裡認爲這是一定的道理。宇宙人物既由天所造生，當然要受天的主宰。

（甲）　理由

爲什麼宇宙人物，務必要受天主（帝，上帝，天）的主宰呢？

（A）第一、從萬物本體方面說，萬物是由天主從無中而造的。萬物之有，完全來自天主。既是這樣，萬物在受造以後，爲够繼續存在，也完全靠天主。若是天主不支持萬物，萬物立刻歸於烏有。因此萬物無論在那一刻，都完全依賴造物主。不僅僅是萬物的存在，是依賴天主，就是萬物的動力，也是依賴造物主。因爲本來是虛無之物，本來也就沒有動力，動力也是造物主所給予的。按照我們普通經驗說，一塊石頭，一塊鐵，憑着自己，繼續存在。一個人，一條牛，是自己能動能跑。但是這種經驗，是物理方面的經驗；在形上方面，我們追問石頭、鐵片、人、牛，爲什麼能够存在，能够有動力？這些物體本來原先都沒有，於今有了，他們都不是自有的。不是自有的，便也不能自己存在。你若說這些物體，是由他種物體所變化的或所生的，在變成或生成了以後，物體就自己存在了。實際上宇宙間一物變成他物，或一物生產他物，只是物質方面的變遷，而不是前一物眞正使後一物存在；因爲前一物的存在，本來不是自有的，旣不是自有的，怎麼樣可以把自己所沒有的給予他物呢？前一物爲使自己的效果能够存在，要假藉另一最高原因，就是使牠能够存在的原因，這個原因就是自有的實體。

有人想，造物主在造成天地萬物以後，可以不管萬物，萬物能够繼續存在。好比工人造了一件物品，物品能够脫離工人而存在。他們不理會工人的造物和天主的創造，大有不同。工人爲造物，須用原料，原料本是不靠工人而存在的。工人把原料加以製造，作成另一物品，這種新物品因着本來的原料而存在，當然不依靠工人而存在。木匠做木器，木器因着木而存在。天主創造萬物，則是由無中生有，無中生有之物，若不依靠造物主而存在，靠什麼而存在呢？

又有人想，萬物雖不能靠着自己而存在，但是天主在造萬物時，能够把使萬物存在的能力，賜予開始受造之物，然後這些物體，把存在之能，給予自己的效果，效果又再給予自己的效果。好似人的生命，由父親傳給兒子，兒子又傳給兒子，一代一代的往下傳，天主只要造了第一個人，其餘的人存在與否，他就不必管了。在經驗上面，生命確實是一代一代往下傳，物體也是由第一件變成第二件。然而實際上，萬物不能具有使另一物存在的能力，造物主也不能把這種能力分賜受造之物。因爲受造之物（萬物）之動作，都假定有動作的原料，俗語說，巧媳婦也不能煮無米飯。因此無論那種物體也不能使本來烏有者能夠存在。物體所能作的，只在於使物質改形。可是宇宙的萬物，每一件都是眞正的實體，都有自己的存在，並不是只是一種永久變動的物質在某一時期所取的形態。因此物體的存在，不是由另一物體而來，而是直接來自造物主。

因此，哲學上說：萬物的繼續存在，是天主的繼續創造；但是不稱爲創造，因爲不是無中生有，而是繼續保存由無中而生之有，否則又將歸於虛無。

那麼，簡單地說：不是自有的實體，不能繼續存在，需要自有實體的支持。萬物都不是自有實體，乃是受造物，因此爲繼續存在，常要有自有實體即是造物主的支持。

萬物既是時刻都需要造物主的支持，所以便受造物主的主宰。

（B）第二、由宇宙間天道運行的次序說，宇宙間不能沒有主宰者。天道運行的次序，不是偶然的盲目行動，也不是盲目的機械行動，乃是有次序地結合運動，共同傾向一個目的，因此便不能不有一位主宰者。人造的機械，每件機械有自己的作用，機械動作時，須有人管理。宇宙萬物是造物主所造的一架大機械，宇宙的運行，因此也該由造物主去管理。

（C）第三、從反面去說，若是宇宙沒有主宰，宇宙萬物便是自己主宰自己。宇宙既是物質物，物質物主宰自己，即是沒有主宰，即是盲動。物質物自己盲動而能繼續存在，物質物便是自己動自己，自己因自己而存在，自己是自有實體了。但是宇宙萬物，絕對不能是自有的；那麼便該有主宰者。

唯物論的哲學家，主張宇宙隨着自然法而運行，用不着主宰。然而自然法不能自然而有，當然也不能自然而運行。

（乙） 主宰的意義

宇宙萬物由造物者主宰。所謂「主宰」包含什麼意思呢？

（A）造物者主宰宇宙萬物，第一、造物主保存萬物。上面我們已經說了。萬物能够繼續存在，完全靠着天主的支持；因爲萬物不是自有的，而是由無中受造而有的；假使造物主一刻不支持萬物，萬物就歸於無。所以說造物者主宰萬物，第一是保存萬物。

（B）第二、造物主對於萬物的管理，不僅是保存萬物的存在，而且還支持萬物的動作。一件物體，若是不存在了，當然也不能動作。但是物體也並不是一存在了，就可以動作，因爲物體的動作要由潛能而到現實，由潛能到現實要緊有一種發動力。物體既不是自有的，也就不能有發動力。物體的發動力都是來自使牠存在的造物主。

好比萬物的存在，時刻依靠造物者的支持；同樣萬物的動力，也時刻依靠造物者的支持。這是說萬物在物理方面的動力，都是來自造物主。你一定要反駁說，物體的動力，或是物體自身所有的，或是假之於另一物體，能生熱的物體，自己具有熱的動力，憑着自己的熱力，又可以發動別的物體。爲什麼要說物體的熱力，時刻都由造物主供給呢？可是我只反問你一句：能够生熱的物體，牠的熱力是由何處來的呢？既然牠的存在，不是自有的，那麼牠的熱力就是自有的嗎？

（C）第三、造物主管理萬物，也包含眞正管理的意思。管理一事一物，先要有管理的原則或細則，然後要使事物按照原則或細則去做，最後若遇出規的時候便該加以矯正。天主爲掌管萬物，定有自然律，並且使萬物常按自然律運行。這就是所謂天主亭毒萬物。

但是天主亭毒萬物，並不像人們管理事物。人們定了規則，常有任意改變的時候，有時甚而自己反對所定的規則。天主主掌宇宙萬物，完全使萬物按照所定的自然律而運行。有時宇宙間的自然現象似乎反於常道，例如說風雨不調，寒暑不時。實際上這種非常的現象，不是反對自然法，而是自然法另一方面的運用。

天主是自由的，若說天主完全不能變更自然界的現象，那又不合於理了。只要不違背物體的本性不自相矛盾，天主當然可以使物體的動作有時有出規的現象。例如，使火不是火，天主當然不能作，因爲火不是火，自相矛盾不能存在。但是使火不焚，天主若願意，當然可以作。因爲在自然界裡有些力量是可以阻止火的焚燒力，天主的全能豈不能阻止火的焚燒力？

（丙）命

跟上面的問題相關的，有一種很重要的問題，卽是「命」的問題。俗語說：『死生有命，富貴在天。』

(A) 中國儒家的思想

是不是人的一生都早由上天註定呢？

孔子曾說：假使天不願意他死，「匡」人不能害他。當顏淵死後，孔子悲嘆說：『天喪予！天喪予！』（先進）當伯牛重病時，孔子嘆曰：『命矣夫！斯人也而有斯疾也！』（雍也）。孟子也曾說：他不遇魯侯，是天不願意他遇魯侯。這不是表示人生的壽命和遭遇，都由天定嗎？

但是書經又說：『惟上帝不常；作善，降之百祥；作不善，降之百殃。』（伊川）天雖主管禍福，然禍福乃由人自招。『有夏多罪，天命殛之。』（湯誓）『商罪貫盈，天命誅之。』（泰誓上）詩經上也說，行善的人，子孫受福：『曾孫壽考，受天之祜。』（南山）

我們若要把經書上關於命的思想，用上面所引的一句俗語作代表，可以說不會有錯。俗語說：『死生有命，富貴在天。』經書也把「命」和「天」分開。人的壽夭，在出生以前，早已決定了，人自已不能變更，這就稱爲命。富貴貧賤以及人生的禍福，由天主管，但是天不任意降禍賜福，要看人行善行惡而定。

人生又有一些遭遇，不是普通所說的禍福，而是自已一生事業的成敗。例如孔子孟子能否受遇於諸侯。關於這些機會，中國古人也認爲有天命。因此俗語說命運，而且有句成語說：『謀事在人，成事在天。』

但是命字在後代儒家的思想裡，意義並不完全一致。

王充說：『夫性與命異。或性善而命凶，或性惡而命吉。操行善惡者，性也；禍福吉凶者，命也。……性自有善惡，命自有吉凶。使吉命之人，雖不行善，未必無福；凶命之人，雖勉操行，未必無禍。』（論衡命義）王充對於性命兩字的意義，舉例說明。操行善惡爲性，因爲人的善惡，按照人性而批評。禍福吉凶爲命，因爲這些遭遇都由命而定。王充且說：『凡人偶遇及遭累害，皆由命也。有死生壽夭之命，亦有富貴貧賤之命，自王公逮庶人，聖賢及下愚，凡有首目之類，含血之屬，莫不有命。』（論衡命祿）。

王充不信鬼神，以爲鬼神不能影響人的富貴貧賤，同時也就否認天操賞罰之權。但是所謂壽夭之命和貧富之命，由何而來呢？王充欲破迷信，自己反又墮入迷信。

但無論若何，命字的意思，在古人和王充的思想裡，都是指着生時已經決定，人力無可改變者，稱爲命。孟子說：『莫之致而至者，命也。』（萬章上）。古人以壽夭爲命，王充以貧富禍福也爲命。

朱熹曾討論「命」字的意思，按照理氣的學說予以解釋。『問顏淵不幸短命，伯牛死，曰命矣夫！孔子得之不得？曰：有命。如此之命，與天命謂性之命，無分別否？曰：命之正者，出於理，命之變者，出於氣質。要之皆天所賦予。孟子曰：莫之致而至者命也。但當自盡其道，則所值之命，皆正命也。因問如今數家之學，如康節之說，謂皆一定而不可易，如何？曰：也只是陰陽盛衰消長之理，大數可見；然聖賢不曾主此說。如今人說康節之數，謂他說一事一物，皆有成敗之時，都說得膚淺了。』（朱子語類）

『問命之不齊，恐不是眞有爲之賦予如此，只是二氣錯綜參差，隨其所值，因各不齊，皆非人力所與，故謂之天所命否？曰：只是從大原中流出來，模樣似恁地，不是眞有爲之賦予者，那箇人在上面，分付這個，詩書所說，便似有箇人在上恁地，如帝乃震怒之類。然這箇亦只是理如此。天下莫尊於理，故以帝名之。惟皇上帝，降衷于下民。降，便有主宰意。』（語類）

朱熹不信鬼神，進而不信上天。以理氣之說，解釋「命」，跟他以理氣之說去解釋人性，一樣地把形上學和倫理學混合在一齊，理論不清楚。但是更混亂不清的，是他把書經和詩經的話，硬牽入他的學說以內，以帝爲理。這眞是所謂牽強附會。

但朱熹還有一種混亂不清，是他說沒有鬼神，又說不能沒有鬼神。說宇宙沒有主宰，又說宇宙不能沒有主宰。

王充以人生的一切，都屬於命，朱子以人生的一切都屬於理氣。他說：「稟得精英之氣，便爲聖賢，便是得理之全，得理之正。稟得清明者，便英爽。稟得敦厚者，便溫和。稟得清高者便貴。稟得豐厚者，便富。稟得久長者，便壽。稟得衰頹薄濁者，便爲愚不肖，爲貧爲賤爲夭。天有那氣，一箇人出來，便有許多物隨他來。」（朱子語類）朱子以命爲氣所成。氣爲什麼有參差不齊呢？那是來於天命。但是朱子所謂天命，不是指着天地主宰者之命，乃是說生來如此。

王充和朱熹的學說，否認了人的行爲可以有價值。中國古人至少以人的行爲，能善能惡，乃可以招福招禍。所以以禍福屬於天的賞罰，不稱之爲命。我們對於這一點所有的意見，在下一段詳加說明。

（2）天主對於人事的主宰

（甲） 天主尊重人的自由

人按人性，享有自由，假使天主支配人事和支配自然界的現象一樣，人便根本沒有自由了，人就不成爲人了。

每個人對於自己的行爲，自己負責；因爲人有自由行動之本性。每個人的存在，是同別的物體的存在一樣，時刻要有天主的支持。每個人的行動，在物理方面的動力，也和別的物體的動力一樣，要有天主的支持，但是每個人的行動，所以如此如此，那是完全由於本人意志去定奪，天主不加以干涉。

但是這並不是說，天主完全無法可以干涉人的自由，無法可以改變人心。天主若是願意時，可以使人改變志向，可以引人採取決議；然而天主的行動，必不損害人的自由。我們人與人之間，不是一個人可以影響旁一個人嗎？一個人可以勸服另一個人去做他先前不願意做的事。一個人的勸化力有限，天主的勸化則是全能。天主勸人是在以强烈的光明，使人的理智看到一事應該做的理由，同時又激動人的意志按理定奪。人便做天主所願意他做的事，人又不失自己的自由；因爲是自己情願去做。我們說假若天主願意勸化人，他一定做到。但這不是日常的事。

（乙） 人生一切都在天主掌握之中，天主先已知道人生的一切。

人對自己的事，既是完全自由，那麼人生的一切都由人自造，人生不是出乎天主的掌握了以外嗎？

然而人生的一切，却又完全在天主的掌握之中。

第一、因爲對於人生萬事，天主定有性律，人應按照性律行使自由權。

第二、因爲人的行動，或善或惡，都要受天主的賞罰。

第三、天主若願一人做一事時，必定可以暗中引動他的意志，叫他做那件事。

第四、宇宙萬物萬事，都有天主所定的最後目標，社會人事在全盤看來，是由天主驅使奔向這最後目標。

而且進一步說，天主對於千秋萬代的社會人事，早已知道了。第一，因爲天主是永遠的，超出時間以外，時間的先後，不能用之於天主。第二，因爲天主是全知的，天主對於一切事件的變遷早已看到。對於自然界之物體所有的變遷，天主早已知道；就是對於人的自由行使，天主也早已看到。我們人類中有些聰明絕頂的人，可以預料未來的事，因爲他看清了一個人的性格，知道他在某種環境裏，必定會這樣做。天主則知道人事的一切環境，知道人的性格；所以預先知道一個人畢生的事跡。

（丙）　天主的預知等於預定

天主預先知道自然界的變遷，也預先知道每個人的畢生事跡，天主的這種預知是等於預定。

爲什麼緣故呢？

凡是主管一事或一團體的主管人，對於自已的管理，一定有預定的計劃；天主主管宇宙萬物，也有自己的計劃；萬物的行動決不能走出他的計劃以外。而且天主還預先知道將來一切的事，也知道這一切的事將怎樣完成他自己主管宇宙的計劃。從這一方面說，宇宙萬事都是預定的。況且天主爲完成主管宇宙的計劃，不僅僅是旁觀的，讓萬物完全自動；也不僅僅是消極的，單單阻擋破壞他的計劃的事；他還是積極的完成自己的計劃，在必要時，驅使一些人爲他的計劃而工作。因此宇宙間一切的事物，都可以說是造物主預先指定的，因爲都是受造物主的指使，爲他的計劃而工作。

從宇宙事物一方面去說，一切都是預定的；因爲一切的事物，造物主在無始之始早已知道了，事事物物都按造物主所知道的而實現。

但是我們對於天主的預定不稱爲「命」，因爲並不是在人的意志以外，天主把人一生的事跡都替他決定了，人自然而然要按着這樣做去，絕決不能改換。天主對於宇宙間自然界的事物，讓牠們按照自然法轉變，對於人類社會的事件，讓人們自由選擇。但因爲天主預先知道了一切，而又決定按照自己所知道的一切去做。天主的這種決定，稱爲預定；雖爲預定，還可以稱爲事後之定。

我們再進一步，對於天主的預定，加以解釋。

第一、宇宙萬事，完全按照天主所定爲主管宇宙的計劃而行；在這一方面說，萬事都是預定的。然而這種預定，是大綱節目的預定，是概括的預定，不是細節目的預定。

第二、宇宙萬事，天主都預先知道。天主既預先知道而又讓萬事如此進行，則宇宙萬事都是天主所允許的。在這一方面說，萬事都是天主所預定的。然而這種預定是消極的預定，只是不阻擋一事一物的實現而已，不能因此以萬事的責任歸之於天主。

第三、自然界的事事物物，按照天主所定的自然法轉運生滅。天主預先知道這一切的轉變，也讓宇宙這樣去轉變。自然界的一切現象，直接都歸之於自然法，間接纔歸於天主。因此所謂天災，並不是天主故意要降禍於人，乃是自然界的事物，按照自然法，在這樣的環境內必定有這樣的現象發生。

然而天主對於自然界的現象，不完全是旁觀者。在天主願意表現他統治宇宙的計劃於自然界的現象時，天主能直接處置一種特別的環境，使在那種環境內，按照自然法發生天主所願意有的現象。宗教內祈雨求晴的祈禱，便是根據這種理由而行的。

第四、人們方面的事件，由人們自己負責，因爲人有自由的選擇，天主從不抹殺人的自由。但是有些事件，不完全受人們的意志的支配。例如疾病壽夭，貧富窮達，不能像每個人所願意的而實現。然而這些事，也不是天主事先直接爲人安排好了，鑄成了人的命運。因爲這些事原因甚多，除本人的意志外，有些部份屬於自然法，例如疾病壽夭；有些部份，屬於他人的意志，例如貧富窮達。因此人們方面的事件，都不直接由於天主負責。天主在無始之始，預先看到人間萬事因着人人的意志和自然環境的影響，將是這般這般地進行。天主便決定讓人們這般做。

可是我們不要過走極端，只以天主爲人事的旁觀者。天主對於統治宇宙的計劃，在人事上最該完全實現。因此天主對於人事，決不旁觀，天主積極地干預人事，但並不是直接干預每個人的每樁事。天主所干預的，是直接和他統治宇宙的計劃有關的事。中國經書的曾有上天授命湯武的話，孔孟也自認負有天命去傳揚古來聖人之道。這種天命，是造物主在適當時期，直接干預人事。所以人們常說某某聖賢偉人，是上天預先選定爲做某某事件的。天主直接干預人事時，並不剝奪人的自由，他是引人的意志做他所願意人做的事。所以人對所作的事，仍舊負責，

上面所說的，都是按照理論去推想的，都是屬於宗教範圍以內的結論。至於在宗教神學上，對於「天主預定一切」的問題，討論更多。那要看教義上對於這個問題，有若何的信條。但是教義上所信的，和神學所講的，雖能更廣更深，在原則上必不會和上面所說的相反，因爲教義不會違背理論。

(二)　天主定天理，即是自然法的立法者

(1)　宙宇有天理之自然法

中國古代的聖賢，最注意宇宙間的運行規則。詩經蒸民章說：「天生蒸民，有物有則。」易經上屢次提着天地運行的規則。

「天地以順動，故日月不過，而四時不忒。」（豫卦）

「天地節而四時成。」（節卦）

「天地之道，恆久而不已也。利有攸往，終則有始也。」（恆卦）

宇宙間有一種恆久不變之道，宇宙萬物，隨着這種恆久之道而運行。關於這一點，不單是經書上有這種主張，就是不大信有主宰者天的荀子朱子，也是有這樣的主張。荀子說：「天行有常，不爲堯存，不爲

桀亡。（天道篇）又說：「天有常道矣，地有常數矣，」（同上）朱子說：「人之所以爲人，其理則天地之理，其氣則天地之氣。理無迹可見，故於氣觀之。」（朱子語類）「問天地無心，仁便是天地之心，若使其有心，必有思慮，有營爲，天地曷嘗有思慮來。然其所以四時行，百物生者，蓋以其合當如此，便如此，不待思慮，此所以爲天地之道？曰：如此，則易所謂復見其天地之心正大，而天地之情可見，又如何？如所說，祇說得他無心處耳。若果無心，則須牛生出馬，桃樹上發李花，他却又自定。程子曰：以主宰謂之帝，以性情爲之乾。他這名義自定，心便是他箇主宰處。所以謂天地以生物爲心。」（朱子語類）「問天地之心，天地之理，理是道理，心是主宰底意思否？曰：心固是主宰的意。然所謂主宰者，即是理也，不是心外別有箇理，理外別有個心。又問此心字與帝者相似否？曰：人字似天字，心字似帝字。」（朱子語類）

於今我們不討論朱子對於主宰話，說的對不對，我們只注意他說牛不生馬，桃樹不發李花，天地之間自有一定之道。他也是承認天地間有天理。朱子以天地間之天理，在萬物的物性以內，不是在萬物之外，懸着一條天理。這句話很對，天地間之自然法，是刻在萬物的物性上。在研究學問時，學者把自然法條條陳列出來，這是抽象的研究法，並不是在事實上有離開理性的自然法。在人類的社會裡，立法者所立的法律，有條條的律文，和人性互相脫離。正是因爲這種法律脫離人性而自立，纔稱爲後天的人爲法，不是先天的性律。先天的性律稱爲天理，天理是天生的道理，天生的道理乃是生在人物的本性上。

自然科學研究自然界的現象，物理化學研究物質方面的現象，素來都主張有自然法（天理）。近來科學界頗有人不主張有自然法，而以科學假設去替代。因爲科學上所說的自然法，都是科學家的發明，但是前人的發明，有許多被後人所推翻或修正。科學上的定律若有改變，那不是表示自然界沒有定律嗎？然而這種事件只是表示科學家的研究工夫尙不够，沒有眞正知道物體的本性。反轉來說，假使自然界眞沒有自然法，那麼科學家爲什麼又要創立一些假設呢？自然界的現象都將是偶然的，沒有理由可說，沒有規則可尋，科學家的假設也就失掉意義了。

我們主張宇宙間有自然法（天理）。因爲宇宙間各種現象的運行，常是一定。凡是一定的現象，必隨着一定的規律。因此宇宙間自然界的現象具有一定的自然法。

宇宙間自然現象的運行，常是一定，我們的經驗可以証明，科學上的實驗更可以証明。我們經驗所見到的，只是一些普通的現象。在這些普通的現象上，我們就看到現象常是一定。例如一年四季，例如火生熱，木浮於水等等現象，常是一定的。科學上的實驗，則能深入高深的物理，所以能深入高深的物理，完全靠實驗的結果，常是一定。在實驗的結果不一定時，關於這些實驗的物理，便不能說明。

在科學上，科學家對於物理現象，是能事先推測的。工程師對於自己所建的橋樑，應該預先知道橋樑的實效。機械師對於自己所造的機器，應該預先知道機器的效用。假使若是沒有物理定律，科學家絕對無法事先推測物理效果。

因此，宇宙間有自然法，是不容否認的實事。這種自然法乃是自然界物體的運行規律，所以就是中國古人所稱的天理或天道。

（2） 自然法爲造物主所立

宇宙間有自然法，學者並不難承認這種事實；但是說自然法爲造物主所立，許多學者都不贊成這種主張。

不過這個問題和前面宇宙萬物是否爲造物主所造的問題，互相連貫。若是否認宇宙萬物是造物主所造的，自然法當然也不是造物主所立，若是承認宇宙萬物是造物主所造的，當然也就承認自然法爲造物主所立。

禮記說：『天垂象，聖人則之。』（郊特牲）易經說：『天生神物，聖人則之。天地變化，聖人效之。』（繫辭上第十一章）中國古人主張天（帝）在天地間的變化裏，製定了變化之道，聖人們仿效這種天道，製定人事之道。中國古人是承認自然法由於主宰者天所立的。

我們於今按理去推，事情應該如此。

凡是一定的規律，不能是盲目湊合而成立的。必定由於有理智者爲之製定。宇宙間的自然法是一定的規律，因此應該有一位是有理智的立法者。這位製定自然法的立法者卽是造物主。

宇宙間的自然法是萬物的性律。性律乃物性所有，是先天已成的。先天已成的性律，不能是物體自成的，因爲是立於物體以先。若說性律由於物體的進化，藉着進化而逐漸造成的；然而進化的本身，也該有規律；否則，由糊亂的變化裏怎麼能變出有條有理的性律呢？因此性律是來自造物者天主。

世上的每種物體，無論怎樣的單純，物體本身的組織，必定很嚴密，很有規則。例如一片樹葉，一片花瓣，看來是很簡單的東西，但是樹葉和花瓣的組織，又複雜又嚴密，完全不能是偶然湊成的，乃是按照一定的規律而組成的。至於一件複雜的事物，本身的組織更是有規律；例是人的身體，又如人身血液的循環，食物的消化，都是有規有則。這些規則決不能由於盲目進化而變成，必須有一位極聰明的造物主，在物性內製定了這些規律；然後物體纔能够變化而不亂。

宇宙間各種物性的自然法都有自己的目的。宇宙間的萬物合起來又有一個共同的目的。凡是有目的的運動，必定是因為一位有理智者立定了運動的目的，製定了運動的規則。因此宇宙的自然法是由於具有全知的造物主所製定的。

中國古人常以天地的變易，傾向一致的目的，易經所以說：『天地之大德曰生，聖人之大寶曰位。何以守位？曰仁。』（繫辭下第一章）程明道解釋說：『天地之大德曰生。天地絪縕，萬物化醇，生之謂性，萬物之生意最可觀。』（二程遺書卷十一）朱熹也說：『天地以生物為心者也。』（朱子仁說）「天地別無勾當，只是以生物為心。」（朱子語類），論語上有孔子的一段話，可以和易經的話互相發明：「天何言哉！四時行焉，百物生焉，天何言哉！」（陽貨），經書裏所說的，是在一個生字；生字為天地自然法的目的。

聖葆樂在新經上說：「宇宙也，生也，死也，現在也，將來也，一切之一切也，皆屬於爾矣，爾則屬於基督，而基督屬於天主。」（註四）

於今的唯物論或唯心論的哲學者，都不主張宇宙的自然法有共同的目的。但是我們就是假使以宇宙爲一架大機械，自然而動，也不能是沒有目的。因爲無論什麼機械都有一定的目的；若是沒有目的，也就不能有機器。機器越複雜構成的份子越多，越該有顯明的目的，不然，各份子決不會互相連絡造成一致的動作。無論唯物或唯心的哲學者，誰能夠說宇宙萬物不是互相連貫的呢？既是互相連貫，誰能否認宇宙有共同的目的呢？既是有目的，則爲達到必定應該有一定的行動規則。爲立定目的，爲製定規則；則非有一位具有理智的立法者不可。宇宙自然法的立法者，不能是一受造的靈性體，應該是造物主自己。

(四) 人生的目的

(1) 宇宙的共同目的是顯造物者之「仁」

(甲) 我們在前面一節看到宇宙的變化，不能沒有共同的目的。宇宙間的萬物，彼此都互相有關連。萬物的變動，也是互相連貫；因此便不能沒有共同的目的。

另一方面，我們從造物主創造宇宙萬物去看，造物主也不能不有創造萬物的目的。凡是有理智的實體，在自已的動作裏，常是有一個目的。造物主爲具有最高理智的實體，對於創造宇宙的動作，難道可以沒有目的嗎？

有理智的實體，在動作時必定有目的，因爲有理智的實體，所有的動作都由意志而發動，意志爲發動一項動作，必定要有所向；意志若無所向，意志是不會動的。意志的所向，就是人作事的目的。

佛教以宇宙萬物爲空，人的得救，在於破除物執我執，按佛教的宇宙論去講，宇宙萬物當然沒有所謂共同的目的。老子以道生一，一生二，二生三，三生萬物，萬物又再歸於道，同流而復始；按老子看來，宇宙也沒有共同的目的。然而萬物旣不能是虛空，又不能是盲目的自化；因此宇宙萬物必定有一共同的目的。

宇宙創於造物主，造物主爲全知者，造物主造宇宙必有一個目的。

（乙）凡是一個目的，都是意志的傾向，意志的傾向，常是傾向於自己的福利。所以目的常是動作者所追求的福利。

所謂福利，都是對於追求福利的人，有所裨益。天主爲創造宇宙所有的目的，當然也是自己的一種福利。但是天主旣是整個的現實，無所不有，無所不知，無所不能，宇宙萬物對於他不能有所裨益，絕對不能給他增加幸福。而且萬物乃是造物主自無中而造的，萬物所有的美善，一切都是從造物主來的。因此造物主天主不能以追求自己的福利，爲創造宇宙的目的。

天主除自己以外，不能另以他物爲自己的目的；因爲在天主以外，無所謂有；所謂有的，都是天主由無中造的。那麼，天主創造宇宙必定應該以自己爲創造宇宙的目的。但是天主又不能以宇宙萬物爲自己的福利，因爲他已經是無所不有。天主創造宇宙的目的，便是在於樂善好施，以自有之美善施之於物。這正是儒家所說的天地之大德在於生，即是天主之仁。

宇宙萬物，本來是虛無，天主自無中創造萬物，使萬物成爲有。萬物之有，每一物都具有自己的物性；每一物性，都是齊全的，都是一種美善。萬物物性的美善，乃是天主神性美善的反映，因爲天主爲創造萬物所有的意象，是取自天主本性的美善。因此宇宙萬物從無中成爲有，旣顯示天主的大能，又顯示天主本性的美善。

顯示自己的能力和美善，當然爲自己是光榮；因此士林哲學說天主創造宇宙萬物的目的，在於自己的光榮。

聽起來似乎有些刺耳；天主創造宇宙爲求自己的光榮。但是稍爲考慮一下，便看到這事是極合理的了。

天主創造宇宙，爲自己是絲毫無所求，乃是以美善施之於物。然而這種施與，即是在於顯示自己的能力和美善，否則，萬物不能自無中生有。因此天主創造萬物的目的，不是求自己的光榮，乃是以美善施之於物。在以美善施之於物時，自然而然就有自己的光榮。旣然天主的行動，不能以自己以外的事物爲目的，在創造宇宙萬物時，天主便不能以施善於物爲目的，應該以自己的光榮爲目的。實際上，兩者同屬一事，只是看法不同。施善於物，是從天主動作方面去看；光榮天主，是從萬物受造方面去看。我們所問的是天主動作的目的，當然不問動作是什麼，只問目的是什麼。天主創造宇宙的動作爲施善於物，天主動作所得的，是顯示自己的美善。因此天主的光榮，乃是創造宇宙的目的，也就是宇宙萬物共同的目的。

儒家常說天地之大德曰生，生稱爲仁。天主創造萬物即是仁，因爲創造即是施善予物。可是在這種施予中，天主顯示自己的美善。易經雖不明明講天主造宇宙，但是說到乾爲萬物之始時，也是說：「大哉乾元，萬物資始。」大哉兩字，就是表示對於「乾元」的驚嘆，驚嘆乾元的偉大。爲萬物之始者，必定是偉大可敬佩的！這不就是表示爲萬物之始者，要顯露自己的能力和美德，令人驚嘆，受人的稱譽嗎？我們可以說：「大哉天主，創造萬物。無中生有，神能何高！」

（2）人生目的

（甲）人生目的爲光榮天主

（A）顯露天主的美善

宇宙萬物爲造物主所造，造物主創造萬物的目的爲施善於物之仁，萬物在造物主跟前，則顯露天主的大能和美善。

人是受造物之一，而且是受造物中的最秀最貴的。人的受造，也特別顯露出天主的美善。人身雖然在萬物中，不是最大的，也不是最美麗的；但是人身的構造，則超過任何物體。任何物體也不及人身的完全。人的生命，是萬物中最高的生命；生命器官的組織，既很複雜又很嚴密。研究生理學和醫學的人，對於人身的構造，沒有不驚嘆的。凡是所造的機器愈好，愈顯出製造者的本領。人是一架最靈敏的機器，當然也是最表示天主的能力。

但是人的妙處並不在於身體的靈敏？人的妙處是在於人的靈魂。靈魂的理智和意志，纔眞是人的靈妙。任憑光線的速度怎樣快，牠也趕不上理智的迅速。任憑天體星辰怎樣多，牠也走不出理智的範圍。任憑原子力怎樣大，牠也敵不過理智的統制。人的意志，且能自由選擇，自作主宰。人的理智和意志，眞是大顯造物主的德能。人因着這兩項妙處，眞眞和造物主相似。因此，舊約創世紀上說，天主造人，造得和自己一樣。『天主說：我們要照我們的肖像，按我們的模樣造人，使他們管理海中的魚，天空的飛鳥，牲畜，大地和地上所有的蠕行昆虫。天主遂照自己的肖像造了人，按天主的模樣造了他：造了一男一女。』（註五）

天主的美善，特別在人身上顯露出來。

（B） 人能光榮天主

宇宙萬物雖都顯露天主的美善，表示天主的全能；但是宇宙萬物的美善，是一種冷酷的美善，是一種客觀的偉大。若是沒有人去領畧，去說明，誰也不會懂得萬物的美好，誰也不會稱讚造物主的全能。因此人在一切受造物中，不單是一種最能表現天主美善的受造物，也是唯一能領略天主美善的受造物。天主創造宇宙萬物的目的，在人身上，乃能實現。因此人之所以受造，目的是在於光榮造物主。人生的目的，也就是光榮天主了。

理學家以人爲萬物之靈：『二氣交感，化生萬物，而變化無窮焉。惟人也得其秀而最靈。』（註六）

天主教的教義以人爲宇宙萬物的首領，宇宙萬物受人的統制；都是因爲人有靈性。人若沒有靈性，力不足以敵猛獸，脚不足以追飛禽；山之高，水之深，花草之美麗，都超過人身千萬倍；人怎麼樣可以駕馭萬物呢！人之駕馭萬物，全在乎理智。因此天主創造萬物的目的，也在人的理智上而完成。

（乙）　人生目的爲求最高的幸福

（A）　幸福

上面所講的人生目的，還有第二方面。我們講天主創造宇宙的目的時，不是說過這種目的有兩方面嗎？一方面是顯露天主的全能，一方面是施善予物之仁。人生的目的，也就有兩方面：一方面是光榮天主，一方面是領受天主的恩賜。這種恩賜對於人稱爲幸福。因此人生的目的，又在於追求幸福。

（a）什麼是幸福呢？

聖多瑪斯解釋幸福說：『幸福是有理智的本性之完全福利』（Beatitudo est bonum perfectum intellectualis naturae）（註七）

幸福，第一是使人高興的事。一樁事爲什麼使人高興呢？必定是滿足了人的一種要求。人爲什麼有要求呢？必定是人缺少一樣所需要的東西，人希望能夠有。爲什麼人需要一樣東西呢？必定是因爲爲發展自己的本能，人需要這些東西。因此可見幸福是爲相幫人發展自己本能的事物，爲人是有利益的。

幸福既是爲人有益的事物，便不該有害於人。但是在實際上不是一切使人高興的事物，爲人都有益，更不是一切可以滿足人的要求之事物，都不會有害於人。那麼，一件事物能够稱爲人的幸福，應該眞是有益於人的事。怎麼樣可以知道一件事物眞是有益於人呢？在於這件事物可以相幫人發展自己的本能。怎麼樣知道一件事物可以發展人的本能呢？在於這件事物合符人的本性，因此人的幸福決不能是違性的事。違性的事不能使人有福。

於今我們可以懂得聖多瑪斯的話了。聖多瑪斯說：『幸福是有理智的本性之完全福利。』『幸福是福利』（Bonum）。福利是對於一件物體，可以使牠有所得，所謂有所得，是物體本身原先沒有的，於今得到了。物體本身得着什麼呢？是對於自己的本能，多加發展。眞正發展人的本能的事物，爲人纔有福利。

『幸福是完全的福利。』世界上可以助人發展本能的事物，很多很複雜，但是這一切的事物，並不能都稱爲人的幸福。普通我們說找得了幸福，是在找得了我們所最希望的事物，使我們心滿意足。因此人生的眞正幸福，應該是一樁完全的福利，眞正滿足人的一切要求。完全福利，是一種圓滿無缺的福利。

『幸福是有理智的本性之完全福利。』人的福利，該當是適合人性的福利，人性是有理智的本性，人的幸福便應當是適合有理智本性的福利。那麼單能滿足人的感覺嗜好，或是單能使感覺快樂的事物，不足以稱爲人的幸福。人的特點在於精神體的靈魂，靈魂能思索，能主宰；人的幸福乃是足以滿全人的精神要求的眞美善。

（b）有多少種幸福？

普通常說有眞幸福，有假幸福。實際上幸福不能有眞假。幸福之所以有眞假，乃是人們認識的眞假；有些人錯認不是福利的事爲福利，於是錯以這種假福利爲幸福，因此造成假幸福。

幸福的區分，在哲學上常分爲主體的幸福和客體的幸福。客體的幸福，爲完全的福利，福利則是一客體的實體，足以使人有幸福。主觀的幸福，爲一心理狀態，是人得到完全的福利時，心中所有的愉快和滿足。

在哲學上，幸福還有另一種區分，即是事實上的幸福（Beatitudo Materialis），和名義上的幸福（Beatitudo Formalis）。這種區分和上一種區分意義相同。事實的幸福爲客體的幸福，名義上的幸福爲主觀的幸福。但這第二種區分也可有另一意義。名義上的幸福爲一抽象的名詞，即是『幸福』的本身意義，不分主觀或客觀。事實的幸福，即是每個人在事實上所求的幸福，這種幸福也可以是假幸福。

（B）　人生的目的在求幸福

（a）目的

目的代表趨向、代表宗向、代表止點。每樁事的目的，指着這樁事趨向那一點；好比一個人走路，他一定朝着一個目的地走，走到了那裡就不走了。凡是人在做一樁事時，他的意志一定有種意向，意向便是做事的目的。目的所以是人在動作時所追求的事物。

人生當然也該有一個目的，人生雖然是由許多小動作合成起來的，但是人生也應該看爲一個整個的活動。因爲人生是一個人的生命。一個人雖有許多肢體，一個人則是由肢體結成的一個整個的人。一個整個的人的生命也該是一個整個的生命。生命的目的，便該是一個目的，而不是多數的小目的之混合物。

我們常問：人由何處來，人往何處去？人生有什麽意義？人生的意義，由人生的目的而定。人生的目的，又在於人往何處去而定。這些問題的答案，都在於宗教神學上。但是哲學上按着人性去推論，也可以知道人生的目的。

（b）目的有幾種

人生的目的，只有一種。然而人生有許多的活動，每種活動都有各自的目的，人生的目的便可以有區分了。人生目的的區分，可以分爲三等：第一爲最近的目的，第二爲連屬的目的，第三爲最終的目的。

最近的目的，是一個人在做一事時，眼前所有的目的。眼前所有的目的，常是具體的事件，常是切實的事件。連屬的目的，是爲另一目的而有之目的，這一目的是屬於另一目的。例如一個人參加高等考試而求官，求官爲養親。求官是最近目的也是連屬的目的。最終的目的，爲人生最後的一個目的，是其餘一切目的之目的，爲人生最後的止點，人生的一切都歸向這一點，可以稱爲人生的終向。

最終的目的又分爲事實上的最終目的和名義上的最終目的，事實上的最終目的，即是客觀的幸福；人以這種幸福爲最大的和最後的希望。名義上的最終目的，爲名義上的幸福，即是抽象的幸福。

（c）人生一切活動的目的常是爲求福利

人的每椿動作由意志而發動，意志則因着福利而下決定。因此人的動作，常是爲求福利。

人的每樁活動，常有一個目的，這個目的常是一項福利（Bonum）；關於這一點，大家都有經驗，人若沒有作事的目的，他的意志不會動，意志不動，其餘的工作官能也都不會動，於是便不會有任何的動作。普通有時我們批評某某人作事一點目的也沒有，他自己連自己作什麼都不知道。這種批評並不足以證明某某作事沒有目的，只是證明某某作事的目的不正，或不清楚。

每個人作事的目的，可以是有意識的，可以是無意識的。有意識的目的，是自己加過反省，對於作事目的，自己注意。無意識的目的，是自己沒有加過反省，只憑素日的習慣，或憑天然的衝動，傾向一種目的。我們日常作事，許多次是不加思索而動；但並不是絕對沒有目的；這時的目的是我們習慣上常有的目的，或者是天然的衝動而有的目的。

無論是有意識的目的，或者是無意識的目的，都是爲求一種福利。凡是一種生物，天性就避免於自己有害的事；一遇到危險，自然而然地就起反抗。人是理性的動物，人的理智代替自然的衝動。但是人並不是沒有自然的衝動，不過人的自然衝動常受理性的支配。理性支配自然的衝動，不在於摧殘自然衝動，而是引導自然的衝動有合理的發展。人的自然衝動都是感覺性的衝動，自然衝動的傾向，是傾向感覺的福利。理性支配自然衝動，在於使感覺的福利，不防害靈性的福利，因此，無論人的理智支配感覺時，或是感覺不受理智的支配，如無羈之馬，自任放縱時，都是傾向一種福利。

每種生物的動作，是爲發展自己的本能，是爲使自己本身更加成全。人的動作，無論是靈性方面的，無論是感覺方面的，也是爲發展自己的本能，也爲使自己多有所得。所以人常是爲自己的福利而動作。就是在明知有害於自己，而仍舊去作這事的時候，例如自殺，人也是錯以爲這種有害的事，在他所處的情形下是有益的事。

（d）人生的最終目的，在於「幸福」

人生動作的目的，常爲求福利；福利是爲發展人的本能；人整個一生所求的福利，便是在於完全發展自己的本能，使自己按人性所要求的完全地都得滿足，這種滿足就是幸福。因此人生的最終目的，是在於幸福。

人身肢體的每種動作，是爲養育全身而動，哲學上有句成語說：「部份爲全體服務」。人生的各種動作，都爲一個共同的目的而動作，都是有意地或無意地傾向於一點，都是直接地或間接地追求最後的目的。人的一生常在追求幸福。

這項眞理，並不是詩人所幻想的，也不是小說家所揑造的，乃是事實如此，理所當然。人的一生所追求的，就在於幸福。幸福的憧影，常走在人的每種動作的前面，常懸在人的心目中，人是爲幸福而動。

有的人說：爲自己的福利，爲自己的幸福而動，完全是自私，具有高尙人格的人，不能爲自私而動作。因此人生的目的不是在於追求幸福。例如藝術家爲藝術而藝術，不是爲自利而藝術；學者爲學術而學術，不是爲自利而學術。

但是我要問一聲：藝術家爲藝術而藝術，在藝術品作成了以後，是不是在精神上有種滿足？學者爲學術而學術，在寫成一冊書，或有了一種發明以後，精神上是不是有種滿足？發揮自己的藝術天才，增加了自己的學識，難道不足以稱爲一種福利？因此藝術家和學者在絕對不自私時，也是爲自己的福利而動作。

我們所說的幸福，不是指着金錢，不是指着享受，不是指着爵位名譽，乃是指着人心的一種滿足，人心爲什麽有滿足呢？是人心所有的一種要求，能够滿足了，人心因此滿足而感到愉快。

因此人在動作時，有意地或無意地都在追求幸福。這種幸福是名義上的幸福，也是名義上的最終目的。人在每種動作上，常是受自己最終目的之影響。

每種生物，一生所求的，在於發育自己的生命，人是靈性的生物，人一生所求的，也是在於發展自己的生命。人的生命包括感覺和理智兩方面的生命。人的整個生命有了完全的發展，人就達到了自己最終的目的，也就得到了幸福。

誰敢說自己的每樁動作，不是爲發展自己的生命的呢？假若眞不是這樣，那就是違背天性，那就是神經失常，那就不是一個齊全的人了。

在實際的人生裡，每個人在自己的每樁動作上，不是常常能够發展自己的生命，有時甚而竟至損害自己的生命；因此人生纔有痛苦，人所以有痛苦，是因爲心中的一項要求不能滿足，或是因爲事與願違，自己不希望的却竟來了。這就證明人心本來所要求的是幸福，幸福不來時，人心乃有痛苦。

（C）人生的幸福是天人合一

（a）天主的光榮，卽是人的幸福

上面的兩段似乎互相衝突。第一段說造物主創造萬物的目的爲仁，爲顯露自己的光榮。第二段說人生的目的在求自己的幸福。那麼人生的目的和造物主的目的，不是相衝突嗎？於今我們就來研究這個問題，看是不是兩者眞起衝突。

人的追求幸福的心，不違背造物主造人之目的。因爲人的幸福，乃是天主。

最終目的←—傾向—人生

幸福←—追求—人心

天主之仁←—目的—天主創造萬物

天主之光榮←—目的—萬物被造

天主在決定創造萬物時，只能爲自己而造物；造物對於天主不是爲天主有益，只是爲顯露天主的德能。天主在顯露自己的德能時，是把恩惠施於萬物，使萬物能够存在。萬物的存在，因着天主的德能而存在，生物爲發展自己的生命，也要仗恃天主的德能。人的幸福，在於完全發展自己的生命；因此人的幸福也是在於天主的仁了。人生的最終目的在求幸福，幸福在於天主的仁，天主的仁是天主的光榮。人生的最終目的便是在於天主的光榮！於是人生的目的和天主創造萬物的目的，不是不相衝突，而且同爲一事。人是以天主的光榮爲自己的幸福；天主是以人的幸福爲自己的光榮。天主不是自私，人也不是自私。

（b）天主是人的幸福

幸福爲理智本性的完全福利，即是人的完全福利。受造萬物中沒有一物可以是理智本性的完全福利。

因此理智本性的完全福利乃是造物主天主。

幸福爲理智本性的完全福利，關於這一點，在上面我們已經講過。於今要講的，是第二句，受造萬物中沒有一物可以是理智本性的完全福利。一物的完全福利，在於能够使這物的本能完全發揮，使這物達到成全的地步，以後再沒有任何要求。理智本性的人，具有感覺的本能，又具有理性的本能。感覺的本能屬於物質性，本能的發展是有限度的。理性的本能爲靈性的本能，靈性的本能乃是無限的本能。人的理智對於知識，越多越求長進。受造的萬物，無論那一種都是有限的物體，不能滿足人的靈性本能所有的無限要求。因此受造萬物中沒有一件可以是理智本性（人）的完全福利（幸福）。

同時，人心要求幸福之心，不能全無目標。人生旣追求幸福，一定應該有所追求的幸福。因爲對於幸福的要求，是人的天然要求；天然的要求，按照自然律不能沒有對象。這種對象旣不能是受造之物，便是造物主天主。

天主可以是人的幸福。第一、天主乃自有的實體，全能全知全美全善。天主爲無限的眞理，可以滿足人的理智對於智識的要求。天主爲整個的美善，可以滿足人的意志對於美和善的要求。第二、人對於宇宙間，有美有善的人物，常發生希望，常願能够取得。但是人物中的美和善乃是造物主的美和善之反映，天主的美善當然可以作人的幸福了。

從經驗方面去看，人對於受造萬物，從不能有完全滿足的時候，人心常感覺虛空，人心常不滿。人在世上，一生從不能有得到完全幸福的快樂。世間所謂幸福，都是局部的幸福，都是相對的幸福；至於完滿的幸福，人世沒有一處可以尋到。這一點就證明人的幸福不在現世的事物，而是在於超出現世的天主。

至於說天主怎樣可以成爲人的幸福，人怎樣可以享有天主，這些問題是宗教神學上的問題。

在於今反對絕對形上學理的時代，當然有許多人不願接受我們的主張。他們承認人是要求幸福的。但是他們以爲幸福只是一個抽象的名詞，實際上的幸福，乃是每個人的心理狀態。這種心理狀態隨人而異。這個人以這事爲自己的幸福，那個人以那事爲自己的幸福。若說天主爲人的幸福；千千萬萬的人連天主有沒有他們都不知道，就是相信天主的人，許多也不理會天主是自己的幸福。

我們認爲人既要求幸福，社會上自稱幸福的人從來不是心滿意足，更無他求他慮，即使無他求，也慮着將來要死。因此人世的事物不能是眞正的完滿幸福，人若不信天主，不能知道人生最終的目的；然而追求幸福的天性是生來就有的，不信天主的人，因着天生的本性，也知道追求幸福。

眼睛對於美色，不論你信不信天主，常是喜好的。口舌對於美味，不論你信不信天主，也常是喜好的。理智對於知識，不論你信不信天主，常是希望加增的。意志對於自己所愛的，不論你信不信天主，也常是愛的。因爲人的這些本能，自然而然的趣向各自的對象。這些對象因爲是爲發展人的本能，因此也是人的福利。但是人不能因爲有這些福利，人就是得到了幸福。人對於這些福利從來不會有心滿意足，再無所求的時候。因此我們主張有一個無限的眞美善，可以滿足人的一切要求；這個眞美善就是人的幸福。無限的眞美善卽是天主。

聖多瑪斯極力主張人的每種動作，都是因着最終的目的而動。「第一、因爲人所想望的，都是含有福利的意義；若是所想望的不是完全的福利，作爲最終的目的，便是因爲傾向於完全的福利。……第二、因爲最終目的對於發動人的願望，有如在其他的動因中的第一動力。次等的動因不能發動他物，除是自己被第一動因所發動。同樣次等美好，不能動人的想望，除非是因着第一可想望的美好。」（註八）

人的最後目的在求幸福，人的幸福是什麼呢？聖多瑪斯說：不是財富，不是榮譽，不是名聲，不是威權，不是身體的享受，不是慾情的滿足，不是靈性的福利，不是一件受造的物體；人的幸福，是在於享見天主的本性。因爲若不達到天主本性的眞美善，人的理性生活總不能够有滿足（註九）。

中國儒道的哲學，談到人的精神生活發展到最高點時，也是不談普通現世的生活，而是談一種超於宇宙的生活。道家的最高精神在合於道，游於天地之外，而達至樂之境。儒家的最高精神生活在與天地合其德，以參天地之化育。

道家之道，若眞正是萬物之母，應該不是老莊之虛無而是自有的實體。儒家所講天地之德，乃造物主之仁。因此按儒道的哲理，人的生活的最高發展，也是在於與造物主相結合，和我們的主張不相衝突。而且我們的主張，很可以發揮儒家天人合一的思想。

（c）享樂主義和悲觀主義

東西歷代的哲學家，對於人生的意義，都各有各的主張。但是在普通的哲學史上，這些主張，可以大別爲兩類：一類是悲觀主義，一類是享樂主義。然而若追究到根子上去，享樂主義也是來自悲觀主義。

悲觀主義，是以人生沒有目的，沒有意義，沒有幸福，因此對於人生抱持悲觀態度。

對於人生抱悲觀的態度，古代的思想家已經有這種趨勢，因爲社會人生，充滿各色各樣的痛苦。但是悲觀思想而成一種主義則是十八世紀的哲學家叔本華（Schopenhauer 1788-1860）。叔氏的哲學思想以爲宇宙內所存在的只是我的「意志」，我的意志卽是宇宙意志，宇宙意志根本是壞的；因此宇宙內充滿惡事，人生的意義乃是受苦，絕決無所謂幸福。爲救人類只有相信佛教的涅槃，以求破滅我自身的存在。

叔本華的悲觀主義，在文藝方面，也發生很大的影響，拜倫和海能（Heine）的詩都充滿了悲觀的思想。當代德國法國的「存在論」哲學，骨子裏也是悲觀的思想。存在論的哲學家是想由悲觀的思想裏尋求一條精神上的出路。

享樂主義也是一條逃避悲觀主義的出路，中國魏晉南北朝的淸淡派竹林七賢，酖酒廢禮，是因爲想逃出當時多難的現實社會。唐朝大詩人李白，可作爲中國享樂主義的代表，他醉酒好色，也是爲消愁息憂。李白的春夜宴桃李園序，很明白地說出這種思想：「而浮生若夢，爲懽幾何？古人秉燭夜遊，良有以也。」

哲學上提倡享樂而成主義的，則是古代希臘的伊比鳩魯（Epicurus 342（341）—270）。伊氏以人生的目的在求快樂，快樂並非難事，隨處可得。伊氏以快樂爲感覺的愉快，然而這種愉快要使人心不亂，人心不添煩惱。後代人誤以伊氏所講的快樂爲酒色，於是伊比鳩魯乃成爲縱慾求樂的代表。

人心生來有求幸福的希望，社會的現實則多痛苦，假使沒有一個超於宇宙現實的目的，人必定或者是悲觀，或者是盡量享受眼前一刻的快樂。至於醉生夢死，無所思索的人當然也不少。我們的主張，可以挽救這兩種弊病。人生的目的在求幸福，人的幸福是在和至大無限的眞美善——天主——相結合。這種結合不完成於現世，乃完成於來生。我們在心理學上曾經說過，人的靈魂不死不滅。

（註一）任昉、述異記

（註二）見小乘佛教思想論，木村泰賢著，釋演培譯，台北，一九五七版。頁二〇一。

（註三）梅瑟五書、創世紀第一章

（註四）致哥林多人書一，第三章第二十二節，吳經熊譯本。

（註五）創世紀第一章第二六節至第二七節、思高聖經學會譯本。

（註六）周濂溪——太極圖說。

（註七）S. Thomas Summa Theologica. I. 26.1）

（註八）S. Thomas Summa Theologica. 1a 2.2.1

（註九）S. Thomas Summa Theologica. 1a 2.9.3. et 9.4. 1a 7

第二編　倫理學

第五章　行爲的善惡

（一）倫理學緒論

人生實踐哲學，通常所指的，是指倫理學。倫理學所討論的對象，是人的行爲；行爲豈不是實際的人生？人的一生在實際上除了各種內外的動作以外，還有什麼其他的表現呢？人生實踐哲學，當然是研究人的行爲，教人知道怎樣做人。這就是倫理學的任務。

我們在人生實踐哲學裡，把宗教哲學放在第一，講了宗教哲學續講倫理學：因爲我們相信，倫理學要以宗教哲學爲根基。沒有宗教，根本上不能談倫理。對於這一點，不但是我們的意見，許多哲學家也都有這樣的主張。不信宗教的人，當然不願意贊成我們的意見；但是他們所講的倫理，已經不是倫理，而只是種種的生活方式罷了。

（1）倫理

（甲）倫理的意義

倫理是什麼？

倫字在中國經書裏有什麼意義呢？

『倫、輩也』——廣雅釋詁一。

『倫、類也』——史記秦始皇本紀。荀子富國篇：「人倫並處」註。

『倫、比也』——禮記中庸第三十三章：「毛猶有倫」註。

『倫、謂親疏之比也』——禮記文王世子：「如其倫之喪」註。

『倫、理也、道也。』——淮南子，精神：「莫得其倫」註。

『倫、謂人道也。』——禮記樂記：「樂行而倫清」註。

『倫、猶義也』——禮記祭統「夫祭有十義焉」註。

『人倫者，人事也』——孟子滕文公上「皆所以明人倫也」註。

倫字在中國古書裏有類有等的意思，但是類等不是普通的區分，而是人的類或等，同時還兼指各類各等的人，彼此所有的關係，所以稱為人倫。「人倫」指着人道或人事。孟子說：『舜明於庶物，察於人倫。』（離婁下）。「學則三代共之，皆所以明人倫也。人倫明於上，小民親於下。」（滕文公上）人倫則不是普通的人事或人道，乃是人們中間的幾種特別關係，朱子註為「序」，即是人類中間的次序。這種次序，總括起來可以分為五種：君臣、父子、兄弟、夫婦、朋友。因此乃稱為五倫。孟子又說：「飽食煖衣，逸居而無教，則近於禽獸。聖人有憂之，使契為司徒，教以人倫：父子有親，君臣有義，夫婦有別，長幼有序，朋友有信。」（滕文公上），辭源解釋「倫，常也。謂人常由之道也。亦作五常。」倫字解為常，古書上不多見。古書之倫，是人分爲幾倫，每倫間所有關係之道。漢儒講五行，白虎通以五行之理，仁義禮智信爲五常。後人轉以五倫之道稱爲五常。

倫理一詞，按照字義說：即是人倫之理，人倫之理，可以用禮記上所說的人義作代表：「何謂人義？父慈、子孝、兄良、弟弟、夫義、婦聽、長惠、幼順、君仁、臣忠。十者謂之人義。」（禮記、禮運）。

我們中國古人所謂倫理，意義是代表人倫之理。於今近代中國人使用倫理這個名詞，意義較比五倫之理，多爲廣泛。近代中國人使用倫理這個名詞，是爲翻譯西洋思想裏的Moralis, Moral, Morale。西洋文的這句話，由拉丁文Mos習慣，風俗而來。Moralis在字義上表示合於風俗習慣的行爲；但是在哲學思想裏，這句話表示人的行爲的善惡。人的行爲的善惡，在於合理不合理。中國古人對於人的行爲之道，常以倫理爲標準，於是中國近代講哲學的人，以倫理去表示人的行爲的善惡。

（乙）善惡問題

倫理問題既同於善惡問題，我們在開始講倫理學的時候，先要把善惡問題弄淸楚。

（A） 善惡的主體不是行爲而是人

普通我們討論善惡，以爲是對於每樁行爲的評價，我們說這樁行爲好，那樁行爲不好。於是近代哲學家把倫理學改爲價值論。

凡是爲估定一件事物的價值，在先必定要設立價值的標準；在估定價值時，把願估價之物和標準價值一比，然後便可以估定價值，倫理的善惡，在先也有善惡的理想標準，按照這種理想的標準，決定每椿行爲的價值。倫理善惡既是每椿行爲的價值；每椿行爲的價值可以有多少種，例如在經濟方面的價值，在藝術方面的價值，在政治方面的價值；在學術方面的價值；那麼倫理善惡，不過是人的行爲在某一方面的價值，不是人的行爲的整個價值，更不是整個人生的價值了。

我們不贊成倫理善惡爲一價值問題。倫理善惡是一個人怎樣做人的問題。

倫理善惡的主體，在質料上說，是人的行爲；但是在整個的意義上說，是整個的人稱。因爲倫理的善惡，雖是一椿事和一椿事的善惡，然而善惡的責任是落在做事的人的身上，爲什麼行爲的善惡，是整個的一個人的善惡呢？這是因爲善惡的根基，是在於人之所以爲人的特點上。人之所以爲人，是在於有理性，理性的特點，在於自己作自己的主宰。倫理善惡就在於一個人怎樣主宰自己。因此倫理善惡，不是人的行爲在某一方面的價值，而是人的行爲本身對不對的問題。一椿行爲對不對，不是簡單的價值問題，乃是人是否趨向人生的最終目的，是否實現人生的意義？人的存在由生命去表現。一個人若是在，就有生命，一個人若是不在，就沒有生命；反之，一個人有生命，一個人就在。生命不是人的主體，人的主體，是「我」，「我」是一個實體。然而「我」之所以是「我」，在於「我」的生命。生命即是生活，生活即是活動，人的活動便是自我的表現。人在表現自我時，當然是在發展自我的本能去完成自我；人爲發展本能以完成自我，當然是該趨向人生最終的目的；因爲人生最終的目的，即在完成自我。假使人若是沒有理性，人不是自己主宰自己，人的本性便會驅使人常常趨向最終的目的，於是便無謂倫理善惡問題。但是人有理性，人自爲主宰，人便能够在行事時可以趨向最終目的，也可以不趨向最終目的。於是對於人的每樁行事都發生一個問題：這樁行爲是不是趨向人的最終目的呢？這個問題就是倫理善惡問題。一樁行爲趨向不趨向人的最終目的，這個問題不是單單關係這樁行爲，乃是關係做事的本人，所謂人生最終目的，不是這樁行爲的目的，乃是整個的一個人的目的。因此，我說倫理善惡的主體不是行爲，乃是做事的人。

（B）善惡的標準是人的最終目的

倫理善惡問題，旣是人的行爲是否趨向人生最終目的之問題，那麼所謂善惡，則是凡趨向人生最終目的者爲善，不趨向人生最終目的者爲惡。善惡的分別，以人生最終目的爲標準。

第一、我們因此可以懂得，所謂善惡，不是有獨立的善或獨立的惡，乃是人的行爲的兩種關係。善惡的關係，一端是人的意志，因爲人的行爲所有的趨向由意志去決定和發動；另一端是人的最終目的，或是另一目的；在兩端之間的是人的行爲。

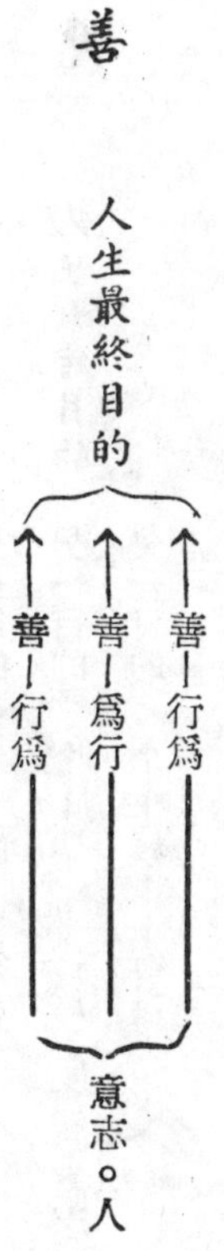

惡

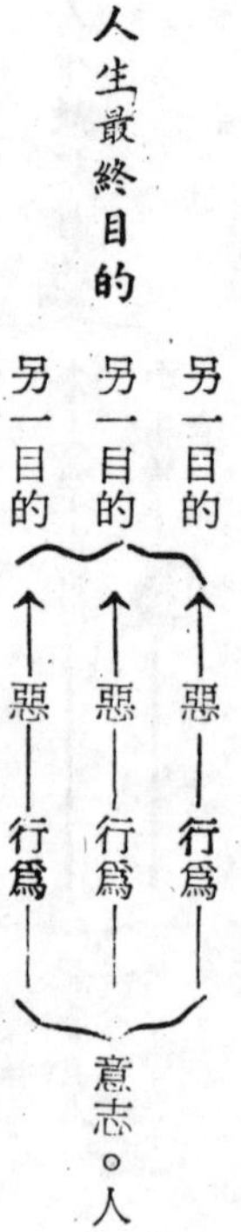

一樁行爲，由人的意志發動，趨向人生最終目的，即是善。一樁行爲由人的意志發動不趨向人生最終目的，而向另一目的，卽是惡。

第二、我們可以懂得「惡」並不是消極，完全消極的東西不能存在，惡和善一般，同是人的行爲，並不是虛無，也不是缺欠；所不同的，只是傾向不同。因此人在做惡時，不是消極不動，他是積極在動；就是當他應該做一樁事他不做時，也是因爲他的意志有了不做這事的決定，纔算爲惡。無所謂完全消極的惡。

第三、我們可以懂得爲什麼倫理善惡可以有不變的標準。有人說倫理的標準，在於法律。法律當然可以做善惡的標準；然而若是在法律以後不講人生最終目的，則倫理善惡的標準必定常有變動；因爲社會的法律，是可以變的。但是你說法律中的性律是不變的，以性律爲倫理的標準，倫理善惡當然不變。關於這一點，我當然承認；可是性律爲什麼不變呢？就是因爲性律直接引人趨向最終目的。法律不是目的，只是方法。

人要達到最終目的，應該知道怎麼樣走？應該知道由那條道路去走？因此中國古來的聖哲常講人生之道，人生之道便是教人走向最終目的之道路。人生之道講的對不對，在於所講的人生之道是否引人趨向最終目的。古人拿人生之道來評判行爲的善惡，也就是因爲人生之道，爲人達到最終目的之道。

中國古代的聖哲沒有提出人生最終目的這個名詞，近代東西的許多思想家也不提這個名詞。近代東西許多思想家所講的，是講人生的理想，中國古代聖哲所講的，是講止於至善。然而所謂人生理想本來就是人生的目的；不過理想兩個字，近乎主觀，每個人的人生理想，能够是每個人心目中所想望的，實際上，近代思想家所說的人生理想，也眞眞是每個人主觀方面所有的理想，或者最多也不過是一個時代的人共同所有的目標；因此倫理善惡隨着人生理想而變。中國古代聖哲所講的止於至善，本來很可以解爲人生最終目的，因爲至善不是可以解釋爲天人相合嗎？但是歷代儒家多以至善如朱子所說：『至善，則事理當然之極也。』（大學註），大學解釋「止於至善」是『爲人君，止於仁；爲人臣，止於敬；爲人子，止於孝；爲人父，止於慈；與國人交，止於信。』（大學第四章）。中庸是以倫理解釋至善，就字面看來，中國古人是以倫理爲人生最高理想，即是以倫理爲人生最終目的；這不是以方法爲目的嗎？若眞是這樣，人生就是沒有目的！然而大學的思想，是以至善爲大學之道。大學之道爲學者修身之道，修身之道有三綱領：明明德，親民，止於至善。這三項綱領既是大學之道，便是人生修身之道，是人生爲達到最終目的的方法。人生最終目的在那裏呢？大學以修身的目的在平天下。怎樣算是平天下呢？中庸裏的話可以作大學平天下的答覆。中庸說『唯天下至聖，……是以聲名洋溢乎中國，施及蠻貊，舟車所至，人力所通，天之所覆，地之所載，日月所照，霜露所隊，凡有血氣者，莫不尊親，故曰配天。』（中庸第三十一章）要達到配天的程度，纔能够平治天下。配天的程度是：「肫肫其仁，淵淵其淵，浩浩其天，」以達天德。（中庸第三十二章）人達天德是在於參天地之化育。這便是儒家的天人合一。天人合一即是儒家人生的最終目的。儒家既有這項最終目的，儒家的倫理善惡所以有不變的標準。

第三、因爲倫理善惡，是以人生最終目的爲標準，我們便可以懂得倫理善惡不是行爲的價值問題。每件事物的價值，常是一種外在的附加物，不屬於事物的本體。就是所謂美術價值。看來似乎是美術品本身的價值，實際也是美術品本身以外的價值。倫理善惡所指的，不是每椿行爲在某方面所有的關係，這種關係可以按照一定的標準評衡價值。倫理善惡所指的，乃是每椿行爲本身的目的。凡是人的行爲，在本身上必定該有所向的目的；行爲目的，是構成行爲的一種要素。倫理善惡既是指着行爲目的，因此倫理善惡不是行爲的價值問題，而是行爲本身正與不正的問題。

（C） 倫理善惡對於禮法，可以說是價值問題

但是我們也並不否認，善惡問題，可以視爲價值問題。

倫理善惡的標準，在於人生最終的目的，趨向最終目的之行爲是善，不趨向最終目的之行爲是惡。但是最終目的乃是人生最高的理想，爲達到這最高的理想，我們要緊知道所該有的道路，爲引人達到最終目的之道路，即是倫理法。

倫理法的作用，在於告訴人在每椿行爲上知道應該怎樣做。人的行爲，是人的一種活動，無論是靈性

方面的或物質方面的，都是施之於一種對象，對象常是一樁事物。例如一個人對於父母所有的行為，是以父母為對象，對於買賣一件物體的行為，是以所買賣的物體為對象。一樁行為同時也可以有兩個或三個對象，例如為父親買一物，是以父親及所買的物為對象。一樁行為所有的兩個或多數個對象，所以然能够運合在一齊，作為行為的同一目標，即是因為人心的意志把牠們互相連合在一齊。行為的對象既是事物，事物都有各自的本性；一樁事物和另一樁事物的關係，按照兩物的本性而定；因此人的行為，便不能不注意物的本性，避免違反物性，於是朱子乃說：「至善，則事理當然之極也。」（大學註）然後他又主張據事物之理，以知其所止。

事物之理，即是事物之性理；但是此處所謂事物之性理，不是事物所以構成事物之物理，乃是事物彼此相關之理。人在以事物作行為的對象時，應該顧全事物相關之理。因為宇宙間的事物，都是造物主所造。按照造物主的所定的次序，萬物彼此互相連貫，互相幇助以達到各自的存在目的。因此萬物對於人類，都可以相幇人達到人生最終目的。萬物怎樣可以相幇人達到最終目的？萬物各按各自的本性，萬物按照自已本性可以相幫人達到最終目的之道，便是人在作一行為時應該顧全的物理。中國經書上說，聖人們觀察了這種萬物之理，替人們立定了規律，這種規律稱為禮法，禮法即是倫理法。張載說：「禮者，聖人之成法也。除了禮，天下更無道矣。」（張載，禮樂。全書卷五）

用我們現代話來講，按人和物的本性，對於人的行為所立定該守的規律，便稱為倫理法。

倫理法，不能完全在於人心以外。張載也說：「禮之原在人心」（仝上）因為人與物的關係是按照人性和物性的，人性是在我自已以內，因此人自已以內有所謂性律。性律而且是倫理法的根本。

倫理法既是引導人趨向最終目的之道，便是人的行爲之規律。那麼，爲知道一樁行爲是否趨向最終目的，我們只要看這樁行爲，是否合於倫理法，若是合於倫理法則爲善，若是不合於倫理法則爲惡。這也就是普通對於善惡所下的定義。

從這方面去看，我們可以說善惡是行爲的價值。這種價值是倫理法所給的。然而按照我們的主張，倫理法不是一種獨立的標準，在牠的背後，有人生的最終目的。人生最終目的纔是倫理善惡的正式標準。

（2） 倫理學

（甲） 倫理學的小史

（A） 倫理學是人生之道

倫理是人生之道，人生之道是引人趨向人生最終目的，引人趨向人生最終目的即是教人怎樣行事。倫理便是教人行事，教人分別善惡。倫理教人分別善惡，不單單在事後教人評判事件的善惡，乃是在事前，教人知道要做的事是善或是惡，使人知所去從。倫理因此是人生的規律，講釋人生規律之學，乃稱爲倫理學。

中國古代沒有倫理學這個名詞，中國於今通行這個名詞，是爲翻譯西洋哲學裏討論人生規律的學問。

西洋討論人生規律之學，或按希臘文稱爲 Ethics「愛提克」或按拉丁文稱爲「莫拉里」哲學，Philosophia moralis。「愛提克」或「莫拉里」，兩句話，都源出風俗習慣，兩句話的意義，則表示人的行爲規律。謝幼偉說：「普通倫理學敎科書多半界說倫理學爲行爲的科學。……因此西洋倫理學的論著大半集中於是非善惡的討論，尤以「善」或「好」之性質的討論爲熱鬧，差不多倫理學就是何爲善的科學。自作者看來，這種討論雖屬重要，但未免把倫理學的意義弄得太狹了，太偏重行爲了。倫理學一方面雖當討論行爲，一方面尤當討論人生理想，確定了人生的理想，然後能確定人類的行爲。」（註一）

我認爲謝先生的主張是對的：倫理學先當討論人生理想而後討論行爲的善惡。在上面我們已經看過：所謂善惡，乃是行爲是否趨向人生最終目的。假使沒有人生最終目的，所謂善惡或是不着邊際的空談，或是瑣碎的功利價值。因此在士林哲學裏的倫理學，開始常是討論人生的目的。

那麼倫理學究竟有什麼意義呢？倫理學的定義可以說是：『人生之道』。人生之道即是敎人好好生活學問。

（a）「人生」——人生，不是指着生理方面和心理方面的生活，生理生活是生理學的對象，心理生活是心理學的對象。也不是指着理智生活，理智生活屬於心理學和名學。倫理學的對象，是一個人的生活，即是說這種生活的主體，是一個整個的人，是一個人稱，不是理智，不是感官，也不是生理器官。這種生活，稱爲人生，就是人之所以爲人的生活。人之所以爲人的生活，乃是自作主宰的生活，自己負責的生活。所以倫理學不是生理學，不是心理學，也不是名學。

人生的內容很複雜，而且常是變動；因爲人生由各種活動而成，這些活動又由人心自由作主。那麼對於這樣複雜不定的活動，怎麼能够有一種學問呢？人生的活動雖是變化無窮，但是常有幾個一定的據點。

第一、人生的活動由人而發，人生活動的主體常是人。第二、人生的活動常有一個目的，人的意志沒有目的不會動，動必有所向。第三、人生的活動乃是種種的動作，動作則有被動的客體。第四、人生的活動常有所向的對象；人不是孤獨的獨立物，上有造物主，中有自己，旁有別人，人的每椿活動都造成一項關係，關係的起點，爲動作的主體，關係的終點爲動作的對象。凡是一椿動作，都帶有這四點。這四點既然是一定的，那麼根據這四點，當然可以系統地討論人的行爲了。倫理學所以能够成爲一種學術，成爲一門專門學問。

例如一個人拿錢給父母，這椿行爲，可以圖解如下：

人生最終目的↑——目的——┐
另一目的↑——目的——┘｝父母↑——給——金錢————人（兒子）

一個人拿錢給父母：人是動作的主體，金錢是被動的客體，父母是動作的對象，爲什麼拿錢給父母呢？是動作的目的。倫理學對於這椿行爲所要研究的，第一是主體和客體的關係，這個人是否可以動用這項金錢，第二是主體和對象的關係，這個人是否應該拿錢給父母。第三是主體和目的的關係，這個人爲什麼拿錢給父母呢？第四是主體和最終目的的關係，這個人拿錢給父母的目的，是不是引他向人生最終目的呢？

從上面我們可以看到倫理學不是專談學理的學問，乃是討論人生實際活動，所以是實際學問。

（b）「人生之道」——倫理學討論實際人生活動，不是就活動的物理性質去討論，乃是討論人生活動對於人生目的之關係。這種關係，在於人生的活動趨向於人生最終目的。因此倫理學是教人好好地活動；倫理學是教人使自己的行為常是正當的行為。這就是教人好好地生活。

（B） 倫理學小史

（a） 倫理學看為專門學術。 倫理學是人生之道，中外古今的思想家沒有不講人生之道的。但是提出倫理學的名詞，以倫理學為一專門學術的，則是希臘哲學家亞立斯多德。後世所傳亞氏的倫理學著作共有四種：『尼各馬車亞倫理學』（Ethica Nicomechea），『歐特米亞倫理學』（Ethica Eudemia），『倫理學原則』（Magna moralia），『道德與惡習』（De virtibus et vitiis）。最後一種為偽作。第三種為亞氏教授徒弟的講義，在他去世以後，徒弟們纔編輯成書。第一種和第二種所用的名字，是發行人的名字，然均係亞氏之著作，惟兩書中有三章相同。亞氏在倫理書中，正式系統地講人生目的和善惡的標準。

亞氏以後希臘哲學中的斯多亞派（Stoici，苦行派）和伊比鳩魯派（Epicurei，享樂派），都有討論倫理問題的著作。但是他們的著作，只注意討論人生觀，不注意其他的倫理問題。

羅瑪思想家第一個特別注意倫理問題的，是瑟耐加（Seneca 3—65）瑟氏屬於斯多亞派，著有倫理書籍數種：『問答記十三卷』（Dialogorum Libri XIII）

天主教既傳入羅瑪，自公元後第四世紀，成為羅馬帝國的國教。天主教會的著作家，一致都討論倫理問題，在開始的幾個世紀中，天主教會的著作家號稱『教父』（Patres）。在他們的著作中，討論神學的問題較多，對於倫理學沒有專門的著作。中世記時，天主教（羅瑪古教）的大哲學家出世，造成士林哲學派。士林哲學派的首領聖多瑪斯和聖文都拉，對於倫理問題，詳加研究。聖多瑪斯的神學大綱對於人生最終目的，對於善惡的標準，對於法律，對於道德都有專章討論。後世士林哲學派的哲學教科書，最後一編，必定是倫理學。

在士林哲學派以外，歐美的哲學家也有許多人寫有倫理學專書，代表唯心論的倫理學書，有康德（註二）和黑格爾（註三）的著作。代表唯理派的倫理哲學書，有烏爾夫的實踐倫理學概論（註四）和斯披諾利的倫理算式證明論（註五）代表悲觀的倫理思想書有叔本華（註六）和尼采（註七）的著作，現代哲學家如杜威（註八）柏格森（註九）克洛車（Groce）（註一〇）河肋斯大諾（Orestano）（註一一）也都著有倫理專書，發揮各自的哲學思想。但是自第十九世紀以後，歐美的倫理學發生兩種趨勢：一種趨勢以倫理學不是討論人生規律之學，所以不講人生之道，乃是描寫倫理風俗之學。這一派的著作有肋尾不呂（Levy—Bruhl）的倫理和風俗習慣（註一二），翁特的倫理學（註一三），另一種趨勢則把倫理學變為價值論，如赦肋爾（Scheler）（註一四），哈爾特曼（Hartmann）（註一五），賣農（Meinong）（註一六），厄冷握爾（Ehreupels）（註一七），愛思肋爾等（Eisler）（註一八）。但是新興的士林哲學家重整旗鼓，以新的思想解釋傳統的倫理，如加得林（Catherin）（註一九）和肋克肋爾（Leclerq）（註二〇）等。

（B）倫理學思想

倫理學專書，當然包括作者的倫理思想，但是歷代的倫理思想並不是都包括在倫理專書以內，中國的哲學幾乎都是倫理思想，但是中國的經書和子書，沒有一冊是系統地講解倫理的書。論語中庸大學，勉强可以算爲倫理專書。然而無論這三冊書的系統怎樣，三冊書的思想，完全是倫理思想。因此爲研究倫理學史，我們應該簡單地說明歷代倫理思想。倫理思想的範圍很廣，在後面討論倫理學各種問題時，我們逐次說明歷代學者的意見。於今我們所要說的，只是倫理思想的中心點，卽是歷代哲學家對於人生觀和善惡問題的主張。

（a）中國倫理思想

中國倫理思想以儒家爲正宗，道佛爲旁流。墨子的人生觀雖有自己的特點，但因後代無傳者，在中國社會上沒有發生影響。

儒家的人生觀，可以用大學和中庸的開卷語作代表。中庸開卷說：『天命之謂性，率性之謂道，修道之謂敎。』大學開卷說：『大學之道，在明明德，在親民，在止於至善。』儒家的人生觀主張發揮人性。人性上有天理，有善端。發揮人性善端便成爲德，然後可達到至善之境。人之修德，旣爲修身立己，又爲立己達人。至善之境，爲中庸之境，爲仁德。人達到這種境界，『則能盡人之性。能盡人之性，則能盡物之性。能盡物之性，則可以贊天地之化育。可以贊天地之化育，則可以與天地參矣。』（中庸第二十二

章）

儒家以天理和人慾相對。合於天理者爲善，順從人慾者爲惡。人爲行善，應該節制人慾。儒家的人生觀，不在求幸福，在求善德。

道家的人生觀，老莊都主張在歸眞反璞。人能歸眞反璞，則能放浪形骸，得到眞人的至樂。道家的人生觀，主張求幸福。老莊的無爲論，目的在求精神之樂。後代的道家，轉而爲頹喪主義。老莊要求自適，乃是精神的自適；頹喪主義的自適，乃是肉體方面的自適。

佛教的人生觀，在於破除物執我執，斬斷塵世的因緣，原寂而入涅槃。佛教人生觀的出發點，在於人生爲苦。滅苦的方法，是以物我爲空。所以佛教的四諦，爲苦集滅道，這四種諦就代表佛教的人生觀。

（b）希臘的倫理思想

希臘哲學的倫理思想，以蘇格拉提（Socrate）爲始祖。蘇氏的人生觀，以人生的快樂在於求眞理。他所創的一句有名的成語，即是『善等於知』。凡是人不知而作的事，都不能算爲善；另一方面也沒有人明知而行惡的。知道了善則行善，行善必定是知道了善。這是充份的知行合一說。知善所以能够行善，乃是因爲善能給人一種快感，人的本性趨樂避苦，人便不會明知而作惡。於是蘇格拉提又造成第二句成語，即是『善等於快樂』。

從蘇氏的學說裏，產生了希臘的兩大派的人生觀思想，第一是苦行派，第二是享樂派。

『苦行派』（Asceticismus）主張人生的快樂在於精神，精神的快樂在於行善，因此這派的人生觀在於行善而爲善，或者說爲善而行善。苦行派在希臘先有「犬園學派」（Cynismus）後有「斯多亞派」。「犬園學派」的首創人爲安第斯特尼斯（Antisthenes 446—366），他是蘇氏的弟子，主張精神之樂在於精神之自主，精神爲得自主，應該克己苦行。「斯多亞派」的首創人爲宅諾（Zeno 340—265）。他以宇宙有一普遍的性律，人的人性具有普遍性律的一部份。人爲行善應該合於自己的本性，爲合於本性，人該去慾。「斯多亞派」的影響力頗大，羅瑪學者亦多有從者。

「享樂派」主張人生的目的在求快樂，人的快樂不僅是精神方面的快樂，也是肉體方面的快樂。享樂派先有『西肋耐派』（Cirenaici）後有「伊比鳩魯派」（Epicurei）『西肋耐派』的創始人爲亞里斯提布（Aristippus 435—350）。他是蘇格拉提的學生，隨從蘇氏「善爲快樂」的原則，主張人生的目的在逃避痛苦，追求快樂。『所謂快樂是個人的，是當前的。一切快樂都是相同的，沒有性質上的區別。所以我們不可錯過當前的快樂。』（註一一）「伊比鳩魯學派」創於伊比鳩魯（Epicurus 341—270）。在前面我已經說到伊氏所主張的快樂，是在於人心得其平；因此他並不是主張縱慾的人。後代因爲附從他的學說的人，提倡縱慾享樂，便以他爲頹喪主義的代表。

希臘在上面兩派以外的。還有另一派倫理思想，即是柏拉圖和亞立斯多德的倫理思想。這一派倫理思想後來得着天主教學者的發揮，成了歐洲倫理思想的正統，有似於儒家倫理思想在中國思想上的地位。

柏拉圖憑他的先天觀念論，以善爲一獨立的觀念，人生的快樂在於使這個善的觀念在本人生活裏表現出來。人的肉體本是靈魂的牢獄，因爲人的靈魂在肉體以前早已存在，因而都願脫離肉體以得自由。靈魂在以前已經認識善的觀念，於今所求的，是在擺脫肉體的羈絆而能回頭欣賞「善」的觀念。

亞立斯多德修改柏拉圖的理智快樂論，主張「善」不僅在於理智欣賞「善的觀念」，善乃是在於意志的行善。亞氏分開知和行爲二。亞氏的人生觀，以人生的最終目的，在於取得一最高的福利，最高的福利則在於盡量發揮人的人性。人性的發揮，不能單單是欣賞一個觀念，而是在於理智和意志兩方面都傾於善。亞氏對於認識論不主張先天觀念，以觀念爲人所取得。人爲行善，應當知道善，又該力行善。行善則養成好的習慣而修成德行。德行之妙，妙在得其中。諸行得其中，便能達到至善境地，這就是人生的最高福利。

（c）天主教（公教）的倫理思想。

天主教有兩位最大的思想家：一爲聖奧斯定，一爲聖多瑪斯。聖奧斯定在哲學上隨從柏拉圖；聖多瑪斯則隨從亞立斯多德。

天主教的人生觀，當然和他的信仰有關係，是神學上的問題。但是士林哲學有倫理學一編，常系統地討論倫理學各方面的問題。天主教的倫理思想以追求最高幸福爲人生最終目的。人生的最高幸福，在於欣賞眞美善的本體，即是欣賞天主的全美全善的本性。爲達到這個最終目的，人該遵守天命，天命乃是人生的道德規律。天命之表現有性律，有神律，有人定法律。合於這些規律者爲善，不合於這些規律者爲惡。

人爲遵守道德規律，要緊節制情慾；因爲情慾之發，常不中節。人能節制情慾，則能發揮精神生活，精神生活在於「知」，在於「愛」。人的理性對於眞理，人的意志對於美善，有無限的求知心和愛慕心。

現世的事物，沒有一件可以滿足人的要求；可以滿足人的求知求愛之心的，只有眞美善的本體天主，纔能滿足人的要求。

天主敎的人生觀，雖以人生最終目的之完成，在於身後；但是天主敎並不以現世事物爲空，也不以現世事物沒有意義。現世的事物，都是實在的事物，事物對於人生的意義，是能幫助人達到最終目的。因此人在使用現世的事物時，不能違背道德規律。

天主敎的倫理思想和儒家倫理思想相同的一點，是於兩家倫理都注意內心；因爲天主敎的善惡觀念，以內心的宗向爲基礎；外面的行動隨着宗向的善惡而分善惡。當然反對物性的惡事，不能以人心的宗向之善而變爲善；善之爲善，要在各方面都沒有缺欠。但是人事的善惡，以人心的宗向爲主要標準。因此，人心一動，卽使沒有外面的行動，也就有善惡，天主敎所以戒絕慾念，戒絕恨心。儒家以情爲心之動，情之善，在於動得其中；因此儒家的善惡，也是以心爲主。

人若習善節慾，隨從道德規律，便養成德行。德行表現於外，常合於中道。

天主敎的人生觀是積極的人生觀，同時也是力行的人生觀。

（d.）求樂派的倫理思想。

天主敎的倫理思想，從第四世紀一直到第十五世紀，在十一個世紀之中，支配歐洲人的生活。第十五世紀時，歐洲文藝復興的思想，漸次發動。第十六世紀時，這種思想彌漫全歐，歐洲的思想乃成爲反天主敎敎義的思想，或至少是脫離敎義而不受支配了。

文藝復興思想的中心，是以人爲中心；人爲人生的起點，人爲人生的終點。文藝復興的大藝術家，所彫的，所畫的，都是人體。他們崇拜人體之美，進而崇拜裸體之美。文藝復興的思想家，也崇拜人性之美，以人性所好的都是善。法國盧梭，爲漫浪主義之祖，爲極端的樂天派。人性既是善，人性所求者爲快樂；人生的目的便是在於求快樂。

笛克爾和萊布尼茲本不是浪漫主義者，但是他們和牛頓一樣，一味的崇拜人的理智。他們的倫理思想以修德爲快樂；人爲修德並沒有困難，因爲人對於善惡認識清楚。斯披諾刹竟認爲道德規律可以像數學的原則一般，在實行上絲毫不爽。這還不是極端的樂天派嗎？

康德爲唯心哲學的宗師，他的倫理思想，不像笛克爾盧梭等的樂天，崇拜人性。但是他在唯心一方面，又繼續了崇拜人性的思想。康德素不信仰人的理智，但是他却主張人的道德律是在絕對信服人心的命令。人心向自己發令應該從善避惡，人便盲目地服從。這種命令，不是理性的命令，也不是意志的命令，乃是人心的一種要求。因着這種要求，人心自然而然覺得出什麼是善什麼是惡。人順從人心的道德要求，人心乃能舒暢，乃能快樂。

康德的學說，不但是費希德（Fichte）的唯心倫理說的基礎，也是後代感情倫理說的導綫。費希德隨從康德的主張，以倫理的規律，乃人的意志向自己發令，且更進一步，認爲我自己不單是自造法律，還是自造一切的實體，因爲一切都是人心理智作用的產物。

近代感情倫理說，也導源於康德。感情倫理說主張在人以內有一善惡感。善惡感如同靈感一樣，不屬於理智，不屬於五官，乃是人心的道德感觸，自然而然地辨別善惡，這種善惡感並不是普通所說的良心。善惡感對於事情善惡，自然而然地引起人心愉快或厭惡。善事生愉快，惡事生厭惡。同時，善惡的分別，旣由善惡感而分別，乃是人心自生分別，而不是因爲外面有任何規律，逼迫我們去分別善惡；如此，倫理纔有內在的價值。

尼采的「超人」倫理，是憑超人自己的感情而造的倫理。柏格森的蓬勃生氣不斷前進的倫理，完全是感情的倫理。價值論的倫理，也是感情倫理的一系。目前「存在論」學者撒爾忒爾（Sartre）的頹喪主義，也是感情倫理的變態倫理。

善惡的辨別不屬於倫理，而屬於感情。上者以精神的愉快爲善，下者便以肉體的愉快爲善了。

（e）求利派的倫理思想

文藝復興的思想傳到英國，英國的民族性不像法國人的空想不着實際，英國的哲學思想便轉入實際宇宙，而成實徵主義。法國的盧梭，崇拜人性，以求快樂，英國的霍布斯（T. Hobbes 1588—1679）主張倫理之善，在於私人一己的利益。人性旣是善，人性的傾向，不是傾向於利益嗎？可是注意實利的英國人又覺得私利的主張，若是運行於人事，社會將天天有戰爭，每個人都不能有利益。洛克和百頡利（Berkeley）都不贊成霍布斯的私利說，主張對於善惡有神定的道德律。但是英國第十八世紀的哲學家邊沁（J. Bentham 1748—1831）又正式提出功利說（Utilitarianismus）。善者爲利，利非私利，利乃公利。他的人生目的，在於追求「最大多數的最大幸福」。

同時在德國，大哲學家黑格爾不從英國實徵哲學的路，而從康德唯心哲學的路，也走到大衆幸福的人生目的。黑格爾按照他的正反合的辯證法，認爲善在於自我反對自我，而合於大我以內。這種大我即是國家的社會。

黑格爾唯心論的「大我」社會利益，造出了馬克斯的共產社會論。馬克斯的出發點是唯物的進化論，但是方法仍是辯証法。馬克斯由唯物辯証法造成唯物史觀，主張「善」是大衆的利益。所謂大衆乃是工農階級。

近代哲學家以功利說著名的，除邊沁外，有美國的詹姆斯。詹姆斯的主張，以眞善利三者爲一，合於時而有利者爲眞，眞則爲善。詹姆斯的後繼人杜威，改唯利說爲適用說。杜威主張眞理之所在，在於能够解決一當前的問題。凡是一個問題的合宜解決法卽是眞理。眞理也卽是善。

歐美其他各家的倫理思想，種類繁多，不能詳細述說。上面所說的僅是很簡單的大綱。

(乙) 倫理學的研究法

倫理學旣是一種學術，當然該有合宜的研究法。士林哲學對於倫理學的研究法，分倫理學爲前後兩部份：前部份爲倫理學總論，後部份爲倫理學分論。在總論裏討論倫理方面各種基本問題，如人生的最終目的，人的行爲人的自由，道德律，人的慾情和德行。在分論裏則討論人生各方面的倫理問題，如個人生活，家庭生活，社會生活，因此有個人倫理，家庭倫理，社會倫理和國際倫理。

我們在這一篇倫理學裏，便採取這種研究法。這一編共分四章。第一章論行爲的善惡：討論行爲，討論自由，討論善惡。第二章論善惡的標準：討論性律（天理）、法律（禮法）、良心。第三章論德行：討論道德、討論情慾、討論修德。第四章討論權利義務，包括私人生活的倫理，家庭生活的倫理，社會生活的倫理。在家庭倫理中，特別注意婚姻。在社會倫理中，特別注意國家和國際關係。

自上面的研究法，讀者可以看出我們不主張倫理學，只是描寫倫理習慣的學問。假使倫理學只是描寫倫理習慣的，倫理學便不是哲學，乃是民族學的一部份。而且我們也不主張倫理學是就每樁倫理的行爲，加以觀察，加以分析，假使是這樣，倫理學將是實驗心理學。倫理學則是講「人生之道」的學術，倫理學講人生規律，講人生原則。

近代學者有許多人批評士林哲學的倫理學跟隨中世紀的傳統方法，只講空洞的原則，不顧事實。他們認爲倫理學所討論的是人的行爲，人的行爲是樁樁的具體事實。具體的事實是由許多原素結合而成的，不可分析爲抽象的分子。具體事實的價值，要就事實的環境，一併討論。人的行爲，乃是人的生活，人的生活是活的，不是抽象的空談。爲研究倫理，應該拿一樁一樁的活事來研究，不能單單抽出幾個觀念來研究。因此近代的倫理學，或者是描寫倫理事實的科學，或者是觀察事實價值的哲學。

當然爲研究倫理，我們不能僅僅憑着空想去建造一套倫理原則。倫理是人生的倫理，人生是表現於具體的事實，具體的事實，應該放在牠所有的環境中去判斷。因此，我們在善惡的評價中，特別注意行爲的環境。凡是主觀方面的環境和客觀方面的環境，一點也不能疏忽。而且在善惡的標準中，我們特別注意良心，良心是活的，是動的，不是抽象的呆物。旣然有良心作善惡的標準，善惡的標準不是純正的外面架子，乃是在人的內心，在人的行爲以內。因此我們的倫理學也是活的倫理，不是抽象的死倫理。

但是，我們絕對不能贊成以倫理學爲倫理行爲的描寫和評價。倫理行爲的描寫和評價，對於倫理學可以有很大的貢獻。然而倫理學不僅在乎這兩點。倫理學是應該教導人好好做人。

倫理學的對象，雖然是人的行爲，但是因爲倫理學所講的，是行爲的規律，倫理學討論人的行爲時，不能以樁樁的倫理行爲爲研究對象，而是從每種行爲裏提出一項標準行爲作研究對象。例如研究孝道時，是研究稱爲「孝」的一種行爲，並不是研究那樁行爲稱爲孝。

近代實徵主義盛行，研究倫理學的人，以爲應該研究許多的倫理行爲，然後由這些行爲中，歸納出來一些結論，作爲倫理的規律。例如孝道的原則，是由各地各時稱爲孝道的事實裏，歸納而得的。

假使倫理規律眞眞是這樣來的，倫理規律完全是外在的架子了，而且在沒有行這種歸納以前的人或是不知道這種歸納的人，難道就沒有倫理律嗎？

研究倫理，應該就人而論人，就人的行爲而論行爲，就某種行爲而論某種行爲；但是爲達到這一點，就應該先知道人之爲人之道。不能由行爲裏去求人之爲人之道，人之爲人之道是人的本性。因此倫理學先由人的本性去求人的行爲的規律。捨人性不論，却只看行爲，怎樣可以談倫理呢？

(二) 人的行爲

（1）行爲的區分

人的行爲，是人各種本能的動作，常是由可能的能而到實有之實，即是由潛能而到現實。人的本能有許多種，人的行爲也就有許多種。但是我們於今在倫理學上所要談的不是行爲的物質性，我們所要談的，是行爲的倫理性。在前面我們已經說過，倫理是人生的規律，人生是人的活動。一切的行爲，都是人的活動；但是，不是人的一切活動，都是表示人之所以爲人的活動。人之所以爲人，是有理智有意志，能自己作主宰，因此只有人自己作主宰的活動，纔眞正是人的行爲。

我們自己若是對於自己的行爲加以觀察，我們可以看出我們的行爲可以分成兩大類：一類是無意識的行爲，一類是有意識的行爲。

「無意識的行爲」是人身所有天然的動作。這種行爲由人身的器官，自然而動，人心並不理會。例如人身的血液循環，人身的消化作用。都是無意識行爲。無意識的行爲又可以再區分爲兩種：一種是「完全無意識的行爲」，一種是「偶然無意識的行爲」。第一種行爲，整個的在意識範圍以外，生理方面的活動都屬於這一種。第二種行爲，在發起時逸出意識以外，過後意識則能够加以支配，人有一些自然衝動，屬於這一種行爲。例如一個人聽見別人詈罵，立時怒從心起，馬上變了面色。這種動作是自然衝動，出乎意識之外。但是人一覺得自己生氣，可以靜定自己。生氣的行爲就走入了意識範圍。

「有意識的行爲」是人理會自己的行動而行動。人是有理性的動物，他的特點在於有知識，那末在動作時自已應當知道自已是在作事。所以行爲之稱爲人的行爲，至少該是有意識的。但是有意識的行爲又有兩大類：第一類是願意作的行爲稱爲「心願的行爲」，第二類是不願意作的行爲稱爲「不心願的行爲」，例如我於今寫字，我知道我在寫字，也知道爲什麼寫字，我又願意寫字，這是一樁心願的行爲。但是我小時在課室練習字，有時很不願意寫，因爲教師逼着要寫，便不能不寫，這是一樁不心願的行爲。「不心願的行爲」又可以有兩種，一種是完全不心願由於外力的强逼而成的行爲，稱爲「强逼的行爲」，例如强盜强逼你拿錢給他，又如强姦女人。一種是半願半不願，稱爲「勉强的行爲」，例如小學生因爲怕先生纔練習字，習字雖不是甘心誠願的，但總算自己勉强做了。

於今我們把人的行爲的區分法，簡單作一表解：

- 行爲
  - 無意識的行爲
    - 完全無意識的行爲
    - 偶然無意識的行爲
  - 有意識的行爲
    - 心願的行爲（自主的行爲）
    - 不心願的行爲
      - 强迫的行爲
      - 勉强的行爲

眞正可以稱爲人的行爲，該是心願的行爲。所以人的行爲，乃是自主的行爲。

（2）行爲的責任

自主的行爲，眞正是人的行爲；在這種行爲裏，人眞正表示自己的人格，表示自己的尊嚴，表示自己是一個人。

自主行爲，是由自己作主宰而做的行爲。自己作主，自己對於行爲便負責任。有自主之權，便有負責的義務。自主和責任，互成比例：自主越高，責任更大；自主越小，責任更輕。

（甲）　責任

責任本是法學上的名詞，尤其是刑法上的名字。拉丁文爲 Responsabilitas，字義是說「誰該當答覆」。出了一樁事，官廳來追究查問事情的原委，誰該當答覆呢？當然是做了這事的人。法學上又用責任這個名詞，爲指按法該做的事，卽是爲指一個職務，所以普通說「責任很重」或者「有責任心」。

在倫理學上，「責任」這個名詞，表示負責，一個人對於自己的行爲，負担一切的責任。「負担行爲的責任」和「接受行爲的效果」，兩句話似乎意思相同，實際上相差很遠。行爲的效果，有物理方面的效果，有法律方面的效果，有倫理方面的效果，還有社會方面的效果，一個人對於無意識的行爲和强迫的行爲，不負責任，但是這兩種行爲在物理方面的效果，不能不接受。例如被强姦的女子，在生理方面，不能不接受强姦的效果。

因此「負責」的根本，在於自主。凡是一個人自己不能作主的事，他對這些事便不負責。換一句話說，凡是自己願意做的事，自己就負責。

普通說責任，是對於一項「任務」，自己負責。於今對於自己的行爲，自己負責：這所謂負責，究竟有什麼意思呢？

自己對於自己行爲的負責，不是說自己負責應該做這件事，乃是說自己所做的行爲，是由自己的意志所發動的，因此這件行爲的一切效果，都算是自己的意志所發動的。

倫理責任和法律責任，意義也不完全相同。法律責任是一樁行爲，按照法律應當由誰負責。法律責任和負責人的聯繫，來自法律。如未成年人的行爲，由法律監護人負責。如駕車無意而撞傷一人，按法該負賠償之責。倫理責任和負責人的關係，來自本人的意志，自己願意做一事，自己對這事就負責。

倫理責任，在廣義一方面說，是對於自己願意做的一樁事，所有的一切效果，都算是自己所願意的。但是在狹義一方面說，倫理責任是對於行爲的善惡，自己負責。

（乙）自主——自由

一個人對於一樁行事，自己負責，是因爲他願意做這事，他對這事自己作主。因此負責的根本，在於自主。

自主是說自作主人。自作主人是自己的意志發動這樁行爲，同時也能不發動這樁行爲。自己的意志發動這椿行為時，又能不發動這椿行為，即是人有行為的自由。自由是人有選擇之權，自主是人行使自由。關於自由的意義，區分和理由，在心理學一編裡我們已經說過（註二二）於今不再重說了。

在普通人的常識看來，我們每個人天生有自由自主之權，自己對於行為便應當負責任。但是現代的學者中，有些人的主張却和普通常識正相反，他們以為人對於自己的行為，沒有自由，不負責任。或者至少對於一些犯罪的行為，自己不負責任。

現代的刑法學家，就有些人否認罪犯的責任。罪犯的責任，我們知道和他的心理生活很有關係。害精神病的人，按照精神病的輕重，對於自己的行為減輕責任。精神完全失常的人，做事完全不作主，便也完全不負責。但是現代有些刑法學，在普通的精神病以外，他們主張一種倫理失常病，（Idiotia moralis, Insensibilita morale, folie raisonnante, folie hereditaire, moral insanity）這種病的來源是來自遺傳，來自家庭社會的環境，來自變態的心理。因為有些人或是因為遺傳，或是因為自小所受的教育或環境的影響，或是因為心理上的變態作用，對於倫理善惡，完全不知道分辨，或者對於一種犯罪行為，自己完全不能自主，以至於非做不可。因此這些人對於自己的犯罪行為，不負責任。（註二三）

主張上面這種學說的法學家，都稱為實徵派的法學家。

（A） 實徵派法學家

實徵派刑法學家，發起於第十九世紀，盛行於第二十世紀。這派法學共分三期：第一期是人種犯罪學，第二期是社會犯罪學，第三期是變態心理犯罪學。

人種犯罪學的創始人爲義大利人種學者龍布洛索（C. Lombroso 1835—1909），龍氏根據達爾文進化論，描寫罪犯者的生理缺點。他主張罪犯者的犯罪行爲，都是由於身體以內器官的不健全。

但是世界法學會議，一八八九年在巴黎舉行會議，一八九二年在布魯捨爾舉行會議，一八九四年又在羅瑪舉行會議，法學者都承認由人種生理方面去解釋犯罪的原因，証據不足。於是乃有人倡社會犯罪學，在義大利提倡這種學說者，爲獲里（Ferri —1929年去世），在德國提倡這種學說者爲溫里茲（Von Listz 一九一九年去世），這派學說以罪犯者所以犯罪，多由於生理遺傳，家庭環境和社會環境的影響。

最近的刑法學更進一步，研究私人的心理生活，認爲犯罪行爲，多由於病態心理和變態心理所致（註二四）。而且學者如克朗墨爾（Kramer），亞夏文布士克（Aschaffenburg），瑟握里（Severi）等，主張倫理失常病。一個人在人生各方面，都很正常，但是對於倫理善惡，則失去常態，因而犯罪作惡。

實徵派的法學者，無論對於犯罪的原因，主張人種生理缺欠，或是環境影響，或是變態心理，都是否認罪犯在犯罪時，具有自由，因而便不自主，乃不負責任。

但是按照實驗心理學的實驗，變態心理和不良的遺傳及敎育，可以減少人的自由，然而除瘋癲以外，並不完全抹殺人的自由，不完全取消人的責任。

（B） 近代反自由的哲學

否認人有自由的哲學思想，在近代哲學家中，以霍布斯爲始。霍氏主張在物質界，在心理界，在私人生活，在社會生活，一切的事都依照一定的動作程序，人絕對沒有自由去支配。休謨承繼這種思想，他雖不承認因果律，但是主張一切的物理現象，和心理現象常是一定的，不會有自由的變化。

孔德和斯賓塞也主張物理和心理的動作，常是順從一定的自然律。穆肋的主張稍爲和緩。後來馬克斯極端地主張唯物辯証論，又絕對否認人有自由，宇宙的一切都是物質，都按辯証法往上進，人也不能例外。以上的學說，都可稱爲「決定論」（Determinismus）。

康德和黑格爾的唯心哲學，雖不明明否認人的自由，但是他們的自由，失去了自由的眞義。康德主張倫理的基本該是自由，因此倫理的基本是人自己而自己發令，命自己遵守自己所定的倫理律。黑格爾的精神辯証法，限制了精神的變動。

近代價値論的倫理學者，採取康德所講的自由。康德的自由「以自身爲目的，自足於己，無待於外，自制其律，而止於其自身之自由。至是，權力與自由，立法者與法律，主體與客體，咸統會而歸於一。此即康德所謂自律，乃一切道德律及合於彼等義務之唯一原理。」（註二五）

（C）　中國的哲學的性善性惡問題

誰也知道儒家哲學上的一個大問題，乃是性的善惡問題。孟子主張性善，荀子主張性惡，告子主將性可善可惡，楊雄主張性善惡相混，王充主張性分上中下三品，朱子主張性爲理，情爲氣，心有理氣，純理之性無善惡，理兼氣之心——即是具體之性，乃有善惡。

儒家的性論，目的是在解決倫理上的善惡問題。爲什麼人有善惡呢？儒家都認爲善惡的根源，該在人的內心，而且是在人的本體上。人所以行善行惡，是因爲人的本體，在構成因素中含有善或不善的成份。人的本體是人性，所以善惡的因素是在人性以內。但是歷代儒家對於「性」字的解釋，不大相同；所以對於性的善惡，意見也不相同。

然而總括來說，儒家都承認惡是來自情慾，善是性的本體。但是情慾是不是人性的一部份？孟子主張情慾不是人性的一部份，荀子主張情慾是人性的一部份。漢儒宋儒也都以情慾是屬於人性的。朱子主張理氣二元，情慾爲氣所成，理氣合成一具體之人性，情慾便在於人性以內。

清儒顏習齋和戴東原却反對前人以情欲爲惡的主張，他們主張善惡是在於人心怎樣自作主宰。人心不明天理，自徇於私，便作惡事。

我也曾說過：「顏習齋批評宋儒的性善論，很爲得當。善惡問題不是物的本體上的問題，乃是倫理問題。倫理問題，人的行爲作基礎；因此情的善惡，不在於情的本能，而在於情的發動。……情之發動，由心加以主宰。心主宰情欲，稱爲意，意便有善惡了。」（註二六）

但是於今我們所要談的，是儒家的性論和人的自由有什麼關係。

按理說，若是情慾屬於人性，人性爲人的本體，情慾旣是惡，人便不能不爲惡。就像朱子所說，得氣清的人，情欲清，人性則善；得氣濁的人，情欲濁，人性則惡。這樣說來善惡的根由在人性以內，氣清的人，當然是善，氣濁的人，當然是惡；那麼，人便不能有自由了。可是，儒家却極力主張人有自由，因爲無論主張性善或性惡，或性可善可惡，都極力主張修身正心，以成君子聖賢。假使人若沒有自由，人怎麼樣自己勉力成聖賢呢？

情欲即使是惡，即使是在人性以內，儒家都主張人可以節制情欲。中國人常說「改換氣質」就是氣質不善的人，也可以用修養的工夫，使自己的氣質變爲善。不論這種說法，以及儒家的情欲主張，怎麼樣在本體論方面說不通，但是儒家承認人有自由，那是很明顯的事，誰也不能否認。孔子在論語上所說的：「唯上智與下愚不移」（陽貨）。似乎是主張上智之人，一定行善，下愚之人，一定行惡。那麼下愚的人，對於自己的惡事，不負責任。然按原文的文義，孔子並不主張上智與下愚的人，一定行善行惡，自己沒有自由。孔子所說的乃是「不移」，「不移」則是指的「習相遠也」的變移。孔子以爲人，按人性說，都是「相近」；所以然，後來變出賢人惡人，那是由於平日的習慣。習慣有移人的力量。只有兩種人不受習慣的影響。一種是上智的人，一種是下愚的人。上智的人，對於善習惡習看的很淸楚，下愚的人，對於善習惡習，一點也不知道分辨，這兩種人，都完全按自己的喜好去作事，不容易受外人的影響。

（D）　自主是責任的基礎

我們在心理學一編裏，早已說明人旣是有靈性的動物，人便有自由。自由的意義，在本體論上不大表現淸楚，在倫理方面則完全表現出來，所謂倫理，是以自由爲基礎。假使人沒有自由，人便像其他的物體一樣，自然而然地順着本性而行，何必要講倫理，何必要講行善避惡呢？

倫理學教人守人生之道，行善避惡；若是人沒有自由，絕對不能有行善避惡的問題。而且也不會有善惡的問題。

善惡問題，不是一樁行爲的善惡問題，乃是做這樁行爲的人的責任問題，就是這個人的善惡問題。行爲的善惡，所以能够和一個人發生關係，因爲這樁行爲是這個人所心願的，這樁行爲是他所主動的，因此人和善惡發生關係，是在於人是行爲的主人。人之能爲行爲的主人，不在於是行爲的主體，因爲主體和主人不同是一事，有時人是行爲的主體，而不是主人，例如無意識的行爲和强迫的行爲，有時人不是行爲的主體，而是行爲的主人，例如命別人作的事。行爲和行爲主體的關係是物理上的關係，卽是按物理上，一樁行爲由這個物體所發。行爲和行爲主人的關係，是責任的關係；卽是一樁行爲是由這個人所主動的。人之所以能主動一樁行爲，是人的意志能作行爲的主宰。意志能主宰一樁行爲，是因爲意志有自由。因此自主是責任的基礎，自由又是自主的根由。

(二) 行爲的自由

(1) 自由的條件

自由的意義，就是能够選擇，或者在作和不作之中，選擇一種，或是在兩種或多種不同的動作中，選擇一種。

人爲能够選擇，第一應該知道所可以選擇的對象：不知則不爲，不知道則不能有選擇。第二，應該有選擇的可能；不能選擇，則是被迫而行。既是被迫而行，雖然自己明明知道被迫，也不是自由。因此，爲有自由應該有兩個條件：第一認識自己的目標，第二不受强迫。

（甲） 認識目標

意志在未發動時，是無所傾向的；既發動時，則必有所向。意志的所向，稱爲意志的目標，稱爲行爲的宗向。

意志是和理智相連的，同是心靈的兩種本能，心靈用理智去知，用意志去選。爲使意志能够選，先要使意志知道選。所以在行使選擇以前，理智要先供給可以選擇的材料。譬如一個人走到三叉路口，若不知道三條路的去向，他就要踟躕不進，不知道究竟該走那一條路。最後，盲目地任意向一條路走去，那不是自由選擇，乃是瞎碰。在別的事件上，也是一樣。人若不知道所該選擇的對象，人就不能自由選擇。

（乙） 目標的認識是自由的一種尺寸

人要認識所可以選擇的目標，人纔能够選擇。不認識目標時，不是自主，乃是盲動，普通說「盲目的動」就是不知道作事的目標而作。就如走路的人，不知道所走的目的地而走。

但是人對於每樁事物的認識，能够有程度的高低，對於一件事，認識很淸楚；對於另一件事，認識不清楚。因此對於行爲目標認識的程度便是對於這事的選擇程度。認識目標的程度高，選擇的自由也高；認識目標的程度低，選擇的自由也低。自由的高低，當然不完全由目標的認識而定，因爲目標的認識，自是由的兩種要件中之一。但是目標認識的程度，是決定自由的高低之標準之一。

（丙）認識行事目標——知和行

爲能自由選擇，要緊先知道所以選擇的目標。對於這種認識，我們要注意一點。人爲能自由選擇，所應該知道的，是行爲的目標，不是行爲的本身。能够知道行爲的本身，當然更好；但是若不知道行爲的本身若何，只知道行爲的目的，人就能够自由選擇。譬如一個人吃飯，看見桌子上排着一碗魚，一碗肉，一碗蔬菜，他可以因爲自己好吃魚，就選魚吃，雖然他不知道魚碗裏的魚，研究是那一種魚。假使他很懂烹調之道，他認識桌子上的魚肉蔬菜，而且知道是怎樣煮成的，他的選擇判斷力當然更高。但是爲能選擇，只要他知道魚爲自己好，或是肉爲自己好，或是蔬菜爲自己好，或因爲自己愛吃，或因爲身體有需要，這樣他就可以選擇。若是他對於三碗菜，一無所好，或一無所要，他便不會選擇了，或者完全不吃，或者不分菜碗，隨便吃一吃。

所以爲能選擇，要緊知道爲什麼做這事。若不知道爲什麼做事，便不能有選擇，便是盲動。

中國思想史上，有知行的關係問題。中國古來有知易行難的成語，王陽明主張知行合一，孫中山先生主張知難行易。

若以行是發動一種行爲或努力一種行爲，這是選擇的問題，卽是做不做的問題。中山先生的主張是對的；因爲只要知道行爲的目標就够了，不必知道行爲的本身。

況且人對於行爲目標的認識，有時還是憑着天然衝動。如衣食住和男女之慾，許多事都是因着天然的嗜好，人便加以選擇；連行爲的目標也不知道淸楚，何況事情的本身。

但是普通說來，一切行爲，若完全不知道行爲的本身若何，便也不能知道行爲的目標。至少對於行爲的本身，要有一概括的認識。例如男女結婚，若是一方完全不懂得兩性的性行爲，而且也不知道結婚以後應該有性行爲，當然便不能知道結婚的目的，婚姻也等於無效。

至於古今的成語說知易行難，那是就行爲的效果一方面說。在發動行爲一方面說，是行易知難，因爲只要知道行爲的目標就够了，不必懂得事情的本身若何。但是事情發動了，是否可以達到目的呢？那就和知識沒有直接關係。你可以對於該做的事情，知道淸淸楚楚，但不一定你就可以做成功。而且有時，你對一事知道很淸楚，還知道自己該當做，但不一定你就願意去做。

要有自由，必定要知道目標；但知道了目標，不一定就行使自由，因此，在自由行爲裏必定有目標的認識，在目標的認識以及事情本身的認識裏，沒有自由行爲。行爲是後來加上去的。行爲是否跟着知識一齊走，不是行爲和知識的難易問題，那是意志的修養問題。

王陽明主張知行合一，就是主張把意志修養到極高的程度，使良知所說的善惡，完全見於行爲。良知爲善惡之評判，評判應該執行，若不執行，評判乃是虛文，便不成爲評判了。王陽明所以說良知不見於行，便不是眞知。但是王陽明所說的知行合一，只是良知之知，不是其他事物之知。

（2）自由的阻礙

自由的阻礙，來自兩方面：一方面是理智方面的阻礙，阻止理智能够認識行爲的目標；一方面是意志方面的阻礙，阻止意志能够自主。因爲凡是阻止自由應有的條件，使不能實現，自由也就不能實現。然而阻礙的程度，不是常是一樣，有些阻礙大，有些阻礙小。阻礙大的，能够完全剝削人的自由；阻礙小的，可以減削人的自由。完全的自由行爲，應該沒有任何的阻礙。於今我們稍爲詳細分析這些阻礙，看看牠們對於自由的影響。

（甲）理智方面的阻礙

（A）缺乏知識

人爲能行使自由選擇，在先應該知道行爲的目標。若是缺乏這種知識，人便不知所擇。就是有所選擇，也不過是盲從。

有時候對於行爲的目標，認識不大清楚。人的選擇，便不完全。人的自由，當然也受損失，但並不完全被阻止。

（B）錯誤

有時候不單單是不認識行爲的目標，而且還認識錯了。人若按照這種錯誤去選擇，看來是自由選擇，實際上則是不自由；因爲假使這種人知道了自己的錯誤，他必定不會選擇這椿行爲。例如一個人入山打獵，看見樹葉叢中有一團黑物在動，他認爲是野獸，對着放了一鎗，往前看時，竟打死了一個人。這種行爲不能算是有意的行爲，乃是不自由的行爲。但是事情並不是這樣簡單，打獵的誤中了人，雖出於無心；然而要看，在事先是否可以懷疑是個人在樹葉中動，是否他注意觀察了一下：假使在通常情形下，打獵的絕對不會想起來可能是個人在樹葉裏動，他的誤中，乃絕對無心，不負責任。若是在通常情形下，可以懷疑是一個人在樹葉裏動，打獵的也不細心觀察，馬上放鎗；，那麼他的誤中，便不是絕對無心，也並不能完全不負責任了。

因此錯誤分爲「有心之錯」和「無心之錯」「有心之錯」是可以不錯而錯；對於這種錯誤，人要負責。

（C）　神經衰弱

神經失常的人，理智能力也隨着減少。一個人若完全瘋了，就完全失去理智能力。他的行爲，常不是自由的行爲，自己一點也不負責。若不是完全瘋了，只是神經有時失常，或是有一部份失常，按照失常程度的高低，自由遭受損害。

小孩們，雖不是神經失常，但是他們的理智能力，還沒有發展，因此對於行爲的選擇，也不能有充分自由，也不完全負責。

（乙）　意志方面的阻礙

對於行爲的目標，雖然有了認識，不一定就可以自由選擇；因爲還有他種阻礙，可以阻止人的自由行動。

（A）　武力強迫

「武力強迫」是外面的一種物質力量，驅使人做不願意做的事。強盜拿着鎗，迫人交出錢來。男人用武力強迫女人通姦。這些行爲完全是強迫的行爲，一點自由也沒有。

（B）　恐懼

「恐懼」是一種心理狀態；因着眼前或日後的危險，人心發生恐懼狀態，人心有了恐懼，人心便不平靜了，不能完全自由選擇。

恐懼有重有輕，看所恐懼的危險是大是小。危險大而重，恐懼便重；危險小而輕，恐懼也輕。大的危險，若是危險性輕，恐懼可以是輕的。

重的恐嚇可以使人失去自由，但並不完全剝削人的自由。例如在共匪政權下的天主教人士，備受共匪的恐嚇，不服從共匪的、輕則下牢、重則死。這種恐嚇是很重的了，但是天主教人士，很多都毅然反抗，所以無論那種恐嚇，都不完全剝削人的自由選擇，也就不全部免除行為的責任。

然而在通常情形之下，恐嚇常使人減少自由。人懷着恐懼心所做的事，都不是甘心誠願做的事。假使沒有外面的恐嚇，他就不會做這樣的事。因着恐懼而做的事，稱為不心願的行為；但也不是如同武力强迫的行為一樣，完全不心願；因為懷着恐懼的行為，是由本人意志發動的，不過，意志若沒有外面的恐嚇，不會發動這種行為。這種行為便稱為勉强的行為。

但是在另一方面，恐嚇也可以使人充分表現自己的自由。精神高尚的人，知道克制自己的恐懼心，不畏外面的恐嚇，敢去捨生取義。孟子曾說：「生亦我所欲也，義亦我所欲也，二者不可得兼，捨生而取義者也。」（告子上）。這種精神，充分表現自己的自由選擇，充分表現自己的人格。

（C）貪慾

武力的强迫和危險的恐嚇，是人身外的阻礙，阻止人行使自由。人的身內也有許多阻礙，防礙人的自由，這些阻礙總括起來說，可以名之為貪慾。

貪慾是驅使人貪想一件事物的慾情。慾情是人的天然嗜好。天然嗜好能夠是物質方面的，也能夠是精神方面的。飲食男女之慾是物質方面的；好名自大之慾是精神方面的。

中國儒家古今都以情慾之動，屢屢使人向惡。善惡之分，常在一情字。情所以能使人向惡，在於情能蒙蔽人心，使人不見天理。儒家乃主張克慾。

情慾的本身，無所謂善惡；因爲情慾之動可以中節，可以不中節。中節爲善，不中節爲惡。中節或不中節，繫於意志。

但是意志雖是情慾的主人，有許多時候，反受情慾的驅使。情慾驅使意志，便是阻礙意志的自由。

情慾阻礙自由，普通不是在於理智方面，乃是在於意志方面。受情慾驅使而作事的人，並不是不知道天理所在，是知道天理而不願意遵守。只是在一些非常的情況下，驟然而起的極强的情慾，可以迷糊人的理智，使人看事不清。普通的情慾，挾着天然嗜好的衝動力，驅使人貪圖一件事物，貪圖的心越大，對於自由選擇的阻礙也越大。情慾的衝動，是心理上的衝動；用心理上的方法，也可以制止。制止慾情衝動的方法，即是節情。人能够節情，猶如人之能克制恐懼，更顯出人的自由。

（D） 需要

需要的意義很廣泛，凡是爲達到一種目的，所該用的工具，都稱爲需要。凡是有需要時，當然就缺少自由選擇的可能。

但是，眞正可以阻止自由選擇的，只有人爲維持生命。天然所有的需要，纔能阻止自由。所以當一個人，餓得連充腹的食物都沒有時，他對於食物有天然的需要，他可以隨便拿，不負道德的責任。

普通人說：被衣食所迫，或被饑寒所迫，都是表示一種需要。這些天然需要，能够減少人的選擇的自由。

至於他種物質需要，以及情理上或法律上該做的事，則不阻止人的自由。因為人的自由，並不是放蕩。自由應有範圍，範圍不是阻止自由，乃是保障自由。

(四) 行為的善惡

(1) 善惡的區分

一椿行為，若是由人的意志所發動的，人對於這椿行為，自己負責。這椿行為，在倫理上，必定有善惡。在抽象方面說，有些行為，自身本無所謂善惡，例如吃飯、穿衣、走路。因為這些行為，直接和倫理原則不發生關係，人做這些事，乃因天然的需要。但是在實際上，人在做事時，必定有所趨向的目標，目標是有善惡的。因此本來無所謂善惡的事，在實際上也就有了善惡。

每個人的行為，便都是或善或惡。只有人自己不負責任的無意識行為纔不會有善惡。

為知道一椿行為是善是惡，我們要從那方面去看呢？

行為的善惡，不是憑空抽象評判。我們不能製造出一些善惡的模樣，然後按着模樣去評判，合於善的模樣者為善，合於惡的模樣者為惡。

行為是人生的活動；人生的活動，變化萬千，沒有兩種完全相同的。行為的善惡，不是一種抽象的價值，乃由整個行為和人生觀的關係。因此在評判行為善惡時，要從整個行為去看，然後纔可以知道行為的善惡。

一椿的整個行爲，由許多因素相合而成。在倫理上，對於行爲的物理因素，不加討論，所討論的是構成行爲的善惡因素。卽是倫理因素。一椿行爲的倫理因素，包括整個行爲的四方面因素。第一、是人的自由，第二、是行爲的客體對象，第三、是行爲的目標，第四、是行爲的環境。

（甲） 人的自由

人的自由，在倫理方面，是倫理善惡的基礎，沒有自由，則所謂倫理，自由有多少，行爲的責任也有多少，行爲善惡的多少，以所負的責任爲標準。

（乙） 客體對象

「客體對象」是行爲直接所到的對象，就是直接被行爲所動的事物。例如吃飯，吃飯的客體對象是食物。例如喝酒喝茶，酒和茶是行爲的客體對象。

客體對象，是行爲的倫理因素中的主要因素。這就是說，行爲的善惡，主要的是由客體對象而定。客體對象爲定行爲的善惡，不是物理上的客體對象，乃是客體對象和倫理規律的關係。這種關係，便是行爲的善惡的主要因素。爲什麼這種關係，構成行爲的善惡主要因素呢？因爲客體對象乃是行爲的直接對象，在物理方面是這椿行爲成爲這椿行爲的理由，例如吃米飯，吃麵，吃肉吃魚，同是「吃」的動作，因着所吃的對象，構成椿椿不同的行爲。在倫理方面，這些客體對象，和倫理規律都有各自的關係，卽是說對於人生的最終目的有什麼關係，這種關係受一定規律的支配，支配行爲的客體對象之倫理律，也就支配人的行爲。人的行爲和這種規律的關係，便是行爲的主要善惡。

（丙）　目的

目的，在客觀方面說，是事物的功用，功用而成爲做事的目標，乃稱爲目的。每種事物都有各自的功用，但是做事的，除事物本身的功用外，他可以另外求一種功用。因此行爲目的分爲兩種；一種是「行爲本身的目的」（Finis Operis），一種是「行爲者的目的」（Finis Operantis）。例如『送一瓶酒給朋友』。送酒是爲叫朋友喝酒，這是行爲本身的目的，因爲酒本來是爲喝的。但是送酒的人另有用意，他是想請朋友寫封介紹信，寫介紹信乃是行爲者的目的。行爲者的目的，和行爲本身的目的，兩者可以相異；可是兩者都受倫理規律的支配，因爲人行事的目的，都不能違背人生宗向。（最終目的。）不過行爲本身的目的，旣是事物本身的功用，牠和倫理規律的關係，已經包括在「客體對象」——即是事物——和倫理的關係以內。普通倫理上談目的之善惡，是指行爲者的目的。

行爲者的目的，對於行爲的倫理善惡，也是一種重要因素，但不是主要的因素，因爲行爲是通過客體對象而達目的。客體對象乃是主要因素。

「客體對象」在本身上是惡的事，不能因爲行爲者的目的善而成善。俗語所說『不擇手段』，是壞的，是不對的。然而「客體對象」是善的事，若是行爲者的目的不正，行爲便變爲惡。例如周濟貧女本是善事，若意在誘姦，則成惡事。

（丁）環境

環境是行為的主體或客體所有附加成分，這些成分有時對於行為的倫理，能有影響，因此也變為行為的倫理因素。

主體方面的環境，如行為者的地位，有時能加重行為責任，有時能減輕行為責任，有時還能自成一種善惡，例如官吏非法拿國家的錢，稱為吞款之罪，人民到官廳非法拿錢，則是普通的盜竊。

主體方面做事所用的方法，有時也可以增加行為的善惡，私竊和持鎗行强，兩者罪情不同。

客體對象方面也可以有些環境，足以改變行為的善惡。客體對象是行為直接所達到的事物。事物所處的時間和地方，可以影響行為的善惡，例如在聖堂中喧鬧和在市場裏喧鬧，情形當然不同。

環境對於行為的倫理善惡，只是次要因素。

（二）善惡的標準

倫理善惡，雖由各種因素而成；但是上面的各種因素，都在同一的關係下而成。這種關係，乃是各種因素和倫理規律的關係。倫理規律乃是善惡的標準。

於今我們不討論善惡的標準，究竟是不是倫理法，倫理法是不是永久不變。這些問題留在下章討論。

無論對於這些問題，一個人有什麼看法，但總不能說倫理善惡沒有標準。你可以說善惡標準是這樣，是那樣，但不能說善惡沒有標準。若沒有標準，便沒有善惡，沒有善惡，便無所謂倫理。

於今我們用一個簡表，說明善惡的區分。

- 人生宗向（最終目的）△ ← 倫理規律 ○
  - 行為
  - 環境
  - 目的 — 客體對象
    - 環境 — 自由 — 行為者

- 行為善惡
  - 基礎 — 自由
    - 認識行為目標
    - 能够自主選擇
  - 標準 — 倫理規律
  - 因素
    - 客體對象和倫理規律的關係。
    - 目的和倫理規律的關係。
    - 環境和倫理規律的關係。

（3） 善惡的價值

由上面我們所說行為善惡的構成表，大家可以看出，行為的善惡，不是一種抽象的價值，也不是一種外在的價值。

現代的哲學家反對我們的主張的，以為我們的倫理善惡，是根據一些抽象的形上學原理，製造一些倫理標準，每次爲評判善惡時，把行爲和這些標準一比，就判定了行爲的善惡。

實際上，我們的主張，爲判定一椿行爲的善，要看這椿行爲的整個行爲，要看這椿行爲在做成時的具體情況。我們所看的行爲，是活的行爲，是具體的行爲：第一、先要考慮做事的人在做事時的心理狀態；第二、還要考慮行爲的對象在當時的環境，然後纔能下斷語。

普通，在倫理學上，我們說某種行爲是善，某種行爲是惡，那是爲說明行爲的各種因素和倫理規律的關係。在實際上，爲評判一椿行爲的善惡，要看這各種關係，是不是實現了。

反對我們的主張的學者，又說倫理的價值，是人的行爲的內在價值，是人和人生觀的關係。我們却把倫理的價值完全弄成了外在的善惡價值，因爲倫理的標準設在我們本身以外。

我們不能接受這種批評。第一、我們主張倫理不是價值論，我們從來沒有把善惡套在行爲上，作爲一種外在的價值。我們主張倫理善惡，是人在活動時，趨不趨向人生最終的目的。人生最終目的，對於人的行爲不是外在之物，乃是行爲的當然終點。第二、我們評判行爲的善惡，以自由爲基礎，自由是人的行爲，最內在的構成條件。因着自由，意志在行爲時決定趨向。行爲的倫理善惡，即是意志的趨向。意志的趨向，難道是外在的嗎？意志沒有趨向點，意志不會動。所謂倫理規律，乃是爲引導意志趨向人生最終目的；所以也不能視爲和行爲不相關的外在條件。

因此，在這一章結尾時，我們可以給善惡下一定義：『人的自由行爲合於倫理規律而趨向人生最終目的者爲善。人的自由行爲不合於倫理規律，因而反背人生最終目的者爲惡。』

（註一）謝幼偉，「倫理學大綱。 正中書局，台北民四十一年，第三頁。

（註二）Kant—The critique of pratical Reason.

（註三）Hegel—Grundrien der Philosoyhie des Rechts.

（註四）Wolf—Philosophia pratica universalis.

（註五）Spinoza—Etica ordine geometrico demonstrata.

（註六）Schopendauer—The world as Wills and Jdea.

（註七）Nietzsche—Beyond good and Evil.

（註八）Dewey and Tufts—Ethics.

（註九）Bergson—Les deux sources de la religion et de la Morale.

（註一〇）Croce—Filosofia della pratia.

（註一一）Orestano f. —Prolegomeni alla scienza del bene e del male.

（註一二）Levy—Bruhl—La morale et la science des moeurs.

（註一三）Wundt—Ethik.

（註一四）Scheler—Formalismus in der Ethik und die materiale wertelich.

（註一五）Hartman—Ethik.

（註一六）Meinong—Psychologish—ethiske untersuchungen zur werththeorie.

（註一七）Ehrenfels—System der Werththeorie.

（註一八）Eisler—Studien zur werththeorie.

（註一九）Catherin—Philosphia moralis.

（註二〇）Leclerq—Les grandes Lignes de la philosophie morale.

（註二一）謝幼偉—倫理學大綱第三六頁。

（二二）參看理論哲學心理學。

（二三）F. Roberti—De delictis et poenis Vol II.147—149. Roma. Ied

（二四）Roberti—見前P.43—44

（二五）吳康—康德哲學，（國民基本智識叢書第三輯）第二冊，頁二二八。

（二六）羅光—儒家形上學，第一六二頁。

第六章　倫理規律

（一）倫理規律

（1）對於倫理規律的爭論

在前面的倫理思想史，我們已經簡單地看過歷代思想家對於倫理問題的爭執。於今再就倫理規律問題，看看各家的意見。

倫理規律問題和人生觀問題，緊緊相連。人生觀指出人生的宗向，倫理則以人生宗向爲標準。如人生宗向爲求肉體的享受，於是使人有享受的行爲是善，不能使人有享受的行爲是惡。又如人生宗向在求社會的福利，於是使社會得福利的行爲是善，有害於社會者是惡。按照哲學家的人生觀，就可以知道他們對於倫理規律的意見。

但是在現代的哲學家中，對於倫理規律問題起了新爭論，他們不是爭論何者是倫理規律，乃是反對有一定的倫理規律。這些學者的主張雖很不一致，但是都有一共同的意見。他們的意見，在於否認倫理上，可以有一定的規律。人的行爲，或善或惡，不是按照固定的標準去評判，乃是按照適合時地的標準而評判。所謂規律，都是有固定性的。倫理則應該是活的；因此倫理上不能有規律。

對於這些學者的主張，我們大畧分之爲三派，稍加以說明。

（甲）相對的倫理論

哲學上的相對論，是現代的時髦思想。相對論用之於倫理學方面，相對論則反對固定的道德律。現代哲學家爲什麼緣故反對固定的道德律呢？緣因是在於反對超於現實的形上學。凡是形上的抽象觀念，現代哲學都鄙棄爲虛空幻想，視爲中古的陳舊遺物。另一原因，是現代哲學的認識論，否認人有公共的觀念，否認有不變的眞理。最後還有另一個原因，是因爲科學很發達，大家因而看重具體的經驗，輕視抽象的學理。因着這幾種原因，現代哲學思想，所以多趨於「相對的倫理論」，主張善惡是相對的，不是永久不變的。在一時代是善，在另一時代可以是惡。在一地是善的，在他一地可以是惡。人生不能有絕對的道德律，倫理善惡的標準常是相對的。

（A）倫理爲社會風俗

「相對倫理論」發源於進化論。自達爾文倡進化論以後，斯賓塞主張社會進化論。斯氏相信人類根據物競天擇的原則，優勝劣敗，人類是一代一代更優良。人類在生理方面，旣是代代進化，人類在生活方面，也世世改善。因此人類的倫理，也逐漸進步。在初民的生活裏，因爲生活簡樸，可以找得出一些共同的原則。後來生活越進步，生活便越複雜，人的個性也日漸發達，生活的共同原則逐漸減少，倫理原則漸漸失去共同性而變成個人倫理。

廿世紀的人種學者，有許多都根據這種思想，主張倫理只是各民族的生活習慣。生活習慣造成了風俗，有了風俗，大家便都照着風俗去做。德國翁特研究民族心理學，他便以倫理爲民族心理的表現。法國肋委不呂（Levy-Brnhl）和杜爾根（Durkheim）主張倫理善惡是一民族在一個時期，對於行爲的評價。一個時代的人，爲評價行爲的善惡，常按當時的風俗去評價。風俗是隨時代而變的，善惡的評價也隨時代而變。

這種思想，在中國現代的思想書裏，也常見到。講社會學的人，都沿襲孔德和斯賓塞的主張，以倫理爲風俗。（註一）

胡適之在「新思潮的意義」一篇文章裏曾說：

「據我個人的觀察，新思潮的根本意義，只是一種新態度，這種新態度可叫做「評判的態度」。「評判的態度，簡單說來，只是凡事要重新分別一個好與不好。仔細說來，評判的態度含有幾種特別的要求：

（一）對於習俗相傳下來的制度風俗，要問：「這種制度現在還有存在的價值嗎？」

（二）對於古代遺傳下來的聖賢教訓，要問：「這句話在今日還是不錯嗎？」

（三）對於社會上糊塗公認的行爲與信仰，都要問：「大家公認的就不會錯嗎？人家這樣做，我也該這樣做嗎？難道沒有別樣做法，比這個更好，更有理，更有益的嗎？」

我不敢說胡先生是隨從孔德和斯賓塞的主張，因爲胡先生是杜威的門生，杜威不是唯物實徵論者，而是心理經驗論者。但是骨子裏胡先生是認倫理爲風俗習慣和聖賢的遺敎所造成。在每一個新時代裏，風俗習慣和聖賢的遺訓將隨時代而改，社會制度和生活方式，連人生之道和人生的理想也要隨時代而改。這不是主張倫理隨着社會環境改換嗎？簡單一句說，即是新時代有新的倫理。

（B）倫理爲人生的理想

主張倫理爲社會風俗的學者，大概都是社會學者，眞正的哲學家，對於倫理的觀察，則更深一層。哲學家觀察人生，認爲人生需有一種理想。這種理想構成人的人生觀。人生的活動，是因着自己的理想而動。有理想的活動，纔是倫理的活動。人生的理想，隨時代而異，也隨學派而異，因此人生的倫理便也隨人生理想而異。

「享樂派」的人生理想在於享樂，他們的倫理便是享樂的倫理。楊朱的人生理想在於自私，他的倫理便是自私的倫理。墨子的人生理想在於利他，他的倫理便是利他的倫理。英國邊沁（Benthan1748—1832）的人生理想在於功利，他的倫理便是功利論。詹姆斯的人生理想在於實用的功效，他的倫理便是實用論。馬克斯的人生理想是階級鬥爭的工農專政，他的倫理便是共產的倫理。杜威的人生理想，在於「經驗即是生活，生活即是應付環境。」（註二）他的倫理是應付環境的倫理。

在中國的思想界，杜威的學說頗受人重視，我就拿杜威的主張，來解釋倫理隨着人生理想而變。「在杜威看來，今天而要求道德上唯一最高的源泉，這不但沒有必要，而且把一切道德看作具有同一道德情況，其本身就是妄誕的。他說：「一種道德情況，就是當着在明白的行動之前需要判斷與選擇的情況。此一情況的實際意義——那就是說需要一種動作去滿足他——原來是不明白的，必須加以尋求。其間有互相衝突的欲望，與顯不相同的「善」。我們所需要的是在於找尋正當的行動，正當的「善」。……杜威以爲在倫理上要去找尋所謂最高目的，必然又回到二千年前的老糾紛。然而在現代社會中不必承認有所謂最高目的，而是關於各種的「善」。…… 當這些「善」發生爭執的時候，什麼或由誰而作判斷？……他說：「道德不是事物彙編，亦非規則集成，更不是藥劑單方或烹飪菜譜，可以隨時配合的。道德是爲着研究籌劃某種需要的特殊方法。……」（註三）

（乙）　倫理價值論

「價值」的名字，原來是經濟學上的名詞，目前的哲學家把這個名詞引用到許多方面。在倫理學上，「價值」幾乎和「善」或「福利」相等。哲學家以價值代表善，理由在那一點呢？理由在於他們對於價值和善所給與的意義。價值在最簡單的一點來說，是代表一樁事物，所以能有相當的評價而令人貪求之點。即是說爲什麼這樁事物使人起貪求之心，而對於牠與以看重呢？由這一點再進一步，價值又代表一樁事物所引起的評價，所引起的重視。實際上，這兩種意義是同一物的兩面：前一意義是「價值」的客觀意義，後一意義是「價值」的主觀意義。

每樁事物的價值，按其價值的成因可以有多種的價值，如經濟價值，學術價值，道德價值，藝術價值，宗教價值等。

凡是事物的每種價值，都是根據現實的現象去評價，不能是抽象的玄談。因此價值論的哲學家大都是傾向「現象主義」。倫理價值不能逃出這項原則。

倫理的價值，按照倫理價值論的大師赦肋爾（M. Scheler）的主張，是屬於感情的範圍。倫理價值的主體是一項行爲。倫理價值便是感情對於一項行爲的評價。因此，倫理價值不能是按照一些已定的原則，由理智去評判一項行爲所定的是非。倫理價值沒有預定模型，沒有預定的規律，倫理價值是每個人對於每一樁事，在當地當時在精神方面所有的感觸。倫理價值是人對於一種現象，在精神上所有的經驗。經驗不能是抽象的，不能是客觀的，乃是主觀方面一時的體驗，所以是活的，是具體的。倫理價值便不是預定的，乃是人在行事時所造的。

倫理價值論的學者於是把倫理學作爲倫理現象的研究學。他們細心分析種種的倫理現象，何者是倫理事實的特性，何者是心理方而的要求。倫理學者從這種研究中，可以歸納出一些普遍的條件。這些條件不是倫理規律，只是倫理現象的幾點共同性。

因着倫理現象的共同性，倫理事實所以能有相同的價值。倫理事實的價值，是這種事實和作者在當時的精神要求，中間所有的關係。爲解釋這種關係，學者有的主張有客觀的價值，有的主張只有主觀的價值。（註四）

「價值問題又稱人生理想問題。故亦稱人生觀的問題。言其爲價值，乃指其對人之關係；言其爲人生理想，乃指其爲人所努力實現之目標。……我們的價値觀就是我們的人生觀。我們的人生，待理想而爲之推動，價値亦倚理想而有實現之可能。……但我們如何去研究此理想呢？須知人生理想論或價値論上所謂之理想，並非存在於個人主觀上之幻想，乃指有客觀性之理想，卽一民族或全人類藉以爲生命活動之目標的理想。」（註五）

（丙） 境遇道德論（Situational Ethics）

「境遇道德論」是最近倫理學上的一種趨勢，現在還沒有正式成爲一種學派。帶有這種趨勢的學者，彼此的主張多不相同。所以很難看出這種趨勢的中心思想。但是這些學者的主張，在不相同之中，有幾點大家都相同，這些相同之點，大約可以作爲這種趨勢的特點。

第一、境遇道德論反對一切的系統倫理思想。倫理爲人在現實的境遇裏，對於自我的評價。這種評價，不能由預定的系統原則去決定。第二、境遇道德論是由「存在論」的哲學思想轉變來的，主張道德是人的具體存在在某一時刻的表現，這項表現完全看當時的境遇而定。倫理道德是沒有標準的。

爲解釋「境遇道德論」我們可以提出兩位學者的思想作代表。（註六）

（A） 克里色巴克（E. Grisebach）

克里色巴克主張人的存在，爲一繼續流動的現實。每一刻的現實人生，都不相同，以往的一刻，和目前的一刻，是兩個不同的現實。因而一切的抽象形上原則，都抓不着實際的人生，更不能作爲現實人生的規律。人生的規律，乃是人在每一刻的生活裏，爲表現自己的存在，所造的方式。這種方式，絕對不能有預定的模型。因此，有許多國家沒有民法法典，或者在民法上承認法官在執行法律條文時，有爲適應環境的伸縮權。這一點也表示立法者看到人生的活動，很難按照一定的模型去評判。

人爲實現眞正的倫理，要擺脫一切遺傳的道德觀念。好像老子所說：無德而後有德。以往的道德觀念，都是系統的道德觀念。眞正的道德，乃是人在此時此地所有的經驗。今天旣不是昨天，明天又不是今天，在這種繼續不定的經驗中，人乃體驗出人生的痛苦，因而對於他人有同情之愛。（註七）

（B） 米赦爾(E. Michel)

克里色巴克的境遇倫理學，目的在摧毀抽象的道德原則，使人回到「變動不居」的現實。米赦爾的境遇倫理學，在打破一切的道德規律，而以自我的精神之愛爲規律。克氏的主張，屬於哲學。米氏的主張則屬於神學。

凡是法律，都是因爲假定人生而有慾，有慾必爭。因爲怕人相爭，纔定下法律。人守法律，也都懷着畏懼之心，畏懼立法者的刑罰。眞正愛慕造物主天主之人，不能存着這種畏懼之心，旣然愛，便不該怕。造物主和人，有父子之情，父親不向兒子立法律，兒子對於父親，不能只守規定的禮法。父子之間，以愛爲主。人若眞心愛天主，人便不敢得罪天主。憑着這一點敬愛之情，在一切的行動上，人都知道應該怎樣行動。米赦爾說這種思想，是聖葆樂宗徒的思想。聖葆樂曾說法律爲奴隸而設，家主的兒子則享有自由，稱爲自由之人。因此倫理規律是不道德時而求道德，不是眞正的道德。眞正的道德，是人憑着愛天主之情，隨時隨地，自加約束。（註八）

在目前普通一班人的心理中，都似乎有一種感觸，他們都感觸到所謂倫理規律，是外面加上的桎梏，防害人自由發展精神生活，尤其現在對於「自我」，對於「個性」，視爲神聖尊嚴之物，極力予以發展，因此哲學上便有境遇道德論的新趨勢，造成「自我」道德，造成「個性」倫理。

(2) 倫理規律的必要

(甲) 中國儒家的主張

「至於中國哲人，則除了楊朱一派極端之厭世和懷疑外，幾乎全體哲學家無一不認此絕對標準爲自明的。陸象山所謂「東海有聖人出，此心同，此理同；西海有聖人出，此心同，此理同。」中國哲學史上幾乎無一人反對此點。因爲中國哲學家不從抽象而自具體方面出發，故事實上所有的中國哲學家就都許它有必然存在之理由。我們在事實上既然能共感一是非善惡之事，則任何人想用理智方法說明價值標準是相對的，都不能使中國人相信。因爲事實具在，無容反對。」（註九）

中國人相信有一絕對的道德標準，不是爲定倫理價值，是爲定倫理規律。中庸第一章說：「天命之謂性，率性之謂道，修道之謂教。道也者，不可須臾離也。」

孔子說：「君子去仁，惡乎成名，君子無終食之間違仁，造次必於是，顚沛必於是。」（里仁）

孟子說：「仁，人心也；義，人路也。」（告子上）

中庸所講的「道」，孔子所講的「仁」，孟子所講的仁義，都是指的爲人之道，都是人生活動的規律。人在須臾之間，也不能離開「道」；人在終食之間，也不能違「仁」；因爲仁義之道，乃是人生的道路。人生的道路，就是人生的規律。

（乙）倫理道德應該是規律

「齊景公問政於孔子，孔子對曰：君君臣臣，父父子子。公曰：善哉！信如君不君，臣不臣，父不父，子不子，雖有粟，吾得而食諸。」（論語顏淵）近來學者以爲這段話，証明孔子主張正名，建立孔子的名教。實際上孔子所重的不在名詞的意義，孔子所重的在於名詞所給予人生的規律，假使在人生的各種關係上，沒有一定的規律，則社會必亂，「雖有粟，吾得而食諸！」

（A）倫理道德有作人生規律的任務

近代的學者主張發展每個人的個性。在美術上，美術家爲表現自我的個性，決不能抄襲人家的作品。同樣，在倫理方面，每一個人在行動時，也不能拘守一定的成規；不然，人的行爲，千篇一律，都是呆板的印刷品。人在自己的行爲上，應該自作規矩。

這種思想的錯誤，顯而易見。假使兩夫妻教導一個兒子，丈夫向兒子說：『今年該用功讀書。』妻子却向兒子說：『不必讀書，讀不讀都在你自已作主。』丈夫又向兒子說：『外祖母叫喚，不必答覆。』妻子向兒子說：『外祖母叫喚，你應該好好答應。』兒子則根本不注意父親和母親的話，他自行其是。那麼，這種家庭的人，是不是可以和睦相處呢？兒子是不是會有教育呢？

同樣，在一個社會裏，一個人以爲應該守信，另一個人以爲應該不守信。一個人以爲不可以偷竊，另一個人以爲可以偷竊。一個男人以爲夫婦應該有貞操，他的女人則實行男女性交的絕對自由。那麼，在這樣的社會裏，是不是可以有高尙的文明呢？

因此，無論怎樣主張個人倫理的人，也不能否認社會生活應有相當的規律。

社會的規律，不僅僅是國家的法律，也不僅僅是風俗習慣。因爲在我們每個人獨居的時候，我們要做一事，或是在心中動一個欲念，我們自已內心裏馬上知道這件事或這個欲念是對不對。中庸所以說：『是故君子戒愼乎其所不睹，恐懼乎其所不聞，莫見乎隱，莫顯乎微，故君子愼其獨也。』（第一章）

國家法律所可統制的行爲，是外面和社會有關的行爲；風俗習慣所可統制的行爲，是社會間通行的行爲。在這些行爲以外，每個人還有其餘的許多行爲。在這些行爲上，每個人是不是可以任意行動呢？中庸說：『道也者，不可須臾離也。』孔子說：『君子無終食之間違仁。』則是說，人生的每樁行爲，都該合於「道」，合於「仁」、「道」和「仁」便是人生的規律。

（B）　倫理爲人達到人生最終目的之道

無論那位學者怎樣反對倫理規律，他總是承認人生必定應該有一種理想。沒有理想的人生，是無意義的人生，也不能有高尙的精神生活。

人生的理想，卽是人生的宗向。每個人對於自已的一生，可以有一個理想，也可以有兩個或三個理想。但是人生之所以爲人生，人生本身上必有一個宗向。當然人都有死，死是人生的最後歸宿。就是因爲人都有死，人的欲望又不能因着死而得滿足，人纔有一個超越「死」的理想，要求一種死不能滅的幸福。我們曾經說明，人生最終的目的，在於求得永久無限的幸福，卽是天人相合，人能欣享天主的眞美善。

人既具有這種高尙的理想，人既決定以這種理想爲人生的最終目的，人的行爲便不能不奔赴這個最終目的。人的行爲既然應該奔赴最終目的，便不能不有奔赴最終目的之道。人生奔赴最終目的之道，卽是倫理規律。倫理規律所以是人生規律。

（3） 倫理規律的意義

反對倫理規律的學者，大都因爲對於「規律」兩字的意義有所誤會，因此起來反對倫理規律。他們以爲倫理規律是呆版的法規，好似民法的條文。引用法規時，是把人的行爲，引進法規以內，看是不是合符這些法規。因此，倫理規律，是行爲的形式，是行爲的範圍，是行爲的制梏。他們乃起而反對。假使倫理規律若眞眞是這樣的呆板模型，我們也要加以反對。但是倫理規律的意義，並不是這樣。

（甲） 倫理規律是使人的行爲成爲人的行爲

孟子曾說：「人之所以異於禽獸者幾希！庶民去之，君子存之。」（離婁下）。人在自己的行爲上，若要眞眞表示自己是人，人的行爲便該趨向人生的最終目的。做人而不知道趨向人生的目的，則不算是做人。倫理規律既然是趨向人生最終目的之道，便是使人的行爲眞正成爲人的行爲。使人的行爲成爲人的行爲，那不是給人的行爲加外在的形式，或加外面的制梏，乃是給人的行爲，予以眞正的內在意義。

合符倫理規律的行爲，是人的行爲；不合符倫理規律的行爲，不是人的行爲。

（乙）倫理規律不是呆板的條文

普通反對倫理規律的人，都以倫理爲呆板的條文。究其實倫理規律並不是呆板條文。

倫理和法律所不同之點，就在於法律是固定的條文，倫理是活動的原則。法律的條文，不是條文遷就實際，是實際遷就條文。倫理的規律，是原則就合實際而成規律，不是實際就合原則而成規模。

例如：法律上說結婚該有法定的儀式，這是法律的條文。於是一切的婚姻在結婚時，不管實際情形如何，都該遷就這種條文。倫理上說夫婦該有貞操，不能有外遇，這是一種原則。這種原則爲能成爲行爲的規律，是要爲夫的或爲妻的，在遇着與這原則有關的行爲時，自己按照自己的良心去把這種原則作成適合的規律。這時的規律，是種具體的而又切實的規律。這時的規律，只適用於這時的行爲，不適用於他時的行爲。貞操的原則常在，貞操原則爲成具體行爲的規律，要看良心在當時對這行爲所有評判而定。即使本是違犯貞操的行爲，假使良心在當時認爲不違犯貞操，則不違犯貞操。又如在中國的妻妾制度倘是合法的制度時，一個男子娶妻後再娶妾，他絕對自信不違犯夫妻間的貞操原則。

因此可見，倫理規律由良知而又在良知內實現，良知的評判是活的，是具體的，是此時，此地，此種行爲的規律。

（丙）倫理規律包含有原則，包含有禮法，最後則是良心的評判

每一個人在做一椿行爲時：所謂行爲，包括內面和外面的自由行爲，連思念也包括在內。每一個人在做一椿行爲時，他不能盲目地糊亂去做，他應該做得眞像一個人做事。一個人的行爲則應該直接地或間接地趨向人生最終的目的，都合符倫理規律。

倫理規律的最高標準，是人生的最終目的。人生來是爲這個目的，因此人的人性就生來帶有趨向人生最終目的之趨向，同時也帶有趨向人生最終目的之道，這就是所謂『率性之謂道』，卽是人心的天理。人性天理於是便是倫理規律的最高原則。

人性天理是人生之大道，大道只有大的原則，沒有細綱節目，於是人間的聖賢和社會的統治者，依照天理原則，製定適合時地的禮法。禮法旣是『天理之節文』（朱子，論語集註 顏淵），便成爲倫理規律的條文。

禮法的條文，不能概括人生的各方面，而且條文的應用，仍有待於良心，良心是每個人在行爲時最近的規律。良心上帶有天理，加以禮法之知識，就行爲的時地境遇，予以評判。

若是有人說：倫理的原則爲人性天理，人性天理乃是抽象的形上空談，既不是實，又不切於事。爲答覆這些人的設難，我們不必詳細去講人性天理，——在後面我們要詳細講，——也不必去講形上觀念的性質，我們只借用孟子的話就足够了。孟子說：『惻隱之心，人皆有之；羞惡之心，人皆有之；恭敬之心，人皆有之；是非之心，人皆有之。惻隱之心，仁也；羞惡之心，義也；恭敬之心，禮也；是非之心，智也。仁義禮智，非由外鑠也，我固有之也，弗思耳矣。』（告子上）倫理的原則是切切實實地在人心以內，而且每個人都知道在自己心內有這些原則，倫理原則不是『外鑠』的，也不是空想。

若又有人說：禮法是人造的條文，這些條文製成呆板的模型，人們千古一律地照着做。倫理規律豈不是遺傳的形式嗎？

禮法的意義，在後面我們要詳細說明。禮法之所以能成爲倫理的條文，在於實現倫理的原則。倫理的原則既是人心所有的，禮法的條文就不能說完全和人心無關，完全是「外鑠」的。若說禮法已不合時宜，則在倫理的原則下，可以另製新的禮法，

於今我們可以簡單地說明倫理規律的意義如下：

『倫理規律是人在行爲時，良心所說的是非。』良知按照天理，按照禮法，按照行爲時的環境，對人要做的行爲，下一評判。良心的評判常是「是」或「非」，這個「是非」乃是人的行爲是否趨向人生最終目的。良心的「是非」，就是人在行爲時的規律。

倫理學者談論倫理規律，因此把倫理規律分成四層：倫理規律的最高一層是人生最終日的。第三層是

人性天理、或稱性律。第二層是禮法，即是倫理法。第一層是良心。在這一切之上，有造物主的神智，因為人生最終目的和人性天理，乃是造物者所設。

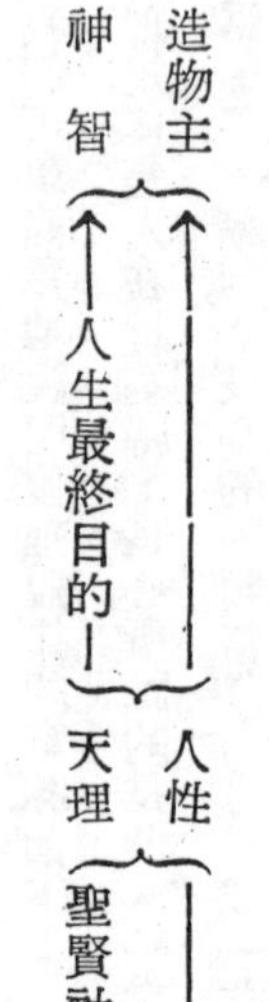

(4) 倫理規律的絕對性

於今倫理學上的最大爭執，不是倫理是否應該有規律，而是倫理規律是否有變。除少數的學者外，大家都承認倫理道德必定應該有規律以作標準。但是近代學者中，許多人都主張倫理規律不能是絕對的，只能是相對的，主張倫理規律隨時隨地而異。

例如鄧公玄在他著的「人性論」書中說：「我們把兩性間道德觀念演進的情況畧加檢閱之後，到底可以得到什麼觀念呢？第一、兩性的道德不是一成不變的鐵則，從前認為可恕或道德的行為，俟後則變為不可恕的罪惡。第二、兩性間的道德，隨社會與經濟情況的變遷而變遷，而婚姻的結合最初並不以愛情為條件。第三、羞恥的觀念，是因禁忌或風俗而造成，而且也與道德直接沒有關係。第四、兩性間的善惡標準，雖是因需要或習慣而形成，但都是維持社會秩序的工具。凡是能够維持至今者，必然是進化的結果。」（註十）

這種結論不是鄧氏的創見，西洋學者早已說過。於今我們不討論鄧氏的結論何者爲是，何者爲非。我們引這一段文章，爲代表反對倫理規律的絕對性之一種意見。

中國近年來的革新運動，主張推翻中國遺傳的倫理道德，口口聲聲喊着儒家禮法爲幾千年前的古物，不適於現今的時代。

又如張君勱講人生觀，以人生觀完全是主觀的，完全是屬人格之單一性，張氏的結論是：『思潮之變遷，卽人生觀之變遷也。中國今日正其時矣。嘗有人來詢曰，何者爲正當之人生觀。諸君聞我以上所講五點，則知此問題，乃亦不能答覆之問題焉。蓋人生觀，既無客觀標準，故惟有返求之於己，而決不能以他人之現成人生觀，作爲我之人生觀者也。』（註一一）

張氏這種講法，無怪乎丁文江當時罵他是玄學鬼；因爲他所講的玄學或精神，不是眞正的玄學和精神，乃是無賴的玄學鬼。

於今我們正式提出這個問題：『倫理的規律，是不是絕對的呢？』

（甲）　人生的最終目的只能有一個

張君勱說人生觀沒有客觀的標準，我則說沒有客觀的標準就沒有人生觀。人生觀不是每個人所任意造成的；每個人所任意造的人生觀，那不是「人生觀」，那是『我生觀』，那是「各言其志」。

普通常說人生觀是人生的理想，每個人對自己一生有各自的理想，每個人的人生觀也就各不相同。

人生觀若眞正要是人生觀，卽是說是人生活之道，第一便該知道人的生命由何而來，往何而去。你不要笑這是迷信，你也不要說進化論已經解決了這一些問題。因爲假使如此，人生是沒有宗向的，是沒有最終目的；那麼你的一生，便沒有目的，便勉强糊亂過了一生，便談不上人生觀。你若說，世上有許多高尙的理想，可以作人生的宗向，例如事業，學術，愛國，救人，在歷史造成了多少偉人。但是我要問你：人生觀是一切人的人生觀，也是每一個人的理想，你所說的種種高尙理想，那一種可以作爲一切的人的理想呢？那些理想只能作爲少數人的人生理想，不能成爲一班的人的人生觀。

一切的人既都是人，便都應該有自己一生的目的。人之所同的是人性，凡是人都因着人性而度人的生活，人生的目的，必定是人性的傾向。人性的傾向，在於追求無限的福利。追求無限的福利，便是人生的最終目的。

這個目的，是一切的人，並每個人所共同有的。這個共同的目的，是絕對的，是每個人所有的。人可以不知道無限的福利何在？人也可以不知道無限福利是何物？但是沒有一個人不知道自己有求福利的要求。人可以把所求的福利懂錯了，把非福利視爲福利；但是他心裏所求的，則是福利。

若說福利因爲是人人所求的，人人對於福利的觀念都不相同，福利便是主觀的心理狀態，無所謂客觀的福利。

但是孟子說：『口之於味也，有同嗜焉；耳之於聲也，有同聽焉；目之於色也，有同美焉；至於心，獨無所同然乎。心之所同然者何也？謂理也義也。』（告子上）。

人人既生來追求無限的福利，則不能沒有客觀的無限福利。患在人不認識罷了！

（乙） 人性天理是絕對的

天理是性律，性律的意義，在下一節我們要詳細討論。在這裏我們所要說的，是天理的絕對性。

（A） 人之所以爲人，在於有人性。千古萬代之人都是人，千古萬代人的人性都是一樣

天理或性律，是人之所以爲人之大原則，人之所以爲人是按着人的人性，天理或性律所以是人性的根基。人性既是千古萬代都不變，天理或性律則也是千古萬代都不變。天理或性律，乃是絕對的原則。

（B） 實際的經驗，証明天理不變

孟子說：『孩提之童，無不知愛其親也。及其長也，無不知敬其兄也。親親，仁也；敬長，義也。』（盡心上）又說：『今人乍見孺子將入於井，皆有怵惕惻隱之心，非所以內交於孺子之父母也，非所以要譽於鄉黨朋友也，非惡其聲而然也。由是觀之，無惻隱之心，非人也。』（公孫丑上）

親親，敬上，救急，這都是天理原則，都是人性的性律。千古萬代的人都知道這些原則。這些原則，無論在何時何地都不能改。凡是誰不這樣做，自已就知道有虧於心。

（C） 人種學和民族學也証明天理不變

千古萬代的各種的民族，或是野蠻人或是文明人，最少都知道應該行善，不該作惡。對於善惡的觀念，可以不同，但是『行善避惡』的原則，是千古一律的。這項原則是天理。天理所以不變。

兒子孝親，父母愛兒子：無論在那種民族裏，這種倫理原則是不變的。孝親之道，可以不同；愛子之道可以不同。但是凡是兒子必定知道有孝親的責任；凡是父母，必定知道有愛兒女的責任。就是禽獸，都多有這種天然之愛。人有這種天然之愛，而又有理智足以懂得這種天然之愛的責任。這種天然之愛即是天理，千古萬代也不改變。

我們罵共產黨滅絕人倫，違背人性；就是罵他們毀棄天理，使人成禽獸。

（D） 人生之道要求絕對的倫理原則

（a）沒有絕對的倫理原則，便沒有倫理道德。　倫理的善惡假使完全沒有不變的原則，根本上便不能有善有惡。於今提倡相對道德論的學者說，昨日是善者，今日能是惡；此地是善者，他地能爲惡。但是在這種光景以內，至少承認應該行善，應該避惡。假使連「行善避惡」的原則可以變爲「行惡避善」或是「無善無惡」，那豈不是連「善」、「惡」的觀念都不能有了，還談什麼是善，什麼是惡呢？

主張倫理道德隨時代變遷的學者，以爲倫理道德隨着社會制度而變，社會制度隨着生活方式而變，生活方式隨着生產方式而變。但是所謂生產方式不是天生的，也不是自然淘汰而成的，乃是人所造的。人爲發明一種新的生活方式是用自已的理智；因此歸根結底，社會的一切都以人的理智爲主腦。這就証明人是理智動物。理智動物的生活，必定應該表示是理智動物的生活，而不表示是禽獸的生活。理智動物的生活，在於知道自已爲什麼要生活，也在於知道自已應該當怎樣生活。理智動物所有生活的意義，所有生活之道，一定和『理智動物』相關，因爲既是理智動物，所以便該有「如此」的生活。這就是說按着人性去生活，也卽是『天命之謂性，率性之爲道。』若是說無所謂人性的生活原則，那就也沒有人生之道，那就沒有倫理道德了。

（b）沒有絕對的天理，社會上便不能有秩序。你若是說：人生之道，是人所造的。古代聖賢造下了一些倫理原則，於今的人也可以自由製造人生原則。只要社會上的人承認這些人造的原則，社會上便有倫理，便有秩序。

但是事情並不是這樣簡單！假使人人都隨便可以製造倫理原則，大家對於同一的事件，就可以有多種的倫理原則了，社會上怎樣不亂呢？例如夫婦節操問題，丈夫認爲男女都不能有外遇，妻子則以爲性交絕對自由。這一對夫婦是不是能够安居呢？又如你以爲有保障名譽之權，另一個人則認爲可以任意批評漫罵。你和這個人是不是可以安居呢？

近代中國社會爲什麼這樣紛亂呢？不是大家沒有一定的善惡標準嗎？你以爲惡的，他却不以爲惡。做官的本該淸廉，有些人却以爲可以貪汚。不用說中國大陸在共黨壓迫下，人心紛亂，沒有道德標準；就是在自由的台灣，大家也感覺到社會道德，有日趨墮落的危險，原因也就是沒有一定的道德標準。

不單是在自由的台灣，一班人的道德觀念，不大淸楚。目前全世界各國都有這種現象，大家對於「利」字看得很清楚，對於善惡反而很迷糊。原因也是各國思想界都盛行相對的倫理論。

於今國際上形成兩大集團，彼此不能融洽，豈不是因爲共產集團改變了一切道德觀念。民主自由的集團，沒有辦法和共產集團開談判嗎？就是談判後簽訂條約，民主自由集團又怕共產集團不遵守條約；因爲共產黨對於條約的信用，另外有種觀念。

因此，若是沒有一定的絕對道德原則，社會生活便不能安定，人類也不能有幸福。

你或者要說：每一個國家，每一民族，而且在交通發達時，全世界的人類，都應該在同一時期以內，有同一的倫理原則。這種原則藉着社會思想和習慣經過長久的時期而養成。在上一時期的倫理原則已經動搖，下一時期的新倫理原則尙未養成時，社會人心不免遑着紛亂的狀態。

但是我有幾點請你答覆。社會倫理原則由社會思想習慣而養成；我要問：這些原則是按照道理而定的，還是由於環境的影響，大家盲目而養成呢？若是倫理原則是盲目而養成的，不能是倫理原則，因爲人根本就不應該盲目而生活。若是按照道理而定的，請問按照什麼道理而定？眞理也該有絕對的眞理；不然，這個人按照自已的道理決定倫理的原則，另一個人也有他自已倫理原則的道理。這一國按照自已的道理決定倫理原則，別一國也可以按照自已的道理又製定不同的倫理原則。姑且不說眞假問題沒有辦法可以解決；就是國際社會安居的問題，也不能解決了。

假使沒有一個絕對的倫理原則，共產黨很可以說共產主義是眞理，是道德；你沒有辦法可以去駁他。因爲大家既然都沒有絕對的眞理和絕對的倫理原則，那就只有莊子的「齊物論」了，大家都無所謂是非。社會上到了無所謂是非的地步，請問社會生活還可能嗎？

中國古人說道德倫理爲古來聖賢所造；然而古來聖賢爲造道德倫理，是按天理人性而定。爲使一個國家的人民，能够安居樂業；爲使國際社會，各國相安，務必要有相同的倫理原則。爲能有相同的倫理原則，除人性天理以外，不能有別的基礎；因爲人所同的，就是人性，捨人性而不求，人類中絕對不能有另一相同點。若是說人心相同，俗語說：「人心不同如其面焉」。人心若有相同之點，則是因爲人性相同。

因此，倫理必定要有絕對不變的原則。這種原則卽是人性天理。

（丙） 社會禮法和社會製度可變

我們主張倫理原則不變，並不是說凡是一切關於倫理道德的觀念都不變。關於倫理道德，何者不變，何者可變，我們應該加以分析，於今許多學者主張倫理道德隨着時代而變，我們反對這種主張；但是我們所反對的，是這種主張的原則：「倫理道德隨着時代而變」。若是把這種原則加以分析：「倫理道德中有些部份隨着時代而變」這就對了，我們也主張這一點。

（A） 禮法若是直接代表天理，當然不變

禮法兩個字，在我們儒家的思想裏，各有各的意義。禮記說：「禮者，因人之情，而爲之節文，以爲民坊者也。」（禮記坊記）「法，刑也。模者，法也。」（說文）。我們於今把禮法兩字合成一個名詞，代表社會裏的倫理規則。

一個社會裏的倫理規則，所包括的規則一定很多。這些規則的性質也不完全相同，在這些禮法中，有的是直接代表人性天理的，例如孝養父母，敬禮長上，不許殺人。這些倫理規則，是直接表現人性天理。這些倫理規則，絕對不能變。因爲人性天理既然不變；人性天理的直接規則，當然也不能變。

（B）由天理演繹而成的禮法是可以變的

中國古來聖人製禮，都要仰觀天地之象，俯察人民之情。這是表示中國的禮法，由人性天理演繹而成。但是由人性天理演繹而成的禮法，雖和天理有關；但是這種關係可以更遠。例如中國的孝道。「孝愛父母」是人性天理，但是怎樣孝愛父母呢？則由人去規定。中國古人規定了孝道。孝道所不能少的，是應該表示孝愛父母；孝愛程度的深淺，則可以隨着環境而不同。因此中國古人的孝道，有不合於目前的時代環境的，當然可以改變。但決不能改到而不是孝。又如忠君愛國，如今中國沒有皇帝了；不能說就取消「忠」。如今的忠，是忠於國家政府。又如婚姻。夫婦的貞操，是天理原則，決不能變；但是夫唱婦隨和婦女殉節之道，是可以改變的，然而也決不能改到夫不成夫，婦不成婦。

（C）社會制度是可以變的

社會制度是一個社會根據自己的禮法觀念，所規定適合環境的生活方式。這些制度當然隨着時代而變，我們決不能以古代的社會制度，適用於今日。當一種制度不合時宜時，便該及時予以修改。修改之道，第一、是不能違背人性天理。因爲違背人性天理的制度，則不能作人生的制度。我們所以罵共產制度不合人性。第二、適合時宜。別一國家有一優良制度，不一定馬上可以在自己國內予以仿效，要看自己國內的環境若何。近幾十年中國社會的不安，主要原因就是亂立不適合國情的制度。

（二） 天理——性律

上面我們多次提到天理，而且以天理爲倫理的基礎，於今我們來看一看天理究竟是什麼？

（1） 人性有天理

我們講天理，第一個問題，當然「是有不有天理？」證明有天理，然後便有第二個問題：「天理的意義和效用。」第三個問題便是「怎樣認識天理」。

天理存在否？這個問題不單是在倫理學上，大有爭執；在法學上，也是個很爭論的問題。中國的倫理思想，一向承認有天理。歐洲的倫理學和法學，在古代和中古，也都承認有天理，到了近代，有許多倫理學家和法學家却否認有天理。

在倫理學上，凡是反對倫理有不變的原則的學者，換句話說凡是主張倫理隨時代或隨着每個人的理想而變的學者，都反對有天理。因為若承認有天理，便不能不承認有不變的倫理原則。因此這班學者，根本就不討論「天理」問題。我們於今看一看法學家怎樣反對天理。

（甲） 不承認有天理的法學家

反對天理或性律的法學家，大家都稱為實徵法學派。這派法學家如何布斯（Hobbes），紀而克曼（Kirchman）主張法律由國家所造。因此所謂合法不合法，正義不正義，完全由國家而定。合法就是義，不合法就是不義。合法或不合法，則看國家制定的法律去決定。這些學者的主張，很相像中國古代的法學家。商鞅會說：「故明主慎法制，言不中法者，不聽也；行不中法者，不高也；事不中法者，不為也。言中法，則辯之；行中法，則高之；事中法，則為之。」（商君書 君臣）凡是言語行事，都取決於法；法則造於人君。「夫生法者，君也。守法者，臣也；法於法者，民也。」（管子任法篇）

但是中國法學家和實徵法學派在根本上有不同之點；中國法學家主張在人君以上有「理」，人君該按「理」而製法。人君該按照的「理」，即是天理。管子說：「根天地之氣，寒暑之利，水土之性，人民鳥獸草木之生物，皆均有為而未嘗變也，謂之則。不明於則，而欲出號令，猶立朝夕於運均之上，擔竿而又定其末。」（管子法法篇）

實徵法學派則主張國家立法，沒有較比國家更高的天理，國家為立法所按照的理由，就在於適合時宜。「適合時宜」為法律的最高標準。這派法學者的思想，和現代實徵哲學的思想，是相連貫的。真理的標準，既是經驗，善惡的標準，在於利害；法律的標準當然是合乎時宜了。

在實徵法學派之中，有一派取名「歷史法學派」。這一派的法學者如撒威尼（K.V. Savigny），史打爾（F.Stahl），布西大（Puchta）等。這派法學家主張法律的標準，沒有絕對不變的標準，每一時代有一時代的法律。每一時代的法律標準，在於法律的條文和立法的動機，能夠相合。因此研究法學，只能由歷史方面去研究，不能由法理方而去研究。

但是最近的法學家，已經又有許多回到天理性律上，以天理為法律基礎。如中國法學家吳經熊氏，意大利法學家德握基阿（G. Del Vecchio）（註一二）。

（乙） 宇宙既有自然律，人便有性律

在宇宙論裏我已經說過：宇宙萬物有自然律，自然律表現於各種物體的物性，物性又表現於各種物體的天然傾向。宇宙的自然律，由造物主所定。

人是萬物之一，而且是萬物中最靈秀的；人的人性，便不能不有性律。中庸說：「天命之謂性，率性之謂道，修道之謂教。」明明說人性來自天，人性上有人生之道。宋明理學家對於致知格物的問題，雖然有爭論，對於人性上有天理，則大家的意見都相同。程門弟子謝良佐說：「所謂格物窮理，須是認得天理始得。所謂天理者，自然底道理，無毫髮杜撰。今人乍見孺子將入於井，皆有怵惕惻隱之心。方乍見時，其心怵惕，即所謂天理也。」（上蔡語錄）

聖多瑪斯說人性上有天理，因爲人在推論時應該有天然的最高定律：如矛盾律，相等律，因果律等，作爲思維動作的基礎；同樣人在倫理方面，也該有些最高定律，以作倫理的基礎。凡是思維動作的最高定律，和倫理的最高定律，理智都能自然而知。因此都是天然的原則。

聖多瑪斯又說：宇宙萬物的活動，都是隨着本性的傾向而動，惟獨人用自已的理智和意志，人自已可以作主。但是人的理智，並不因爲自已能規定自已生活之道，就是人生的最高標準。我們說合理不合理，不是說合於人的理智與否，乃是合於理智所有的天生原則。卽是人性的天理。（註一三）

中國儒家不是也常說人心有天理嗎？合理不合理，是對於人心之天理，相合不相合。

因此人心有天理。天理卽是人性的性律。

（丙） 沒有天理，法律也沒有基礎

上面我們引了管子的一段話，於今我們再把這一段話加以解釋，就可以証明沒有天理，人間法律就失去基礎。

管子說：「根天地之氣，寒暑之利，人民鳥獸草木之生物，皆均有焉而未嘗變也，謂之則。不明於則，而欲出號令，猶立朝夕於運均之上，擔竿而又定其末。」（管子法法篇）

我曾在中國哲學大綱一書裏，稍爲解釋管子這一段話：「均，是做陶器的輪，朝夕爲分辨東西。若把朝夕定在均輪上，輪旣常轉，則東西不能定了。人君若不以天地之則去立法，則法不定。擔，爲舉，旣舉

等，又想等的末尾不動，卽是不可能。同樣，若把天則亂動，則法也必亂。（註一四）

於今的法學家，爲反對有天理，常引歷代各民族的法律，前後不同，東西互異，證明法律沒有一定的標準，然而法學家德握基阿反駁這種証明。他認爲這些法學家只看各國法律的異點，不看各國法律的相同點。不單是目前各國的法律相同之點很多。就是古代各國的法律，有幾項基礎點常相同。（註一五）

（2）天理的意義

（甲）中國四書五經裏的天道

近代研究中國思想史的學者，都注意到四書五經裏少見「理」字，多見「道」字。至於「天理」的名詞，在五經和四書裏，可以說是絕無或僅見。經書裏所說的常是「天道」或是「天地之道」。易經裏又有「天地之情」。

若要找「天理」的名詞，勉强可以在荀子王制篇裏找到。荀子書上說：「故天地生君子，君子理天地。君子者，天地之參也，萬物之總也，民之父母也。無君子則天地不理。……始則終，終則始，與天地同理與萬世同久。夫是，謂之大本。」（王制）君子爲人君，君子理天地，君子與天地同理，這個理字除治理以外，也指着天地之理。

易經則講天地之道：「天地之道，恆久而不已也。」（恆卦）「易與天地準，故能彌綸天地之道。」（繫辭上第四章）或者講天道：「易之爲書也，廣大悉備，有天道焉，有人道焉，有地道焉。」（繫辭上

第十章）「昔者聖人之作易也，將以順性命之理，是以立天之道，曰陰與陽，立地之道曰；柔與剛，立人之道，曰仁與義。」（說卦第二章）至於天理，則僅有一處，講天下之理：「易簡，則天下之理得矣，天下之理得，而成位乎其中矣。」（繫辭上第一章）易經又講天地之情：「天地之道，恆久而不已也。觀其所恆，而天地萬物之情可見矣。（恆卦）「大者，壯；正大而天地萬物之情可見矣。」（大壯卦）

易經上所說的天地之道，天地之情，或天下之理，都是指的：「宇宙間有一種恆久之道，日月四時，照着這種常道而行，各得其所。……易經爲中國形而上學的第一册書，書中所說的天道，常指着宇宙間的自然法。但若以易經的自然法，爲一種盲目的自然律，同有靈明的上天，一點關係也沒有，那就言過其辭了。」（註一六）

於今我們不談易經的卦辭和繫辭是不是孔子所作的，我們僅止以易經代表古代儒家的思想。因爲在漢朝時，易經已經是一般學者所信從的經書。

中庸的思想，對於「天道」一點，和易經相同，而且更進一步，以人性上有天道。中庸說：「天地之道，可一言而盡也！其爲物不貳，則其生物不測。」（第二十七章）「誠者，天之道也。誠之者，人之道也。」（第二十章）天地的運行，常有自己運行之道。這種天地之道，可以稱爲自然法。人在自己的本性上，也帶有天生的人道：「天命之爲謂性，率性之謂道。」（第一章）。人道，在於「率性」，那是因爲在人性上有天生的行爲原則。詩經說：「天生蒸民，有物有則。」（蒸民）

（乙）理學家的天理

根據中庸的思想，理學家便以人性上的天生行爲原則，稱爲天理。

『問理與氣？曰：伊川說得好。曰：理一分殊。合天地萬物而言，只是一箇理。及至人，又各自一個道理。』（朱子語類）

「人之所以爲人，其理則天地之理，其氣則天地之氣。」（朱子語類）

「所謂格物窮理，須是認得天理始得。所謂天理者，自然底道理，無毫髮杜撰。今人乍見孺子將入於井，皆有怵惕惻隱之心。方乍見時，其心怵惕，卽所謂天理也。」（上蔡語錄）

「大學之道，在明明德。」朱子註曰：「明德者，人之所得乎天，而虛靈不昧，以具衆理而應萬事者也。」（大學第一章）

「天理在人心，亘古亘今，無有終始，天理卽是良知。」（陽明全書卷三）

「天地人物事爲，不聞無可言之理者也。詩曰：有物有則。是也。」（戴東原。孟子字義疏證卷上）

我們姑且不論理學家各人對於人心之天理，意見是不是相同；但是他們大家對於人心有天理一點，意見是相同的。人該按着這種天理去行事：在這一點上，理學家的意見也是相同的。

（丙） 天理是人性上的性律

每種物體在本體方面所以能夠成爲這種物體，都是因着自己的物性。物性是每一物所以存在之理。每種物體旣因着自己的物性而存在了，物體不能不有變易，或者是被動，或者是自動。每種物體的變易，應該和自己存在之理相符合，因爲物之「存在之理」，也是「物之行爲之動」。士林哲學乃有一句成語……"Ratio essendi est ratio operandi"（存在之理，即是行爲之理。）

但是這句成語並不是說物之本性，就是物之行爲之理；乃是說物之本性是物之行爲標準；因爲物之行爲必定不能反對自己的本性。同時這句成語也說在物之本性上有物之行爲原則，物之行爲原則，即是普通所說「物之天性」。「物之天性」也就是物之自然傾向，或是物之本能。例如說水之天性是向下流。木之天性能夠燒火。

人在自己的人性上，也有天生的行爲原則，這種原則是人的天性，是人的自然傾向，是人的良能，總而言之，稱爲性律。（Lex naturalis, natural Law）

西洋哲學把自然界的原則和人性的原則分開，自然界的原則稱爲自然法，（Lex Naturae ,Law of Nature），人性的原則，稱爲性律。

所以然要有這種分別，是因爲自然界的物體，所有的變易，完全由物性的傾向和本能去支配；所以稱爲自然法，因爲物體自自然然就這樣變易，而且也不會有改變。人的行爲，則由人的理智去支配；人的理智是懂事的，人便不常是自自然然按照人性的傾向和本能而動，乃是按照自己所懂得的和所願意的去做。人性上固然有行爲原則，但是人並不自自然然地隨着這些原則去做。因此人性上的行爲原則，稱爲性律。性律是人性上原則，但不是自然就支配人的行爲之原則。

（丁）、性律是人心分有天心之理

聖多瑪斯主張人性的性律是人心分有天心之理。（註一七）我們於今把這一句話予以解釋。「心」字，是代表理智。「心」字在中國的哲學思想裏，包括性與情，也包括理智和意志。「人心」卽是人的理智。「天心」則指着天主（造物主）的神智。

在宗教哲學一編裏，我們說過：天主爲造宇宙萬物，在自己的神智裏必定有宇宙萬物的意象。天主神智裏的意象，取自天主的本性。在造物時，天主對於萬物，予以物則。物則在萬物一方面說，是自然法；在天主一方面說，是使宇宙萬物運行之理。

人性上生來就帶有性律，人的性律，也是天主神智中使人生活之理。人的性律，不是像他種無靈物的自然法，由物性自然地支配物之變易，乃是顯示於人的理智，使人知道應該如此如此去做。因此，性律是人的理智中，天生的行爲之理，可以稱爲人心之理。人心之理，來自天主神智中對於人所定之理。於是性律便可以說是「人心分有天心之理。」天主的神智，對於萬物的運行，按照物性定有萬物運行之理。其中關於人的一部份，天然地刻在人的理智中，人生來就可以懂得這種行爲原則。

（戊）　性律爲全人類是同一的

性律是人性所有的行爲原則。人性在人類中是同一的，性律當然也是同一的。反對有性律的學說，和反對性律不變的學說，在前面我們都已經看過了。總而言之，誰若反對性律，必定應該否認有人性。誰把「人性」和「個性」（或「人稱」「人格」）混爲一事，那就等於否認人性。

孟子曾說：「口之於味也，有同耆焉；耳之於聲也，有同聽焉；目之於色也，有同美焉。至於心，獨無所同然乎。心之所同然者，何也？謂理也，義也。」（告子上）

中國人普通常說：「人同此心，事同此理。」所謂人心相同，不是說心的感觸相同，乃是心的理相同，即是人心的天理相同。

（3）天理的內容

（甲）天理（性律）包括人性的自然傾向

聖多瑪斯解釋天理的內容，主張凡是人性的自然傾向，都屬於天理。因此凡是人的自然傾向，都稱爲性律。（註一八）我們要注意：凡是「人」的自然傾向，不是凡是這個人或那個人的自然傾向，都稱爲性律。一個人的自然傾向，能夠包括他的習慣，因爲習慣成第二天性，能夠包括他的生理和心理方面的特別嗜好，因爲嗜好也可以成爲本人的天性。習慣和特別的嗜好，不是人性的傾向。人性的傾向，人人相同。

「孟子曰：天下之言性者，則故而已矣。故者以利爲本。」（告子上）孟子的性，即是性律。孟子以這種性律爲「故」，爲「利」，即是人人自然的傾向。朱子註曰：「故者，其已然之迹。若所謂天下之故者也。利，猶順也，語其自然之勢也。」（離婁下）

孟子以性的自然傾向爲善端：『無惻隱之心，非人也；無羞惡之心，非人也；無辭讓之心，非人也；無是非之心，非人也。惻隱之心，仁之端也；羞惡之心，義之端也；辭讓之心，禮之端也；是非之心，智

之端也。人之有是四端，猶其有四體也。』（公孫丑上）

我認爲善端雖可以人性的自然傾向，然而從倫理方面去看，自然傾向不宜稱爲善端，也不宜看爲一種本能，如孟子稱之爲良能，但應該稱之爲行爲原則。假使稱爲善端或良能，則像人在生理方面和心理方面的本能，可以發動成爲現實的行爲。性律乃是行爲的規則，是人的理智自然而然所知道的行事之道。因此所謂惻隱之心，羞惡之心，辭讓之心，是非之心，不是人心的四種本能，乃是人心的四項行爲原則。這些原則是人的理智天然所知道的。遇到行這些原則的機會，人馬上就知道應該這樣做，用不着去思索考慮。因此，我們稱這種原則爲人性的自然傾向。

（乙）　天理包括人的行爲之基本原則

理智在思維方面，有幾項基本原則，不必証明，也不必思索，人人都知道，作爲思維活動的基礎。例如沒有矛盾律，人便沒法去推理。沒有相等律，三段推理式也不能成立。

理智在實踐生活方面，也有幾項基本原則，不必証明，不必思索，人人都知道，作爲人行事的規律。這些規律卽是性律。

在性律的原則中，最基本的一條，是『行善避惡』。我們在上面討論善惡時，說過善是福利；福利則是可以助人發展自已的本能。所以人性自然而然地趨於福利。人性旣然自然地趨於福利，人性也就自然地避「惡」，因爲惡是福利之反。

在人的福利中，最重要的，是人的生命。因此人的性律中，便有不許殺害自己生命的原則。人為發展自己的生活，不能僅是孤單一個人，獨處獨立，人應該彼此相聚而居。因此人的性律中有男女婚姻的原則，有父子相愛的原則，有人們互助的原則。孟子所以說：人有惻隱之心，有羞惡之心，有辭讓之心，有是非之心。

（丙） 性善性惡的爭執

在上段我曾說，孟子所謂善端不應稱為善端，只應稱為性律原則。因為如稱為善端，則是本能；如是本能，則行善乃是人的自然行為，有如眼目能看，耳朶能聽。這是不正確的說法，荀子因此反對孟子，以為行善並不是自然而無困難的事。但是同時荀子主張性惡，以為行惡是人的本能，意見和孟子雖是相反，但是在哲學上所犯的毛病，和孟子是同樣的。就是後代理學家對於性的善惡，也都是犯着同樣的毛病，把善惡作為人的本能，朱子還勉力用清氣濁氣去解釋。

倫理的善惡，不能混在本體論以內。倫理的善惡，是行為歸向人生最終目的之問題，不是行為本體的問題。為使人的行為歸向人生最終目的，人性上印有一些基本的原則，人在行事時，自然而然就知道這些原則，所以人是生來可以行善的，然而人具有自由，人自己也可以不行善而行惡。因此人行善行惡不是性善或性惡，乃是善用自由或浪用自由。

（4） 天理的認識

我們常說天理是人的理智自然而知道的行為原則，但是事情並不是如此簡單，應該有一番解釋，而且中國理學家對於致知格物之爭，也正是認識天理的問題。

（甲） 朱子的主張

朱子主張人心之理，即天地之理，『人之所以為人，其理則天地之理，其氣則天地之氣。』（朱子語類）。又引程伊川的話說：『理一分殊。合天地萬物而言，只是一箇理。及至人，又各自有一個理。』（仝上）。因此，天地萬物之理，同一而殊。換句話說，每一物每一事，有這物這事之理。

人心中有人的天理，朱子說：『性是許多道理，得之於天，而具於心者。』（朱子語類。）但是人的天理，並不包括一切事物之理。人在行為時，不單是只憑自己心中的天理，還該知道外面事物之理。因此朱子乃主張研究外面事物之理。

朱子註釋大學的致知格物說：『致，推極也。知，猶識也。推極吾之知識，欲其所知無不盡也。格，至也。物，猶事也。窮至事物之理，欲其極處無不到也。』

朱子後來又補格物一章說：『所謂致知在格物者，言欲致吾之知，在即物而窮其理也，蓋人心之靈，莫不有知，而天下之物，莫不有理。惟於理有未窮，故其知有不盡也。是以大學始教，必使學者即凡天下之物，莫不因其已知之理而益之，以求至乎其極。至於用力之久，而一旦豁然貫通焉。則衆物之表裏精粗無不到，而吾心之全體大用，無不明矣。』（大學章句補格物傳）

朱子的思想很明瞭，他主張專心求學，研究事物之理，及到一天，能够貫通一切，使人心之理和事物之理相通。因爲萬物和人，雖各有一理，然都同是天地之理。

（乙）陸象山和王陽明的主張

陸象山和王陽明攻擊朱子的格物致知說，批評他支離破碎。陸象山認爲天地之理，都在我們心中，不必外求。

『徐愛曰：『愛昨曉思格物的物字，卽是事字，皆從心上說。』先生曰：『然。身之主宰便是心，心之所發便是意，意之本體便是知，意之所之便是物。如意在於事親，卽事親便是一物。……所以某說無心外之理，無心外之物。中庸言不誠無物。大學明明德之功，只是個誠意；誠意之功，只是個格物。』（象山語錄）

『先生又曰：格物如孟子大人格君心之格，是去其心之不正；但意念所在，卽要去其不正，以全其正，卽無時無處，不是存天理，卽是窮理。天理卽是明德，窮理卽是明明德。』（象山語錄）

陸象山的主張，是在於以一切的事物都是人的行爲，人的行爲之理都在人心內。人若能够誠實地把心中的理表現於行爲上，卽是窮理，卽是致知。因此致知不在求學，而在格正心之不正。

王陽明繼承陸象山的思想，進而提倡致良知，他以天理在人心，稱爲良知，所謂格物致知，乃是格去物慾，以致用良知。他說：『天理在人心，亘古亘今，無有終始。天理卽是良知。』（陽明全書卷三）『

夫物理不外於吾心，外吾心而求物理，無物理矣。遺物理而求吾心，吾心又何物耶？」（陽明全書卷二）「致知云者，非若後儒所謂充廣其知識之謂也。致吾心之良知焉耳。」（陽明全書卷一）

（丙）　天理的基本原則，人人自然而知

我們雖主張在人性上有天理，天理又自然而然地顯於人的理智中，人不加思慮就可以知道天理；然而我們並不主張「心外無理」，同時又不主張朱子的格物致知。我們於今把我們的主張，在下面予以解釋。

（A）　天理的基本原則，人自然而知

天理在人性，乃是為人的行為原則。既然是人的行為原則，便應該為人人所知。人為求知，不能都有求學的機會，因此，天理既應該為人人所知，便應該無論人能求學或不能求學，都可以知道天理。天理所以該是人人自然而可以知道的。

但是在人類的文化史上，我們可以看到各民族的行為原則，有許多不相同的；而且同一民族，在不同的時候裏，所有行為原則也有不同的。因此不能夠說凡是人的行為原則都是人人自然而知道的；不然，便不能在各民族或同一民族的行為原則中，有許多不同的原則。因為若是人人自然而然地知道人性上的行為原則，而人性又完全相同；則各民族和各時代的行為原則，即是倫理標準都應該相同了；於今在實事上，却不相同。這就証明每個人並不自自然然地知道一切的行為原則。

天理應該是每個人所自然而知的行爲原則；於今每個人並不自然地知道一切的行爲原則；這不是互相矛盾嗎？這不就是陸王和朱子的爭論嗎？

究其實，我們所說的，並不互相矛盾，並不兼有朱陸的主張。我們主張天理應該是人人自然而知道的，又主張人人不是自然而知道『一切』行爲原則。換句話說，每個人自然而然地知道『一些』行爲原則，天理的一部份是人所自然而知道的。即是說天理的基本原則，是人人自然而知道的。

無論各民族各時代的行爲原則（倫理標準）怎樣不同，在不同之中，必有幾點相同的。這幾點就是天理的基本原則：第一、『行善避惡』；第二、『保全自己的生命』；第三、『愛親』；第四、『勿害人』；第五、『互助』。這幾項原則，只要是人，必定都知道。

（B） 天理基本原則的自然結論，也是人人自然而知

基本原則既然是人人所知道的，基本原則的自然結論，也就自然爲人所知。人便不學而能知道這些結論。所謂人自然而知，當然人要具有知識的基本條件，就是說該當能够使用理智。小孩子沒有開明悟，不知道使用理智；瘋子有明悟不能用，也不知道使用理智。我們說自然而知，是說一個通常的人，在開了明悟以後，不必學習，就能够知道。

天理基本原則的自然結論，是從基本原則中直接而得的結論。例是人既是該愛親，便應該不開罪父母。人既是該保全自己的生命，便不該自殺。人既是該不害人，便該不偷盜，不殺人。人既是在羣居時，互

相幫助，便該救人之急。如同孟子所說，見一個孩子將跌入井中時，必定自動地往救。

我們於今不能用統計法去統計究竟有多少天理基本原則，基本原則究竟有多少直接結論。但是不能因此便可以反對我們的主張，以爲我們的主張是空洞不着邊際。因爲倫理方面的事件，普通都不能用數學方法去評論。例如爲知道一個人說話可信不可信，你不能用數學的方法去計算，只能按人情的常理去推算。

（C）天理基本原則的遠結論和以天理爲基礎而定的行爲原則，都是學而後知

除却天理的基本原則，以及基本原則的直接結論以外，其餘的行爲原則，都是學而後能知的。因此，天理並不包括一切的行爲原則。除却自然而知的倫理原則外，還有人爲的倫理規律。人爲的倫理規律，既然不是先天的而是後天的規律，必定要學習而後能知。

在人爲的倫理規律裏，有一部份是由天理引伸出來的。中國古來的聖人，按天道而製人道，便是由天理中引伸出倫理規律。『天垂象，聖人則之。』（禮記，效特牲）中國古先聖人製禮，禮字若指着倫理規律，則就是由天理而引伸倫理規律。『蓋禮之原在人心。禮者，聖人之成法也。』（張載、禮樂、全書卷五）

羅瑪公教（天主教）立定十誡。十誡雖爲天主啓示的誡律，然而也是人心的天理。造物主造人，在人性上設有天理；若是造物主後來願意將人性的天理，又特別地啓示於人，或者在天理之外，又再啓示一些規律；只要能夠証明啓示是眞的，所被啓示的規律，當然應該認爲倫理規律。

除由天理引伸而出的倫理規律外，人還可以造作倫理規律，這些規律包括國家的法律，社會的風俗習

慣。中國古代總稱這些規律為禮法。

人在行動時，應該知道這些禮法。良心為評判一樁的善惡，除按照天理外，也要按照人為的禮法。若是對於禮法的某條規律，並非故意疏忽，事先不知道，在行動時，人的良心不按這條規律而定可否，人的行為仍舊無罪。因為人的行為是否可行，全憑良心定奪。良心除天理的良知外，還該有禮法之知。若是缺乏禮法之知，係出於無心，人可以免過。

（5）天理的賞罰

凡是一項應該遵守的規律，必定具有制裁力。沒有制裁力的規律，結果將等於虛文。所謂規律的制裁力，在於規律的賞罰；遵守規律者有賞，違背規律者有罰。規律的賞罰權操之於規定規律的主權者；誰規定規律，誰就操着規律的賞罰權。

人心天理，雖然只是倫理基本的原則，然而是一切倫理規律的基礎，因此天理必定有天理的制裁力；而且天理的制裁力，還是其餘倫理規律的制裁力的基礎。

（甲）天理有賞罰

（A）第一、天理的賞罰，包含在天理以內

天理的基本原則和直接結論，是人所共知的，而且是不學而知的良知。這種良知顯示於人的理智，成為人的良心。每當人有行為時，良心馬上告訴人，這項行為，是否合於天理。假使人遵守良心的告示，不背天理，人便自覺良心太平，自己無愧於心。假使人不遵守良心的告示，違背天理，人便自覺良心不安，有愧於心。良心的安或不安，就是天理的賞罰。天理的賞罰，自然而來，絲毫不爽。因着這種賞罰，人自然知道：應該行善，不該作惡。

（B）第二、天理的賞罰除自然的賞罰以外，還有造物主天主的賞罰

羅瑪公教（天主教）講人在死後，將受賞或受罰。賞罰之權，操之造物主天主；所賞罰的，是人一生的行爲。人的行爲善惡，按倫理規律而定，倫理規律的原則，乃是天理。因此天主爲定賞罰，必定按照人心的天理。

造物主對於人的賞罰，在於能否欣賞天主的全美全善全眞的精神性本體。能够欣賞者，則有無限的幸福；不能够欣賞者，則有無限的痛苦。有無限幸福的人，卽是達到人生最終目的之人；有無限痛苦的人，即是失掉人生最終目的之人。

我們曾說倫理善惡的意義，乃於使人是否達到人生最終目的，達到最終目的者爲善，不達到最終目的者爲惡。因此達到人生最終目的與否，旣是善惡的意義，也是善惡的賞罰。天主教所講的身後賞罰，不但不是迷信，乃是事所必然。

（乙）天理的制裁力是人造禮法之制裁力的基礎

有的人說宗教可以補法律之不足，無形中他們就說出了天理的制裁力和禮法的制裁力的關係。

禮法的制裁力是有限的制裁力。第一、在不能証明行爲是違法的行爲時，禮法的制裁力不能執行；第二、在一個人不畏人世的賞罰時，或是希望倖幸可以逃避人世的賞罰時，禮法的制裁力，也不能有效果。因此孔子說：「道之以政，齊之以刑，民免而無恥。道之以德，齊之以禮，有恥且格。」（論語、爲政）孔子所謂有恥且格，正是指着天理良心的制裁。人要自知以作惡爲可恥，人纔會格除惡事。

再者，禮法能有制裁力，是因爲人應該服從規律。人爲什麼應該服從規律呢？是因爲天理上有服從長上的原則。人生而爲合羣共居的理性動物，旣合羣共居，當然要服從長上。禮法是操握社會主權者所定的規律，於是便該遵守。因此，禮法的制裁力來自天理。不守天理的原則，天理有賞罰，社會主權者也可以再加賞罰。

(三) 禮法

倫理規律，第一是人性上的天理，除了天理以外，就是人造的倫理規律。人性上的天理，只有倫理的基本原則。在初民未開化的時候，一切都憑本性的衝動而行時，社會的組織也很簡單，初民的行爲規律也就很簡單。但是在很簡單的行爲規律裡，除了天理的原則以外，必定已經有人造的規律，這些人造規律，在生活進化，人事愈趨複雜的時候，也就逐漸加多，有時能够增到繁文縟禮的程度，反而阻礙人生的正當自由。

在這一段裡，我們要討論人造倫理規律，討論人造倫理規律的性質和效用。

(1) 禮

人造倫理規律，在我們中國古代分爲禮和法兩種，在歐洲則分爲倫理律和法律。法律則又分爲教會法和國法。

我們中國的禮，意義很多，但是若把禮和法作爲對立的名詞，禮便可以和歐洲的倫理律相同。因此，我們旣要討論人造的倫理規律，我們便討論禮和法。

(甲) 禮的意義

禮字最初的意義，是祭祀時的儀節。後來社會上的儀節漸漸加多，在祭祀以外，還有別的儀節，這些儀節也都稱爲禮。儀節的目的，在於規定行動的規則；因此，後來社會上習慣風俗所造的行爲規矩，都稱爲禮。

所以禮是人的行爲規矩，然而這些規矩不是掌握社會主權者所公佈的條文。禮，居在社會主權者以上。社會主權者定法時，不能違禮。爲什麼緣故呢？因爲禮是先聖先王所定，先聖定禮而且是根據天理。所以說：『禮者，天理之節文也。』（朱子註論語顏淵）『禮者，聖人之成法也。』（張載、禮樂，全書卷五）『孔子曰：夫禮，先王以承天之道，以治人之情。故失之者死，得之者生。』（禮記，禮運）但是，這些學者，所稱之禮，是指禮的原則及精神，至於禮的細節目，決不能說都是先聖先王的成法，更不能說都是天理的節文，永久不變。例如定婚，需有媒妁之言和父母之命，這條禮，不是由天理引伸出來的，乃是先王按照社會習慣而定的。所以我們對於禮的來源，再加以研究，同時也討論禮的改革。

（A） 禮的來源

中國古人普通都說禮是先聖先王，按照天理而定的。中國的古禮，大都包括在周禮，儀禮，禮記這些書內。

但是我們中國歷代所稱之禮，較比上面幾冊禮書所包括的更多更廣。不單單是社會上的儀節，較比古禮爲多；人的行爲規律，更非古禮所包括。論語一書，不是禮書；然而論語書中孔子所說的話，在歷代都成爲中國人的行爲規矩。因此可知中國禮的來源，有下列的幾種：

（a）君王所定的儀節——凡是三代先王和後代君王所定的儀節，一律稱爲禮。這些儀節，不單是所有的條文，應該遵守，另外是儀節的精神，應該表揚。這種儀節的精神，乃成爲倫理原則。倫理原則，可以和儀節的條文相脫離；因爲儀節的精神可以不變，儀節的條文，則可以隨時隨地而變。

（b）先聖先師的訓言。書經記載有堯舜禹湯文武周公的訓言。論語中錄有孔子的教訓。這些訓言，在中國社會上乃是金科玉律。曾子和孟子的訓言，在社會上也受尊重。中國聖賢的訓言，便是禮的重要部份。

（c）社會習慣風俗。習慣風俗，常起於一樁事實，後來繼續仿效，這樁事實的形式，遂成爲社會上一種定則，大家應當遵守。新起的習慣風俗，或是新創的一種習慣，或是修改原有的習慣。

習慣和風俗意義雖相彷彿，但是習慣所指的是少數人的習慣，如一家一族的習慣，一會一院的習慣；風俗則指社會普通一般人的習慣，如一鄉一鎮的風俗，一縣一省的風俗。

習慣風俗的原由，大都不是按天理而設節文，乃是因着地方人的喜好。因此習慣常有地方性。

（B）　禮的效用和改革

中國古人常主張禮是用爲治國的，荀子說：『禮起於何也？人生而有欲，欲而不得，則不能無求，求而無度量分界，則不能不爭，爭則亂，亂則窮。先王惡其亂也，故製禮義以分之，以養人之欲，給人之求，使欲必不窮乎物，物必不屈於欲，兩者相持而長，是禮之所起也。』（荀子禮論）

但是禮旣是人的行爲規矩，禮便不單單可以作爲治國的工具，使人民相安無事，禮並且也可爲每個人全部生活的規則。孔子所以告訴顏淵說：『非禮勿視，非禮勿聽，非禮勿言，非禮勿動。』（論語顏淵）

然而禮的來源，僅是在原則和精神方面，可以來自天理，其餘的節目都是人們依照地方的人情而造的。因此禮的節目，在時代變換了以後，節目旣不適於新時代的人情，禮便該改變。中國在最近半世紀中，社會上最大的問題，卽是推翻古禮的問題。青年急進的改革家和今日的共產黨，實行推翻全部的古禮，或是整個歐化，或是整個蘇聯化。共產黨的整個蘇聯化，固是違反人情和國情；別的改革家所提倡的整個歐化，也是不合國情。

（a）禮的改革以天理和民族傳統的精神爲標準

凡是人造的行爲規矩，都該具有兩個條件：第一、不能違背天理，第二、不能違背時宜。違背天理的規矩，必定相反人性。相反人性，當然不可作爲人的行爲規矩。違背時宜的行爲規矩，則要失去規矩的效用。行爲規矩本是爲引導人發展自己的本能，本能的發展，和時地有關，反乎時地的情形而行，將會摧殘本能，因此不適合時地的規矩節目，在不違背天理的最高條件下，便該改革。

中國古禮中，所包括的先聖先師的遺訓，這些遺訓，凡是合符天理，又合符中國民情的部份，一定應該保存。

至於古人的禮節在民主的時代裡，大都不適宜，因此於今中國政府，歷年規定社會和政府的新儀禮。儀禮的精神，既代表天理，尤其代表民族性情。因此中國的新儀，不能完全抄襲外國的儀禮，必定要表現中華民族的精神。

中國社會的習慣風俗，該當改革者甚多。然而習慣風俗既不容易長成，也不容易改革。社會有識之士，應當經過愼重的考慮對於應當廢除和改革的習慣風俗，和應當建立的新習慣風俗與以提倡，使社會民衆，知所適從。

（b）禮的名詞可以廢除

禮字的意義，雖然很廣，包括人生的一切規矩；但是禮的原義，是指着儀節。中國古人最重儀節，人的私居和公共生活，常有固定的儀節；因此禮便稱爲人生規矩的代名詞。

普通在倫理學上，儀禮不視爲倫理的規律，因爲儀禮只是外面的形式。倫理所重的，則重在內心。雖然古代的禮儀，是由外面的形式，以正人的內心。禮，便包括內外兩方面的行爲規矩。但是在於今的中國社會裡，儀禮雖仍重要，但已失去以往所有的地位，將和歐美社會的儀禮一樣，不算爲倫理道德規律。因此我以爲禮字在於今的中國社會，已沒有保存的必要。爲代替以往的禮字，我們就用倫理學上所用的名詞，卽倫理律或道德律。

（乙）　倫理律

今後中國的倫理律，應該就以往聖賢的遺訓，系統地加以整理，使聖賢遺訓中發揮天理民情的倫理訓條，該保全的加以保全，該補充的加以補充。

歐美社會上的倫理律，兩千年來常是舊約聖經中的十誡，十誡爲造物主天主啓示的誡律。歐美的宗教無論羅瑪公教（天主教）或是各派的誓反教，都遵十誡爲教律，信教的人都該遵守。舊約上說：「我上主是你的天主，……除我以外，不可有別的神。……你不可妄稱上主你天主的名，誰妄稱了祂的名，上主必不以他爲無罪。當紀念安息日，守爲聖日。……孝敬你的父親和母親，……不可殺人，不可行邪淫，不可偷盜，不要作假見証相反別人，不可貪戀別人的房舍，不可貪戀別人的女人僕婢，羊驢和一切屬於別人的東西。」（註一九）中國天主教會所通行的教義書上，十誡的條文如下：一欽崇天主在萬有之上，二勿妄呼天主聖名，三守瞻禮主日，四孝敬父母，五勿殺人，六勿行邪淫，七勿偷盜，八勿妄證，九勿貪他人妻，十勿貪他人財物。

十誡的條文，雖爲神（天主）的啓示，但是除去第三誡規定主日（禮拜日）外，其餘各誡都是人生的天理。而且這些規誡在中國的聖賢遺訓和古禮中都包含着。因此這些誡律很可適用於中國。加之，誡律的條文很簡明，容易爲人所知；較之散在中國各書中的聖賢遺訓，更容易記誦。

耶穌在福音經書裡，對於十誡，加以補充。耶穌訓言中最重要的，是愛天主在萬有之上和愛人如己。中國孔子的訓言也是敬天愛人。孔子曾說：「獲罪於天，無所禱也。」（論語八佾），又說：『己所不欲，無施於人。』（論語，顏淵，衛靈公）

歐美研究孔子思想的人，都驚訝孔子的倫理思想和基督的倫理訓條很相近。在中國宣傳天主教的教士，又以基督的教理最適合中國民情。因此，改革中國舊禮，十誡可以是最好的借鏡。

（2）法

（甲）法的意義

聖多瑪斯說：『法是爲着公共福利，由治理社會者所公佈的合理命令。』（註二〇）中國韓非子也曾說：『法者，編著之圖籍，設於官府，而布之於百姓者也。』（韓非子，難三篇）

韓非子的法律定義，卽是一般人腦海中所有的法律定義，認爲法律卽是官府所公佈的命令。聖多瑪斯的定義，則多舉出法律的兩種必要條件。缺少這兩種條件時官府的命令，在形式上稱爲法律，但是實際上對於民衆不能生效。因此我們採用聖多瑪斯的主義。

法是爲公共的福利，——公共福利，是法律的目的。因爲法律是一個社會的行動規矩，規矩的目的，當然是社會公共福利。中國古人常說一國君王所當注意的，是人民的福利，君主發號施令，也應當是爲人民的福利而發號施令。若是擅作威福，違反人民的福利而求一己之享受，頒佈法令，這種法令，按理不能有效。這種情形，在民主的政體下，很難遇到了。

法是由治理社會者所公佈的，——這一點指出法律的來源。法是握有社會主權者所公佈的，法不能是私人的主張，也不是聖賢的訓言。但是握有社會主權者爲立法，應該公佈所定的法令，不然，立法者雖已製定法律，但若是不與以公佈，法律仍不能成立。

法，應由社會主管者公佈，因爲法律是社會的行動規矩。這種規矩，便該由主管社會者去定。主管社會者定法以後，還應將法律公佈，使社會人士大家知道，以便遵行。

法是合理的法令。——法，既是社會行動的規矩，便是一種命令，含有强迫性，具有制裁力。可是這種命令，應該是合理的，所謂合理，第一是合於人性天理，第二是合於時宜，因此，法律不僅是爲謀公共福利，還該謀之以其道。至於法律合理與否，立法者應該愼重考慮。法律已經公佈以後，除非是公然違反人性天理（違反人道），人民應該遵守。如果法律不合理，則可以批評，可以要求修改。

（乙）法的特性

(a) 强迫執行

人的天性傾向，在隨從自己的意志，自由行動，不喜歡有限制。人的私心，常傾於自己的私利。法律既是驅使人對自己的行爲加以限制以求公共的福利，假使沒有强迫執行的力量，法律就將不生效力。因此法律的第一項特性，便是强迫執行。

天理和社會間的倫理規律，沒有强迫執行力，只憑各人的良心，良心雖有制裁，但不能强迫執行。法律由社會主權者公佈，社會主權者有力可以强迫社會民衆遵守，不遵守的人，卽加以刑罰。中國古代的法律，常和刑罰相連；許多學者便以爲中國古代只有刑法，而沒有民法。實際上，中國唐律，以及後代各朝的律書，和最後的淸律，包括有一部份民法和一部份刑法。現代各國的法典，雖將民法和刑法分開；然而刑法的用意，在於强迫人民遵守民法。

儒家和法家的分別就在於法的强迫力一點。孔子的政治在於正人心，因此不主張用法，因爲法具有强迫性的刑罰，人民因畏懼刑罰而守法，『民免而無恥』。孔子主張用沒有强迫性的倫理律之禮去治國，希望感化人民，使人民甘心樂意行善，『有恥且格』。

孔子不贊成法治，便是因爲法具有强迫性。法家贊成法治，也正是因爲法律具有强迫性，人心旣然容易向惡。難於勸導，爲治理國家，最好是用法。

(b) 法有常性

法律的條文，不是爲一樁事或一個機會而立的，常是爲一個相當的時期，又是爲一種或多種事件。因此法律有常性，不是一次執行了就完了。這樣，法律纔可以作爲社會民衆的行爲規矩。管仲曾說：『上無固植，下有疑心；國無常經，民力必竭。』（管子，法法篇）

爾雅訓詁解釋法爲常：「法，常也；律，常也。」社會主權者不宜今日製一法，明日又改；明年公佈一法典，明年又廢除。這樣，法將不成爲法了。

但是法有常性，並不是說一成不變，法的性質應當適合於時代民情。韓非子說：「不知治者，必曰毋變古，毋易常。變與不變，聖人不聽，正治而已。然則古之毋變，常之毋易，在常古之可與不古。伊尹毋變殷，太公毋變周，則湯武不王矣。」（韓非子，南曲）

社會的基本法律，例如國家的憲法，不逢嚴重的社會革命時，不易改變。成文的法典，如民律刑律等，也要經過相當時期纔改訂新法典。非常時期所用的法規，則在非常情形過去以後，法規就失去效用。

（c）法有一致性

法律不爲一個人而設，是爲社會全體的人，或一部份的人而設的。在法律所包括的人以內，法律的效力是一致的，不分彼此，不分貴賤。中國古代的法家最注重這一點。儒家則重人情；重人情，則親疏貴賤可變法律的效用。管仲說：『不知親疏遠近，貴賤美惡，以度量斷人，其殺戮人者不怨，其賞賜人者不德也。以法制行之，如天地之無私也。是以官無私論，士無私議，民無私說，皆虛其胸以聽其上。上以公正論，以法判斷，故任天下而不重也。』（管子任法論）

(四) 良心

(1) 良心的意義

(甲) 中國儒家的良知

(A) 孟子的良知　中國學者第一個講良知的是孟子。孟子的書裡提到良知良能。孟子的良知良能，指着天生的知識和天生的本能。但是這種天生的知識和本能，有一定的對象，即是對於行善。孟子說：『人之所不學而能者，其良能也；所不慮而知者，其良知也。孩提之童，無不知愛其親者，及其長也，無不知敬其兄也。親親，仁也；敬長，義也。』(盡心上)孟子認為仁義之端，天生在每個人的心裡，每個人都不必學習思慮，就知道這樣做，也能夠這樣做。因此孟子所說的良知，可以說是天生的一種向善的傾向，不是我們所要說的倫理善惡的標準。

(B) 王陽明的良知　儒家學者中特別講良知的則是王陽明。陽明採取孟子所用的『良知』這個名詞，但是加以新的意義。孟子的良知含有兩層意義：一是不慮而知，二是知道行善。王陽明採取孟子良知的第一層意義，對於孟子良知的第二層意義則予以擴充。王陽明的良知，乃是對於人心天理的自然認識。王陽明說：『夫良知者，即所謂是非之心，人皆有之，不待學而有，不待慮而得者也。』(陽明全書卷八)

孟子的「是非之心」，指的是「智之端也，」王陽明的『是非之心』，指的是『良知』。因為王陽明

說：『天理在人心，亘古亘今，無有終始，天理卽是良知。』（陽明全書卷六）

王陽明所講的良知，不僅是向善的傾向，而是倫理善惡的標準。人在行事時，人的良知自然而然就告訴人：這樁事合不合於天理，合於天理者爲是，不合於天理者爲非。人應該盡力使良知實現於人的行爲，就是說人應該按照良知去作事。按照良知去作事，便是『致良知』。

（C）　普通人所說的良心　辭源解釋良心說：『本然之善心也。（孟子）所以放其良心者。』良字解作善，經籍訓詁也有這樣的解釋。良心就是人所有本來的善心。人在行善時，天然地知道行爲善。人在做惡事時，天然地自己感覺心中不安。這種感覺，普通稱爲良心發現；因爲普通所說的良心，便是倫理的標準。

（乙）　良心是人心的一種警告，告訴人目前當行之善，或當避之惡。

聖多瑪斯曾討論「良心」問題，主張「良心」不是除理智以外，一種特別的認識本能，而是理智的一種動作。這種理智動作，把理智的學識，應用到行事上，評判所行的事是善是惡。（註二一）

我們引伸聖多瑪斯的思想，主張「良心是人心的一種警告，告訴人目前當行之善，或當避之惡。」

（A）　良心是人心的一種警告

（a）「人心」　良心是人心的一種警告；所謂人心，即是指着人心的理智。良心是人心理智的動作，不是一種無意識的衝動，也不是一種超乎理智的知識，更不是一種特別的認識本能。

良心爲人心理智的活動，這種活動自然而然而生；無論人願意不願意，在人要做一事或已做一事時，理智必定有「良心」動作。但是所謂自然而生，並不是說無意識地自然而出。乃是理智對於人的行爲，必定發出一種評判。但是假使人不注意，心不在所行的事上，良心也不會發現。

（b）「人心的警告」 不是理智的一切活動，都稱爲良心。良心乃是人心的一種警告。

「警告」第一包含着評判或判斷。理智對於人的行爲，予以評判，評判行爲的是非。這種評斷稱爲良心。第二包含着實踐的命令。良心雖是理智對於行爲是非的評判，但並不是行爲是非的一切評判都是良心。我們研究倫理學，對於行爲的善惡，加以評判，這種評判不稱爲良心。良心是一種命令式的評判，命令人遵守；所以是一種警告。

（c）良心不完全是良知 人心理智，對於行爲是非的評判，雖是出乎自然；但是這種是非評判，並不常是不思不慮，天然而成。在良心裏包含人心對於天理的良知，這是當然之事，不成問題。但是在良知以外，人的理智還要知道人造的倫理規律，卽是認識法律和誡律，然後纔能評判行爲的是非。

天理是倫理的基本原則，天理的良知也就是良心的基礎。但是人生的規律，不能單單憑着天理，還要看社會的「禮法」。因此，良心便不能捨禮法而不顧。

（B） 良心告訴人當前當行之善當避之惡

（a）「當前」，良心警告，不是一種抽象的研究，乃是以當前要做的行爲作對象，對於這種具體的行爲，予以評判。

沒有行爲，便沒有良心。當人心不動時，良心也不會發現。但是「當前」兩字，是對於「要做的行爲」而言。至於所評判的事，有時能够是已往的，有時能够是將來的，但是評判的結果，卽是所警告的事，必定是當前的。

對於目前要做的事，或正在進行的事，良心警告這事可以做或不可以做。良心所評判的對象和所警告的對象，兩者都是目前的。

對於已往的行爲，人在回想時，也有是非之良心。這種是非之良心，不單單是評判已往行爲之是非，同時也命令人贊成或悔過。良心所評的對象，是已往的；良心所警告的對象，是目前的。

對於將來要做的行爲，良心也予以評判。評判的結果是目前可不可決定做那種行爲，良心評判的對象是將來的，良心所警告的對象是目前的。

王陽明講知行合一，就是主張良知之知，要有當前的行爲纔有；因爲良知是按天理評判當前的行爲是或非。

（b）當行之善當避之惡　良心對於目前的行爲，是一種實踐性的評判，卽是一項具體性的警告，告訴人當前的行爲是否可行。是否可行的理由，不在於利害，而在於善惡。行爲善則當行之；行爲惡則當避之。

因此簡單地說，良心也可定爲「理智對於行爲的實踐性評斷」。

（2）良心爲人行事的最近規律

倫理規律分爲三級：第一級爲天理，第二級爲人造倫理規律，第三級爲良心。普通學者以天理和人造規律爲外在的規律，以良心爲內在規律；又以天理爲最高規律，人造規律爲居中的規律，良心爲最近規律。然而這種區分，只是在解釋，天理，倫理禮法和良心的關係。實際上，天理雖是造物主所定，然而在人性以內，便不是外面的規律。但是從人的一方面說，人在行事時，所當所有的規律，便是良心。因此良心稱爲倫理最近規律，因爲良心對於人的行爲，是相近相接的。

（A） 良心是行爲的倫理規律

（a）良心是對於行爲的是非，予以評斷。凡是對於行爲的是非所有的評斷，都應視爲倫理規律。良心便是行爲的倫理規律了。

（b）良心是人心對於自己的行爲，予以是非的評斷，使人自知行爲是善或是惡。人性天理教人行善避惡；因此良心所定是非，人便該遵守；於是良心便是倫理規律。

（B） 良心是倫理最近規律

（a）良心是人人都有的　人有行善避惡的天責，那麼人便該知道何者是善，何者是惡。既然一切的人在一切事上都有行善避惡的天責，那麼善惡的評斷該當是人人所可有的，也該當是隨時可以有的。人人隨時所可有的善惡評斷，不是天理，不是禮法，乃是良心。第一、因爲天理只有倫理基本原則，在許多事上，不單單是應用原則，還應該應用節目。天理的節目，不是人人隨時所能知道的。第二、因爲禮法的法律和誡律是在人以外的規律，而且不是對於每樁事都加有規定。因此只有良心，纔是人人隨時隨事都能有的倫理規律。

（b）良心是天理和禮（誡律）法（法律）在每樁事上的應用　天理所定的，是倫理基本原則；誡律在法律所定的，也是些抽象條文；把倫理基本原則和禮法的條文，應用到每樁行爲上，使人事事知道有所遵循，這是良心的效用。因此良心是倫理最近規律；因此良心是每項具體的行爲，所有的具體規律。

（c）良心是人內心的規律　人的行爲，由人心意志而發動。意志的自由選擇，隨從理智的認識。因此，行爲的最近規律，該當是人的理智，對於意志自由選擇所有的評斷。這種評斷乃是良心。意志隨從良心，不損害自由的尊嚴；因爲自由本是隨從理智的。而且良心是本人對於自己行爲的評斷，隨從良心，人也顯出尊重自己。

（d）良心是每個人應服從的規律　凡是不承認有天理的學者，也就不承認良心有作倫理規律的資格。他們主張良心只是一種心理反响作用。每個人因着遺傳和教育，以及社會環境在人心理上所留的印象，每當人有行動時，這些印象使人心起反响。這種反響便是良心。所以倫理學上所謂良心不能錯，都是人們自己造成的心理現象。良心並沒有客觀的是非標準。

但是同時這班學者，因爲不承認有天理，又不承認有客觀的是非標準；於是承認良心是每個人在行動時是非的判決者。這種判決，無所謂錯不錯，只不過表示人的行動在當時合於或不合於心理方面的反響。

我們則承認有天理又承認有客觀的倫理規律。但是爲把客觀的規律應用於極複雜極不一定的事件上，便全憑良心作主。良心把外面的規律變成內心的規律，把呆板的律文，變成活動的規矩。使人在每樁行爲上，都知所適從。良心不是最後的規律，也不是絕對的規律；因爲良心背後有天理，有誡律和法律。但是當一個人在行事時，良心則是惟一的規律，人應絕對服從。

（e）良心是否能錯

每個人在行事時，應該聽從良心的指示，良心說可行則行，良心說不可行便不可行。良心在人行事時，是惟一的指導者。

但是這並不是說良心不能錯。良心也能有錯。然而就是在良心錯誤時，人不知道自己的錯，人隨從良心，人在良心上是無罪的。假使故意使良心錯，則罪在有意作惡了。

良心能够錯；因爲除天理的基本倫理原則，人有良知外，其餘的倫理規律，人都要學而後知。假使對於這些倫理規律，例如誡律或法律，事前不知道，在行事時，良心當然可以錯誤。把禁止的事，作爲不禁止的事。因此每個人有義務，盡力學習應守的誡律和法律，使良心不致有錯。若是無故或是故意不學習應守的誡律和法律，則在良心錯誤時，則有使良心錯誤之罪。

良心也能够猶豫不決。在一些環境中，一個人的良心，對於目前的一樁事，不知道究竟是善是惡，因爲不知道一定這樁事是不是被禁止的，或者是不知道在這樣的環境中這樁事是否可行。遇到這樣的機會，便當設法解除良心上的疑慮，務必要使自己相信可以作這事時，纔可以作。

所以古人所謂格物致知，一方面在明人心的天理，一方面在學習禮（誡律）法。每逢要作事時，人的良心可以正確地指導人的自由行爲。

（註一）鄧公玄—人性論，第九六頁。

（註二）胡適——杜威論思想。

（註三）鄧公玄—人性論（現代國民基本智識叢書第一輯）第一七九頁。

（註四）T. Leclercy. Les Grandes lineś de la Philosophie Morale, p.63

（註五）周輔成—哲學大綱　正中書局　民四五年　第一四七頁。

（註六）A • Perego S. G, —LÉtica Della Situazione, Roma, 1958

（註七）E. Grisebach—Gegenwart—Eine. kritische Ethik（Halle. Marx Niemeyer, 1928）

（註八）E. Michel—Der Partner Gottes.（Heidelberg. Schneider, 1949）

（註九）周輔成—哲學大綱第一五二頁。

（註一〇）鄧公玄——人性論，第九〇頁。

（註一一）張君勱——人生觀。

（註一二）John C. H. Wu, The Fountain of Justice, 1956

G.Del Vecchio—Lezioni di filosofia de diritto. Milano, 1950

（註一三）S. Thomas—Summa Theologica 12. P.91

（註一四）羅光—中國哲學大綱上冊第二七八頁。

（註一五）G. Del Vecchio —Lezioni di filosofia del Diritto, 1950, P 326

（註一六）羅光，中國哲學大綱上冊，第三〇頁。

（註一七）S. Thomas—Summa Theologica 1,2,Q 94

（註一八）同上

（註一九）出谷紀第三十五章第二十八節。第二十章第一節至第十七節。

（註二〇）S, Thomas—Summa Theologica I2,qu 90 a.4

（註二一）S. Thomas—Summa Theologia—I, qu. 79. a. 13.

第七章　德　論

（一）德

（1）德的意義

人的行爲，常以良心爲標準，良心則以天理和禮（誡律）法爲基礎。按照良心而行的行爲，必定是率性的行爲。率性而行「爲能盡其性。能盡其性，則能盡人之性。能盡人之性，則能盡物之性。能盡物之性，則可贊天地之化育。可以贊天地之化育，則可以與天地參矣。」（中庸第二十二章）

所以按照良心而行，王陽明稱爲致良知。致良知，實際就是誠。常常按照良心而行，便是「至誠」。至誠的人既能完全發揮自已的人性，完成自已的人格；他的精神生活一定很高。因此遵守倫理規律，不是埋沒自已的人格，反而是發揮自已的人格，提高自已的精神。提高人的精神生活，中國古人稱之爲修德。所以在講了倫理規律以後，我們便來談德。第一個問題：什麼叫做德呢？第二個問題：德有若干種呢？第三個問題：怎樣修德呢？

（甲）中國儒家對於德的解釋

在中國傳統的思想裏，有德行和道德兩個名詞。普通說話常說某某有德行，某某的道德很高。因此「德行」「道德」和「德」三個名詞，意義相同。你可以說某某有德，或某某有德行，或某某有道德。但是若往深裏追究，這三個名詞，又有些分別了。

「德是什麼呢？中國古書訓詁都說：德，得也。得之謂德。但得些什麼呢？後漢朱穆說：得其天性之謂得。郭象也說：（論語皇侃義疏引）德者，得其性者也。所以中國人常說德性，因爲德，正是指得其性。唐韓愈原道篇裏說：足乎已，無待於外之謂德。只有人的天性，自已具足，不待再求之於外，而且也無可求之於外的。」（註一）

周敦頤說：「用而和曰德」。（通書、愼動章）朱熹註說：「用之所以和，以其得道於身，而無所待於外也。」

張載說：「至當之謂德，百順之謂福。……循天下之理之謂道，得天下之理之謂德。」（正蒙至理）

朱熹註論語：「志於道，據於德。據者，執守之意。德者，得也。得其道於心而不失之謂也。」

『道爲體，德爲用。體者，人心之體；德者，人心之用。人心之體爲理，道便是理。人心之用爲情，德是主制情的。怎樣主制情纔稱爲德？使情得於「和」，乃稱爲德。』（註二）

「德行」，是得於人之天性的行爲。人爲有得於天性，不在於知，而在於行。越行，所得越多；所以說：某某有德行，或某某德行高；卽是說：某某因着「率性」之行，有得於心，或者說所得已經很多。

「道德」，道爲人生之道，中庸說：「率性之謂道」，按着「道」而行，有得於心，稱爲道德。

所以德，德行，道德，都是人行善，有得於心。

（乙）　德爲善習

聖瑪多斯解釋德爲一種習慣，使人在行爲時，易於爲善。人在行爲時，所有的習慣，能够是理智方面的，能够是情感方面的，德是屬於情感方面的習慣。（註三）

聖多瑪斯的主張和儒家的思想不相衝突，而且相同。儒家以德爲心主制情感使合於天理，乃有得於心。所謂有得於心，卽是構成了一種習慣。

因此我們對於德，可以下一定義：「德是使人易於行善的習慣。」

（A）「習慣」　習慣在哲學上是「特性」的一種。特性爲附屬體，附屬於主體。習慣的主體，爲行爲的本能；每種習慣，便附於每種行爲的本能。

習慣所依附的本能，或爲知，或爲行。本來「知」，也是人的一種行爲，這裡所說的行，是由意志所發動之行。因此習慣或是依附於理智，或是依附意志。理智的習慣，是人研究學術的習慣，習慣研究一種學術的人，對於這種學術，常有迎刃而解的便利。理智的習慣，不足以稱爲德。意志的行爲，是對於人的能力，發號施令，人的能力接受意志的號令，則不是天然務必常是一樣行動的能力。感覺的官能，只要滿了可以有知覺的條件，一定發生知覺，不受意志的左右。例如，眼前有物，開眼向物，你不能命令眼睛不見物。想不見物，則只有閉着眼睛。但是人的感情或慾情，都可以由意志去指揮。例如：愛、恨、貪、怒、等，都可以由意志去統制。而且人行善行惡，都在於感情一方面；因爲感覺和理智，都天然地傾向各自的對象。眼睛看物，理智懂理，本身是無所謂善惡；善惡之來，是在於看，聽，觸，懂理等等行動是不是可以做，做不做，由意志作主，意志之動，則常由於有所愛有所惡，或有所欲。因此行善行惡，常是情。依附於情的習慣，若使人向善，則稱爲德。

習慣既爲特性之一，則不易消失。中國古語說：『少成若天性，習慣如自然。』（漢書）習慣不是一樁行爲或數樁行爲所能造成的；習慣要由同樣的行爲，在相當長的時期以內，屢次加以重覆，然後纔能造成。

習慣造成了以後，並不是一成不變。習慣不但可以加深，至於積重難反；而且也可以減輕，以至於消除。習慣的消除，或者由於在相當長的時期以內，再不重覆造成習慣的行爲，或者由於重覆和習慣的相反的行爲。

因此爲成一德，要緊多行這種善德的行爲，使德而成爲德性，以至成爲人之第二天性。

（B）『使人易於行善』 人的習慣，有理智方面的，有情感方面的。理智的習慣，不足稱爲德；情感方面的習慣；也不是一切都是德。情感的習慣可以趨於善，也可以趨於惡。情感趨於惡的習慣，普通稱爲毛病；情感趨於善的習慣，纔稱爲德。

習慣之成，在於長久重覆同樣的行爲；習慣之消除，在於長久之疏忽習慣之行爲，或重覆相反的行爲。習慣的特點，是在於習慣的作用。習慣的作用，是在習慣已成以後，人再行這種行爲時，感覺到很容易很自然，即是說『習慣如自然』。

德的作用，就是使人易於行善。對於這一點，儒家沒有特別提出來。但是儒家說德爲有得於心，或說德爲有得於己，不待外求，雖是說人得了自己的天性，然多少也包含着屢次重覆一善，有得於心。旣有得於心，就和讀書時的『心得』相彷彿，每次遇着同樣的光景，就可以想起來，就可以同樣地去做；因此也有習慣成自然的意思。

（C）『德者力也』。德字在西洋的語言裡，多淵源於拉丁文。拉丁文的「德」爲Virtus。這句話的原義頗廣，表示一種能力，一項本能，一種特色。在中國的古書裡，老子道德經所講的德，也有能力的意思。老子以德爲道的內在能力『道生之，德畜之。』（道德經第五十一章）莊子說：『動以不得已之謂德。』（莊子庚桑楚篇）我曾解釋說：『德字解爲得字，是從萬物一方面說。從「道」一方面說，德是自化的能力。道因德而自化，自化而生物；物乃得着自己的存在。若使沒有德，道不自化，萬物便不能有了。故從萬物一面說，德者，得也；萬物因德而得有。由「道」一方面看，自化而成萬物。』（註四）

儒家的禮記月令一章裡，以春之盛，德在木；夏之盛，德在火；秋之盛，德在金；冬之盛，德在水。辭源解釋這處的德字爲四時旺氣。實際上，月令所說的德字，也有能力或本能的意思。春的本能在於生，生以木爲代表。因此普通說『德性』。

『德性』，也代表人性的本能。孟子以人性具有仁義禮智的善端，因此仁義禮智也就是人性的本能。

發揮這些本能，便成爲德。

中庸說：『君子尊德性而道學問。』（第二十七章）朱子註說：『尊者，恭敬奉持之意。德性者，吾所受於天之正理。』

大學第一章所謂明德之德，也應當作爲『德性』講。『大學之道，在明明德。』朱子註說：『明，明之也。明德者，人之所得乎天，而虛靈不昧，以具衆理，而應萬事者也。』

錢穆氏也說：『天賦人以性，因有此性始成其爲人，亦始成其爲我。由性始有德，故中國人常連稱德性。如人有孝性，便有孝德。人有至善之性，便有至善之德。』（註五）

但是以德爲人性之本能，容易引起誤會，例如荀子反對孟子的性善論，就是不贊成善德爲人性之本能，因爲善德若是人性的本能，人人便都行善了。

在人性上，有『善』之理，例如愛親敬長之理。這種理卽是天理，就是性律。然而理不是能力，也不是本能；理是行爲之理。雖是人性的天理，也有天然傾向的意思；這種傾向也不能稱爲能力。因此德不是發揮人性的本能，乃是實踐人之所以爲人之理，由於實踐，乃造成一種習慣，這種向善的習慣，纔成爲德。

因此我們對於德，不稱爲人的特性，只稱爲人的習慣。這種習慣是完成人的本能，因爲使本能容易趨於善。

（2）德的品類

德行不因爲人性相同，而只有一種德行，德行是有品類的。德行有品級，也有類別。於今我們講一講德行的區分法。

（甲）儒家對於德的區分

在儒家的經籍裡，對於德的區分，書經洪範講三德，皐陶謨講九德。但是這兩篇究竟是否書經的原作，很成問題。孔子論語重智仁勇，中庸也以智仁勇爲三達德。孟子則講仁義禮智四德。班固後來加上信，稱仁義禮智信爲五性或五常，遂爲後代的定論。班固說：『人生而應八卦之體，得五氣以爲常，仁義禮智信是也。』（白虎通性情）

班固主張五德的理由，是因爲五行之氣，他以五德配五行。五行本不出於易經，但因以陰陽爲根本，於是也以易經爲本。班固在說五氣之前，先說八卦，就是主張五行本於易經。後代理學家對於德之區分，便常拿易經作根據。

易經在乾卦文言說：『元者，善之長也。亨者，嘉之會也。利者，義之貞也。貞者，事之幹也。君子體仁以長人，嘉會以合禮，利物足以合義，貞固足以幹事。君子行此四德者。故曰：乾，元亨利貞。』

朱子解釋說：『元者，生物之始，天地之德，莫先於此，故於時爲春，於人則爲仁，而衆善之長也。亨者，生物之通，物至於此，莫不嘉美，故於時爲夏，於人則爲禮，而衆美之會也。利者，生物之遂，物各得宜，不相防害，故於時爲秋，於人則爲義，而得其分之和。貞者，生物之成，實理具備，隨在各足，故於時爲多，於人則爲智，而衆事之幹也。幹木之身，而枝葉所依以立者也。」

易經只有元亨利貞，可以配四德，信又怎樣安置呢？朱子說：「信是誠實此四者，實有是仁，實有是義，禮智皆然，如五行之有土，非土不足以載四者。」（朱子語類）

儒家對於德的分類，可以用下項圖表說明：

元	仁	春	木	東
亨	禮	夏	火	南
		中央	土	信。
利	義	秋	金	西
貞	智	冬	水	北

因爲人在本體上具有金木水火土五行，人心就具有仁義禮智信五德。朱子解釋說：「元亨利貞，性也。生長收藏，情也。以元生以亨長以利收以貞藏者，心也。仁義禮智，性也。惻隱羞惡辭讓是非，情也。以仁愛以義惡以禮讓以智知者，心也。性者，心之理也；情者，心之用也。心者，性情之主也。」（朱子元亨利貞說。朱子大全卷六十七）

儒家既以德爲性之本能，因此，對於德之分類，也由人之本體方面去找根基。德分爲五類，因爲人具有五行之氣。

（乙）德之區分、按照行爲的對象而分。

我們主張德是善習。習慣雖依附於一項本能，但是習慣不是本體方面的特性，而是由行爲造成的特性。本體方面的特性，按照所依附的主體而分類；由行爲而造成的特性，則按行爲而分類。行爲的分類，則按照行爲的對象而分；因此德的分類，也按照行爲的對象而分。如是同一本能所有的習慣可以種類不同，因爲本能行爲所向的對象不同。例如同一愛情，若所趨向的對象是父母，則爲孝德；若所趨向的對象爲天主爲神，則爲宗教熱誠；若所趨向的對象爲國家，則爲愛國之德；若所趨向的對象爲人，則爲通常的仁愛之德。

人的行爲本能數目有限，人的行爲所向的對象，則極煩雜不可屈指以數。雖然行爲對象有許多彼此相同，可以列爲一類，但是行爲對象的類列，數目一定很多，而且分類的標準，也不能人人相同。因此歷代講倫理學的學者，從來沒有一個人，正式說明「德」有多少種，或者列舉各種德行，敢說沒有遺漏的。

然而有些德行，因爲對象有一定，而且很明顯，在各國的社會遺傳以及倫理學中，已經自成一類，和別類德行，顯有分別。不過這等自成一類的德行，究竟有多少類，誰也不能說出一定的數目，講倫理學的人，也只能就德行中最著的幾種加以說明。我們也只能這樣做。

德行中最著者，當然要算「達德」達德以下，包括別的許多德行。我們在下面就講四種達德：仁義禮智。再按每種達德所包括的善德，簡單地加以述說。

(二)　達德

「達德」的名詞出於中庸。中庸傳第十二章說：「知仁勇三者，天下之達德也。」朱子註說：「謂之達德者，天下古今所同得之理也。」中庸講達德時，也講達道。達道爲五倫，五倫爲人們共由之路。因此「達」有共同的意思。所謂達德，即天下古今之人大家都該有的善德。

西洋士林哲學的倫理學，稱智、義、勇、節制、爲Virtutes Cardinales。拉丁文的這個名詞，直譯則爲樞德。樞德可以是表示樞紐之德，也可以表示中樞之德；實際的意思，則不過表示重要之德。因此可以譯爲達德。

達德雖分爲四類，然而這四類並不代表德的四種大類，由大類再分小類。四達德就只是四種德行。這四類是小類，其下再不分類。至於我們說各種達德以下，包括許多別的德行。這些被包括的德行，並不是達德的小類，只不過和達德的意義相同，而意義却不相等。

達德既不是德的大類，爲何竟這樣重要呢？第一、達德可以視爲各種德行的公共條件，每種德行都該具有。因爲無論那種德行，都不能缺少仁義禮智的要素。第二、達德可以視爲廣義的德類，凡和達德意義相同的德，便也可以視爲達德的小類。因爲達德在嚴格地說來，雖不是大類，都是在其下包括許多意義相同但意義不相等的德行。第三、達德視爲四德時，四德較比其他德行，更爲重要。

儒家達德的數目，歷代稍有出入。

中庸說：「知仁勇三者，天下之達德也。」（中庸第二十章）

孔子在論語裡說：「君子道者三，我無能焉！仁者不憂，智者不惑，勇者不懼。」（憲問）、（孟子）

孟子說：「仁義禮智，非由外鑠也，我固有之也，弗思耳。」（告子上）「惻隱之心，仁之端也；羞惡之心，義之端也；辭讓之心，禮之端也；是非之心，智之端也。人之有是四端也，猶其有四體也。」（公孫丑上）

班固說：「五性者何，謂仁義禮智信也。」（白虎通性情）

朱子解釋說：「或問仁義禮智，性之四德，又添信字，謂之五性，如何？曰：信是誠實此四者。……如五行之有土。非土，不足以載四者。」（朱子語類）

儒家又常借用管子的四維：「禮義廉恥，國之四維。四維不張，國乃滅亡。」（管子牧民）

總括上面各家的話，儒家的達德有知仁勇三德，有仁義禮智四德，有仁義禮智信五德，有禮義廉恥四維。但是「廉恥」不足以自成一達德，應包括在義以內。「信」則視爲仁義禮智的公共條件，不視爲一種達德。儒家的達德便只有智仁勇和仁義禮智。「勇」本可以成一達德，然也可以包括在義以內。例如孟子說：「生亦我所欲也，義亦我所欲也，二者不可得兼，舍生而取義者也。」（告子上）這就是勇，勇於守義。因此儒家的達德，可以由仁義禮智爲代表。

士林哲學的達德，或樞德，起於柏拉圖。柏拉圖以智、勇、義、節制爲四大德。亞立斯多德繼承柏氏的主張，以智、勇、義、節制爲四樞德。聖多瑪斯和後代的士林哲學家，都接受亞氏的思想。因此士林哲學的達德爲智、勇、義、節制四德。

士林哲學的智、勇、義、節制四德，和儒家的仁義禮智四德相比較，智義兩方都有，勇則可以攝於義中，節制則可以與禮相等。惟儒家多一仁德。士林哲學講仁愛，是在神學上講信望愛三德。我們以爲在哲學上講達德，更好也講「仁」德，因此我們便從儒家之說，講仁義禮智。

（1） 仁

（甲） 仁爲德綱。

（A）儒家對於「仁」意見頗多。孔子在論語上，答覆弟子問仁時，所答常不相同。後代理學家，以仁爲生理。朱子又以仁爲德綱。對於這點，我在中國哲學大綱上冊和儒家形上學兩書裡，已經說的頗爲詳細，在這裡便不再重說，只提出最重要的兩點：第一、孔子之仁，代表他的倫理道德之精神，仁乃是全德；第二，根據這種思想，理學家乃以仁爲德綱。

「孔子的仁，爲他的中心思想，統攝一切善德。仁的本體，在乎人性的天理；仁的精神，在乎法天的好生之德而爲博愛；仁的規範，在乎遵守禮法；仁的氣象，則爲中庸。」（註六）

理學家一方面繼承孔子對於「仁」德的思想，一方面又採取易經元亨利貞的思想，以仁爲生、爲元。易經說：『天地之大德曰生。』（繫辭下第一章）程明道解釋說：『天地之大德曰生。天地絪縕，萬物化醇，生之謂性，萬物之生意最可觀。此元者，善之長也，斯謂仁也。』（二程遺書卷十一）朱子又說：『故語心之德，雖其總攝貫通，無所不備。然一言以蔽之，則曰仁而已矣。請試詳之，蓋天地之心，其德有四，曰元亨利貞，而元無不統，其運行焉，則爲春夏秋冬之序，而春生之氣，無所不通。故人之爲心，其德亦有四，曰仁義禮智，而仁無不包。……誠能體而存之，則衆善之源，百行之本，莫不在是。此孔門之敎，所以必使學者，汲汲於求仁也。』（朱子仁說）

（B）聖多瑪斯曾說『仁』爲諸德之理。Charitas est Anima Virtutum（註七）行爲之善，是在於趨向人生最終目的。人生最終目的，則是在於欣享全美全善全眞的造物主。仁爲愛，愛之最高者，爲愛造物主，因造物主是人生最終目的。因此一切的善德，都因着「仁」，而趨向造物主。趨向造物主乃是「善」之善，於是「仁」便是一切善德之理。沒有仁，便不能有眞正的善德。

聖多瑪斯的仁論，和儒家的仁論，在結論上相同，兩家都以仁爲德綱，一切的善德中都含有仁。但是兩家的理由則不同，所以然不相同，就是兩家對於德的性質，主張不同。儒家以德爲發揮人性固有之善，人性固有之善，以仁爲主，因爲天心以生爲主。聖多瑪斯以德爲人之行爲的善習，使人易於爲善。人之善在於趨向人生最終目的，仁愛則是使人愛人生最終目的，因此一切善德都因着仁愛而趨於最終目的。儒家注意人之行爲的出發點，聖多瑪斯注意人之行爲的終止點，然而究其實，兩家並不互相排擠，而且可以互相融洽。儒家以仁爲人性之理。聖多瑪斯也主張人性有仁愛的天理性律。不過這種天理只能稱爲理，或最多可以稱爲天然傾向，但不能稱爲人性的本能，理學家則以仁以及他種德行爲人性的本能，這一點應該改正。

儒家的人生最終目的在於天人合一，參預天地的發育。人所以能參預天地的化育，在於仁。若是我們以儒家之天，不是蒼蒼之天，也不是冥冥的自然造化，而是皇天上帝，則儒家以仁和上帝相接，聖多瑪斯以仁和天主相接，兩家的思想又相同了。

然而聖多瑪斯和士林哲學家，以德爲善習，善習由仁而和人生最終目的相接，在哲學方面，理由容易講，而且系統很明瞭，我贊成以這種思想去補白儒家思想不明瞭之點。

（乙）　仁爲愛德

仁在廣義上說，爲一切德之理。從這一方面看，仁便不是一種德。但是從狹義上去談仁，仁便是一種德，和其他的德都有分別。因此我們列舉仁爲達德之一時，是列舉狹義之仁。狹義之仁是什麼呢？

（A）　仁爲愛

仁德爲一種善習，這種善習使我們愛人如己，又愛造物主爲我們的最終目的。

（a）仁德的對象，爲旁人和造物主。旁人的範圍很廣，包括一切的人。孔子和後代儒家，都有博愛的精神，以『四海之內，皆兄弟也。』（論語顏淵）愛的範圍，便包括四海之人。然而儒家對於仇人，則不主張愛，而主張報。孔子曾說以德報德，以直報怨。（論語憲問）禮記上說：『父之讎，弗與共戴天。兄弟之讎，不反兵。交遊之讎，不同國。』（曲禮上）耶穌的教義，則明明訓人愛仇，連仇人也不放在愛的範圍以外。『你們一向聽說過：你應愛你的近人，恨你的仇人！我却對你們說：你們當愛你們的仇人，當爲迫害你們的人祈禱。』（瑪竇福音、第伍章第四三節）然而對於仇人之愛，只及於仇人，不及於仇人所作之事。仇人侵害了我的權利，當然我可以請求社會負責者，按法逼他賠償。因此孔子「以直報怨」的話，不用於人，只用之於事，這句話是很對的。對於作惡的人，也不能放在愛的範圍以外；對於惡事則該除惡痛絕，如中國古語所說：『疾惡如仇。』

儒家尙有『仁民而愛物』的原則。孟子曰：『君子之於物也，愛之而弗仁，於民也，仁之而弗親，親親而仁民，仁民而愛物。』（孟子盡心上）。朱子集註曰：『物，謂禽獸草木。愛，謂取之有時，用之有節。』程子曰：『仁，推己及人，如老吾老，以及人之老，於民則可，於物則不可。統而言之，則皆仁，分而言之，則有序。』儒家雖說愛物，這個愛字，是愛惜的意思。人對於物，應該愛惜，不宜殘害，也不宜浪費，所謂『取之以時，用之以節。』這種主張是很合情理的。至於佛教戒殺生，則對於人生哲理不相合，僅是由教義引伸出來的戒律。

仁愛的對象，還有造物主。士林哲學而且以造物主天主，爲仁愛的第一對象，旁人乃是第二對象。儒家雖常主張敬天，但不談愛天，不過在儒家敬天的敬字裡，也包括有愛字。孔子家語上說：「是故仁人之事親如事天，事天如事親，此爲孝子成身。」事天如事親，事親則是親親，親親按孟子所說，是仁愛的最高一等，因爲仁愛的次序是親親，仁民，愛物。因此，在儒家敬天的思想，也有仁愛的意思。至於說孔子家語一書不可靠，考據學家多是這般主張；但是事天如事親的思想，在中國歷代的儒家中，已是一種普遍的思想。

（b）仁愛之道。　仁德之道，在於愛人如己，愛造物之天主在萬有之上。

對於愛人，重在一「如」字和一「推」字。愛人之愛，必定該有一種標準。這種標準即是本人；愛人之道，在於愛人如己。『子貢問曰：有一言而可以終身行之者乎？子曰：其恕乎，己所不欲，勿施於人。』（論語衞靈公）『夫仁者，己欲立而立人，己欲達而達人。能近取譬，可謂仁之方也已。』（論語雍也）孔子明明說出愛人要能從最近之處，拿自己一身作比方，自己願意自己怎樣，也就同樣待人。

「推」是推己及人。推己及人，就是實行愛人如己的原則。「推」字可以用「恕」字作代表。恕爲如心，拿自己的心，去推測別人的心，我心所願意的，別心也願；我心所不願的，別心也不願。推我自己的心去待人。孟子說：『老吾老，以及人之老；幼吾幼，以及人之幼。』（孟子梁惠王上）旣是推，在先該有出發點，出發點是我。由我向外推，由近及遠，愛便有先後，又有等差。我先愛我的父母，然後愛別人的父母。我愛我的父母在別人的父母以先，也在別人父母以上。因此仁愛必定要有遠近親疏的等差。墨子的兼愛，無等差，無遠近，有違於情理。孟子所以罵他爲無父無君。

愛天主在萬有之上。儒家曾主張敬天在萬有之上，例如中國古來祭天的典禮最隆重，爲一切祭祀之旨。我們主張愛天主在萬有之上，因爲天主爲造物主，其地位遠遠超出一切萬有以上，又是我們生命的根源和目的。儒家歷代敎訓人捨生取義，也就是愛造物主在萬有之上。生命爲我們是最貴重的，義是代表天主的天理。爲守天理而寧願犧牲生命，豈不是愛天主在萬有之上嗎？

（c）仁愛之理。　爲什麼我們愛在我們以外的事物呢？愛之理，若就愛字說，愛是七情之一，愛是天生的情慾，和恨相對。愛情使主體和客禮，即愛者和被愛者相近；恨情則使主體和客體即恨者和被恨者相遠。

一個人爲什麼愛一人或一物呢？普通說愛情是盲目的衝動，不受理智的支配。但是在理論方面，若就愛情的客體對象加以分析，愛之理，不出乎下列三點：或因嗜好，或因利益，或因美善。

嗜好之愛，是對象能使主體感到快樂，感到滿足。爲什麼這個客體對象能使主體快樂呢？這是一個心理上的問題，是一個人的感覺所有的天生傾向。這一種嗜好之愛，眞是不能理喻。

利益之愛，是因爲一個客體對象，能給予主體某樣利益。主體因而生愛客體對象之心。

美善之愛，則是因爲客體對象，具有美，或具有善，或具有才能，主體乃生愛心，由愛乃生友情。

上面三種愛，不能都稱爲德，德是該當合於理的。因此仁德的對象既該是合理的，仁愛之道也該是合理的。聖多瑪斯曾說，只有友情之愛纔可稱爲仁德。（註八）

友情之愛，在客體對象方面，具有美或善的條件；在主體方面，沒有利己而有利人之心；在主客兩者之間，有互相愛之心，因爲友，是互相交換，所交換的卽是愛。因此對於物不能有友情，也就不能有仁。孟子所以說對於物不能有仁，只能有愛。

我們對於旁人，應當愛人如己；愛人之心而且應當是友愛，而不是求利。理由是因爲人都是同類的，同類應當相助相愛。但是孔子所主張的『四海之內，皆兄弟也。』較比同類的理由，更深一層，因爲兄弟不僅是同類而且相親。士林哲學根據天主教的教義，再進一步說明人是同一原祖的後代，且是同一天主所造，同爲天主的義子。天主公教所以主張仁愛的範圍，包括仇人和惡人，也是因爲仇人惡人，不失爲天主的兒女，我們便因着愛天主而愛及仇人惡人。但是我們不可像墨子由「天」出發而主張沒有等差的兼愛，因爲愛的理由，是在於都是天主的兒女；愛的出發點，則在於本人。愛由本人出發，由近及遠，愛便有等差了。

（B）仁德之副德

達德的副德，不是達德以下再分出來的小類。每種達德只是一種德行，不是一類。達德的副德，是意義和達德相同，但是不完全相等；因爲達德的意義，只有一部份包含在副德以內。因此副德可以包括在達德以下。

（a）濟貧

孟子說：『惻隱之心，仁之端也』（公孫丑上）有仁德的人，一定對於遭難的人表示同情。所以濟貧是仁德之副德。濟貧之德，使人對貧窮和有急難的人，與以扶助。

孟子告齊宣王說：『老而無妻曰鰥，老而無夫曰寡，老而無子曰獨，幼而無父曰孤。此四者，天下之窮民而無告也。文王發政施仁，必先斯四者。詩云：哿矣富人，哀此煢獨。』（梁惠王下）

天主教主張富人，除去自己一家的費用以外，每年所有餘錢，最少要用百分之五，救濟他人，或用爲慈善事業。

佛教也提倡佈施，認爲六波羅蜜之一。佛教的佈施，有財物方面的佈施，有精神方面的佈施，即是佈施佛法。精神方面的佈施，孔子講爲「立人」或「達人」和勸善。孔子說：『愛之能勿勞乎，忠焉能勿誨乎。』（論語憲問）『夫仁者，已欲立而立人，已欲達而達人。』（論語雍也）

天主教所講的精神施濟，爲教導失學的人，看顧病人，安慰憂苦的人，慰勞被難的人等等善擧。

（b）恕過

恕過卽是寬恕，不念舊惡。有恕德的人，知道諒解人，知道原諒人。孔子教人：『躬自厚，而薄責於人。』（論語衛靈公）韓愈也說：『古之君子，其責己也重以周，其待人也輕以約。』（韓愈辯解）

耶穌對於恕過，有很明顯、很嚴重的教訓。每個人日常都有過失，常該向天主悔罪求赦，那麼自己對於別人有心或無心的過失，一定應該寬恕，不然自己就不能得天主的恕罪。耶穌教人祈禱說：『在天我們的父，……求寬免我們的罪債，猶如我們也寬免得罪我們的人。』（瑪竇福音第陸章第十二節）

（c）慈善

慈德之德，使長輩的人好好接待下輩的人，或使在上的人好好待遇在下的人。禮記談人義，第一便說：『父慈』。

孔子接待弟子，常用慈善。『顏淵喟然嘆曰：……夫子循循然，善誘人。博我以文，約我以禮。』（論語子罕）

（d）忠厚

忠厚之德，使人常好心待人。忠厚的人，不以人爲惡，更不想作惡害人。待人常和藹，不凌人，不詐人，寧可損已，不願損人。世間稱這等人爲忠厚長者，爲仁者，爲君子。

（2）義

（甲）義德：—常以人所應得者與人，稱爲義德。（註九）

『人所應得者』 人所應得者，是人按照自已的名分所當有的。名分之歸定，以法律爲根據。法律歸定社會間每個人的權利義務。每個人所應得的，即是每個人按照法律所有的權利。這種權利，他人不能侵犯。若加以侵害時，就要予以賠償。義德，在於使人，常不侵犯他人的權利。別人該得多少，就給他多少。即是說善盡義務。

『與人』 義德的對象，常在於他人，以人所當有者與人。普通說一個人對於自已也有義務。這所謂義務，是假借之辭。

義德之中道，不在於情感之得其中，而是在於物得其平。人有多少權利，我就該對他盡多少義務。欠人家多少錢，就還人家多少錢，把人家所應有的物都給了他，纔算是物得其平，纔算是義。

義的分類，可以分爲公義（Justitia generalis vel legalis）和正義（Justitia commutativa）。公義爲國家和國民該有的義德，正義爲私人和私人間該守的義德。國家以政府爲代表，政府對於人民有該盡的義務；人民對於國家當然也有應盡的義務。政府和國民的關係，以公義爲準則。私人和私人，私人團體和私人團體，彼此應該遵守正義。

（乙）　義爲宜

義爲宜，這是儒家的解釋。董仲舒說：『春秋之所以治人與我也。所以治人與我者，仁與義也。以仁安人，以義正我。故仁之爲言，人也；義之爲言，我也。……義者，謂宜在我者。宜在我者，而後可以稱義。故言義者，合我與宜，以爲一言，以之操之。』（春秋繁露仁義法）周敦頤也說：『宜曰義』。（通書誠幾德）

『宜在我者，以義在適宜自己的身份。一個人的自我，用名字作代表。一個人稱爲父，一個人稱爲母，一個人稱爲子。有的人稱爲兄，有的人稱爲弟，有的人稱爲姊，有的人稱爲妹。父母子女，兄弟姊妹，夫婦朋友，以及君臣長幼，每個名稱都有名稱的意義。滿全這個名稱的意義，就稱爲義。』（註一〇）

儒家的義，在於正名分，卽是孔子的正名。正名以禮爲標準，以對我爲主。義字從養從我；養其在我稱爲義。怎樣養我？以禮養我。在這兩點上，我們可以看到儒家的義字和西洋的義字，意義有不相同之點。西洋哲學的義，以法爲標準，以對人爲主；儒家的義字以禮爲標準，以對己爲主。西洋哲學的義字所重者爲權利，權利的根據爲法。沒有法律的規定，不能發生權利，規定權利的法律，能够是自然性律，能够是人爲法。有了法律的規定，權利則不可侵犯，我便該尊重他人的權利。儒家的義字重在義務。義務以禮爲根據。有許多事，雖然法律並沒有規定務必該當做，但是按禮說，則應當做。例如兒子孝敬父母，法律上對於兒子應該做的事歸定很少，但是在禮上，則歸定的很多。因此儒家的義字，較比西洋哲學上的義字，含義更高。

然而兩個義字，並不互相衝突。士林哲學在義德的副德裏，特別講孝親，愛國。這些德行，就不是完全以法律爲根據，而是以倫理律爲根據了。但是爲求名詞的正確，另外在於今已蔑古禮的時代，我們應接受外洋哲學的義字，以確實指定儒家義德的意義。

（丙）義之副德－孝

義的意義，在乎物得其平。人所予我者，我盡歸還。但是在有些事上，人在歸還時，沒有辦法，可以使物得其平，並不是不願歸還，乃是無法可以按物之平以歸還，因爲對方所予的太多，歸還的人沒有盡數償還的可能。這種償債而不能償淸之德，有孝親，愛國，宗敎敬禮天主，三德。這三德都算義德的副德。

義之第一副德爲孝德。

孝德是使人報答親恩之德。雙親生育兒女，鞠養兒女，敎育兒女。中國古詩曰：『父兮生我，母兮鞠我。拊我畜我，長我育我，顧我復我，出入腹我。欲報之德，昊天罔極。』（詩經、蓼莪）父母之恩，昊天罔極。然而雖不能完全償還，兒女也該盡心報恩。因此孝德是報親恩之德，也稱爲報本。『禮有三本，天地者，生之本也；先祖者，類之本也；君師者，治之本也。……故禮上事天，下事地，尊先祖而隆君師』（荀子禮論）

聖多瑪斯曾謂父母分有天主爲人大父的意義。天主造生人類，爲人的大父。父母生育兒女，參與天主造生人類之功，因此分有天主爲人大父之意義，父母乃爲兒女的根本。（註一一）

中國儒家素來以父母配天。『孝莫大於嚴父，嚴父莫大於配天。』（孝經聖治章）嚴是尊敬，尊敬父母是大孝，尊敬父母的最大尊敬是配天。這種配天，是在祭天時，以父母配享。祭天只有皇帝可以舉行，以父母配天也只有皇上可以做到。然而在孝理上，父母常可以配天，因爲父母分有天爲人之根本的意義。『夫天者，人之始也；父母者，人之本也。』（史記，屈原賈生列傳）因此中國儒家的孝，乃是『德之本，教之所由生也。』（孝經，開宗明義章）

孝道的義務有三種：『曾子曰：孝有三：大孝尊親，其次弗辱，其下能養。』（禮記祭義）。天主教孝道也有三：愛親，敬親，順親。

養親是孝道的最低義務，但也是孝道的最重要職務。中國歷代的法律對於有親不養，視爲大不孝，要議重罪。中國古代還有養老的好習俗。孟子曾說：一國有道，斑白者食肉衣帛，不負戴於途。誰有養老的義務呢？當然是兒子。因此養親的義務，無論誰都有，而且是一生的最大事件。

歐美的孝道以至於士林哲學的孝道，都主張兒女在父母有需要時，纔有養親的義務，父母若能自給，兒女便沒有奉養的義務了。

我們認爲中國養親的孝道，較比歐美的孝道更爲完滿，且足以保障老年人的生活。在於今的社會裏，仍舊應當保存。

「弗辱」，辱親可以是直接的，可以是間接的。直接的辱親，是用言語或行動，直接侮辱父母；這種行爲，是不孝的大罪。間接的辱親，是自己行爲不檢，自辱其身，間接使父母也受羞辱。「身也者，父母之遺體也。行父母之遺體，敢不敬乎？居處不莊，非孝也。事君不忠，非孝也。涖官不敬，非孝也。朋友不信，非孝也。戰陣不勇，非孝也。五者不遂，裁及於親，敢不敬乎！」（禮記、祭義）

「尊親」，不僅是在祭祀時，尊祀先祖；當父母在生時，也該尊敬父母。因爲父母是兒女生育之本，兒女便該尊敬父母。

天主教孝道所講的愛親，敬親，順親。愛親可以和儒家的養親相配合。儒家的養親，是奉養，是娛親，不僅是口腹之養。『子曰：今之孝者，是謂能養。至於犬馬，皆能有養，不敬，何以別乎？』（論語爲政）孔子所說的敬親，除普通的敬字外，也包括愛字；因爲孔子所重的，不在於口腹之養，而是在於精神之養，重在一個娛字。娛是使父母精神快樂。這不是愛嗎？

敬親包括弗辱和尊親。順親本是敬親的一種表示；但因爲在孝道中除奉養一事外，順親有一定的對象，而且是孝道中日常所該盡的義務，因此特別提出來。儒家不講順親，因爲兒女順聽父母之命，爲兒子當然該做的事。父母一天活着，兒女無論歲數多大，一定該順聽父母之命。天主教所講的孝道，則以兒女順聽父母之命，是有限制的。第一、限於兒女未成年時；第二、限於不剝削人性權利之事。已成年的男女，享有法定人爲能力，可以自作主張。若與父母同居，除關於家政外，其餘事件可以自主。未成年兒女，在關於人性權利的事件上，如婚姻、信仰、職業等事，兒女常可自由選擇，不受父母的强迫。中國現行民法，也是擇取這種有限制的順聽親命的原則。

（丁）義之副德—愛國

愛國之德，在中國古代用忠君報國爲代表。儒家常以皇帝代天行道，因此對於皇帝，應有極大的尊敬。這種思想，不能說是錯的。在今天的民主共和時代，國家的政權執行者，仍舊是代天行道。士林哲學對於國家政權的主張，在下一章討論社會權利義務時，我們將予以說明。於今我們僅談人民愛國之責。

人民爲什麼要愛國呢？是因爲應該報答國恩。國家對於人民有什麼恩惠呢？國家保護人民的權利，提倡社會公益，使人民的生活，能够安全，能够進化。

人民爲愛國，有奉公守法的義務。奉公是把公益放在私人利益以上，該當爲公家做事時，便不該推辭。守法，是使社會安全的最好方法。人民不守法，社會必亂，生活便不安全了。

在國家有亂時，人民有捨生衞國的義務。這也是孟子所說的捨生取義。爲什麼人民應當犧牲自己的生命去保衞國家呢？因爲國家爲保全自己的存在，沒有其他的方法，只能够命令人民起來保護。人民保衞國家，是爲保全自己的權利，保全自己子孫的利益。

但是愛國不是沒有限制的。在下一章我們要講國家的政權不是絕對沒有限制的；同樣我們也就知道人民愛國的義務，也不是沒有限制的。愛國的界限，在於天理，愛國而違背天理，不是德，乃是罪。因此在奉公一點上，不能違背天理良心。若是長官命令執行相反人性的法令時，則應抗命不行。在守法一點上，若是國法明明違背天理，相反人性，人民也沒有遵守的義務，應當設法，予以修改。

人民對於政府，應當尊重；因爲尊重政府，乃是愛國義務之一。但是若是政府不是合法政府，或是政府首長有非法之行，人民有抗爭之權，而且能够推翻暴政之政府。

至於說民族至上，國家至上，也不能加以誤解。在國家民族存亡之秋，國家民族的存在，超過一切私人的利益，連私人的生命，也該爲爭取民族國家的生存而犧牲。但是在平時，則是國家爲人民，不是人民爲國家。國家決不能剝奪人民的人權；不然卽是暴政。人民有天賦的生存權、生育權、自由權、私產權等等權利。國家是爲保全並發揚人民的這些天賦權利，不能反予以摧殘。人民也不能放棄這些天賦權利，以表示愛國。

（戊）義之副德—廉，慷慨

孝親愛國和宗教敬天主三德，都是報恩，但因恩大，不能完全報答，因此在這種德行上，義的意義不能完全實現。（宗教敬天主，在宗教哲學一篇已經提過，普通是在神學內，談這種德行。）在另一方面，有些德行，也含有報答的意思，但是所報的，不是應當報答的恩惠，而是由於情理適當。這一類的德行，有感恩，廉潔，慷慨等德行。感恩是人人共知的，於今僅就廉潔和慷慨兩德，畧加說明。

（A）廉潔

孟子曾說：『羞惡之心，義之端也。』羞惡之心，卽是廉恥。若把廉恥作爲普通的羞恥心理，便不是一種特別的德行，而是一種對於一切惡事所感到的慚愧心理。但是若把廉恥作爲一種特別德行，則是不貪不義之財，中國稱讚做官的人，常說廉潔奉公。以不廉爲恥。孔子曾說：『富而可求也，雖執鞭之士，吾亦爲之；如不可求，從吾所好。』（述而）又說：『飯疏食，飲水，曲肱而枕之，樂亦在其中矣。不義而富且貴，於我如浮雲。』（述而）

（B）慷慨

「慷慨仗義」，可以說是和「廉潔奉公」都成了中國的成語，所以廉潔，慷慨和義德也有關係。廉潔是對於不義之財，慷慨則是對於不必費用之財；兩者也都和財有關。

慷慨之德，是對於施捨和費用，能够合理地大量施發。慷慨的對面是吝嗇，但是慷慨也不能是浪費。如成浪費，則已成爲惡。因此慷慨是合理的大量。大量的對象，在於施發財物，或爲濟人，或爲建設。

（3）禮——節制

禮字在這裏，既不表示禮儀，也不表示倫理規律，禮字在四達德裏表示節制之德。荀子曾解釋禮說：「禮起於何也？曰：人生而有欲，欲而不得，則不能無求，求而無度量分界，則不能不爭，爭則亂，亂則窮。先王惡其亂也，故製禮義以分之，以養人之欲，給人之求。使欲必不窮乎物，物必不屈於欲。兩者相持而長，是禮之所起也。」（荀子、禮論）禮的意義，是在乎節欲。以禮代表四達德之一，是取節欲的意思。

禮所節制的，特別是飲食男女之欲；因爲飲食男女是人的大欲。因此節制之德，是節制食色之德。節制食色，在於使飲食男女之欲，不亂理性。中國古禮對於飲食婚嫁，定有禮儀，固然禮儀所能節制的，只是外面的幾種行動。節制之德，則是使人常有節制之心，在飲食男女之欲上，自己常知道合理地加以節制。節制的標準，在於使飲食男女之欲，不違背自己的宗向。飲食的宗向，在於養身；兩性結合的宗向，在於傳生。因此，便不能飲食過度，以致傷身；也不能兩性苟合，有違傳生。

至於齋戒和貞操，在節制以上，又加有其他的意義。中國古禮的齋戒，是爲淨心，預備祭祀。中國古禮的貞操，是爲表示女子從一，不嫁二夫。天主教的齋戒，一爲贖罪，二爲寡慾。天主教的守貞，不嫁不娶，是爲專心事奉天主，不以丈夫或妻子而分心。這都是在普通的節制以上，再進一層，所以不能稱爲節制之德，都各自另有名稱；但是都能視爲節制之德的副德。

（甲）節制的副德——端重

節制之德，是爲節制飲食男女之欲。但是有些別的慾情，雖和飲食男女之欲，不直接相關，但若不加以節制，人心常容易亂，社會上也常有爭端。因此中國古禮除飲食男女之欲外，特別注意端重和謙讓。「端重」之德，使人在外面的舉止，常不慌不亂。舉止不慌亂，便有安定的氣概。人常有安定的氣概，便不覺地具有端重的儀色了。孔門的教訓，很注重這一點；而且孔子的重禮，也注意在使人養成端重的習氣。

孔子說：「君子不重則不威，學則不固。」（論語、學而）所謂重即是端重。端重怎麼養成呢？在於舉止不苟且。孔子自己是「席不正不坐。」（論語、鄉黨）「升車，必正立執綏，車中，不內顧，不疾言，不親指。」（仝上）因此，孔子是「溫而厲，威而不猛，恭而安。」（述而篇）

不端重的人，舉止輕率，失於檢點；甚而至於輕狂。輕狂的人，失言失德。

（乙）節制的副德——謙讓

中國的古禮，一方面使人自己端莊自重，一方面又使人以謙讓對待他人。於今雖廢除古禮，但是端重和謙讓之德，仍舊應該力行。

謙讓之德，使人對於他人，知所退讓。謙讓是謙德的一種表示。孟子說：「辭讓之心，禮之端也。」我們只要看中國的賓禮，就知道古禮怎樣教導人，以謙讓待人。

謙讓所節制的，是節制人的好勝之心。中國古語常說：「滿招損，謙受益。」耶穌會訓人說：「自高者必被抑，自下者必被升。」（路加福音第拾肆章，第十一節）為人處世，不知謙讓，終必招禍。

（4）

智德，是理性的善習，使理性在行爲時，常能看得其中。「中」是情欲之動，合於天理。智德便是在情欲動時，常能知道當守之道。士林哲學則常以智德爲「行爲的正理」，卽是說：每椿行爲，都得其正。智德本是理智的善習，所以能稱爲德，是因爲智不是硏究學術的善習，而是行事的善習。行事，指着人有意的動作，不指着製造的本領，製造本領，乃是技術。人由意志所發動的行爲，都受理智的指導，理智常常指導得其當，稱爲智德。

凡是人們的行爲，都該得其當，（正，中）。爲得其當，先該有原則。但是難處在於怎樣使這些原則在實行時適得其當，爲使原則能够實行得其當，最要的是觀察考慮當前的具體環境。這種觀察考慮，很不容易。爲能好好觀察考慮，便該有智德。智德就是使人觀察考慮目前的行爲可以做或不可以做，若是可以做，則應該怎樣做。

智德包含致知格物的兩層步驟。王陽明以格爲正，物爲事，致爲用，知爲良知。格物致知，卽是在行事時，按照天理良心去做。朱子以格物爲硏究事物，致知爲得到事理的知識。據我們上面所說：人在行爲時，完全聽良心的指揮，而且應該聽良心的指揮。但是良心爲指揮人的行爲，不能僅靠人心的天理性律，應當也知道其餘的倫理規律。因此人在平日，應當求得這種知識；在行爲時，良心的評判，纔不會錯。智德是使良心不錯之德，因此智識包含倫理規律的知識，又包含善於實用倫理規律的本領。這種本領不是天生的，是由習慣養成的。所以成爲德。

（甲）智的副德——學

孔子最重學，後代儒家也重學。孔子所重之學，不是僅僅研究學術。孔子之學，是「下學而上達」（論語問）。上達什麼呢？是上達人生之道。「大學之道，在明明德，在親民，在止於至善。」（大學第一章）張載說：「學者當須立人之性。仁者，人也，當辨其人之所謂人。學者，學所以爲人。」（張載，語錄全書卷十二）中庸也說：「天命之謂性，率性之謂道，修道之謂教。」（中庸第一章）先生所敎學生的，是率性以爲人。

孔子曾稱讚顏回好學，不僅是因爲顏回：「聞一以知十」（論語公冶長）特別因爲顏回能够實行所聞之道，「子曰：吾與回言終日，不違如愚，退而省其私，亦足以發，回也不愚。」（論語爲政）因此後來讚美他說：「有顏回者好學，不遷怒，不貳過，不幸短命死矣，今也則亡，未聞好學者也。」（論語雍也）

人該怎樣求學呢？中庸說：「博學之，審問之，愼思之，明辨之，篤行之。有弗學，學之弗能弗措也。有弗問，問之弗知弗措也。有弗思，思之弗得弗措也。有弗辨，辨之弗明弗措也。有弗行，行之弗篤弗措也。人一能之已百之，人十能之已千之。果能此道矣，雖愚必明，雖柔弗强。」（中庸第二十章）

求學要知道向人請敎，作事也要知道問別人的意見。但也不能以道聽途說都爲好，應該明辨而又加思索，然後再去篤行。

（乙）智的副德——中庸

孔子說：「中庸之爲德也，其至矣乎，民鮮久矣。」（論語雍也）宋明理學家也特別注意中庸，朱子註釋中庸說：「中庸者，不偏不倚，無過不及，而平常之理乃天命所當然，精微之極至也。」（中庸第二章）

中庸究竟有什麼意義？宋明理學家常注意在中字。中庸書上曾說：「喜怒哀樂之未發謂之中，發而皆中節謂之和。中也者，天下之大本也，和也者，天下之達道也。致中和，天地位焉，萬物育焉。」（中庸第一章）

中庸是不是中和，我們在下面再看。

中字，大禹謨說：「人心惟危，道心惟微，惟精惟一，允執厥中。」宋朝理學家根據這一段話，多加解釋。程明道說：「中者天下之大本，天地之間，亭亭當當，直上直下之正理，出則不是。」朱子註釋說：「亭亭當當，此俗語也。蓋不偏不倚，直上直下之意也。」（近思錄集註卷一）

程伊川說：「楊子拔一毛不爲，墨子又摩頂放踵而爲之，此皆是不得中。至如子莫執中，欲執此二者之中，不知怎麼執得識得，則事事物物上，皆天然有箇中在那上，不待人安排也，安排着便不中矣。」（同上）

理學家都以情動時，能够合於人心天理，稱爲中。這種中，便和「率性之爲道」相同。凡是一事，都有該守的天理；凡是一事便都有該守之中。在大事上有中，在小事上也有中。事的中道，不在於遠求，乃在於人心。程子說：「事事物物上，皆天然有箇中在那上。」中道似乎很平常，實際上却又很高遠。朱子說：「而平常之理乃天命所當然，精微之極致也。」中庸書上說：「君子之道費而隱，夫婦之愚，可以與知焉；及其至也，雖聖人亦有所不知焉。」（第十二章）「子曰：道不遠人。人之爲道而遠人，不可以爲道……庸德之行，庸言之謹，有所不足，不敢不勉。」（第十三章）

「中道不能遠人，行之於日常一切的事，君臣父子兄弟夫婦朋友五倫的關係，都要合於中道。中道表現於庸德庸言，因此稱爲中道。」（註一二）

「子思以中庸爲中和。中和用之於人的七情，「中」爲七情的本然狀態，「和」爲七情行動得宜的狀態。七情未發時的本然狀態，乃是人之本性；因爲未發稱爲性，已發稱爲情。於是「中」卽是性。七情發而中節，七情之節在於人性之天理，七情發時合於人性之天理，乃稱爲和。」（註一三）

中庸的意思便可以說是在行爲時，行爲都合於正理。中是恰得其當；恰得其當就是得理之正。所以中字可以相當於正字。正理在行爲時，稱爲智；於是中庸和智很有關係。把學字智字中庸排起來，三者的關係如下，學以得智，智以得中庸。

士林哲學繼承亞立斯多德的思想，對於德都講中。凡是德都該得其中。士林哲學有句成語："Virtus sta in medio"「德居中」；因爲若有過或不及，都不能稱爲德。僅只有義德不在得其中，而在得物之平。這種「德居中」，不是德，而是德所以成德的重要條件。

孔子所談的中，常是不過不及的意思，和士林哲學的中，意思相同。但是中庸之中，和理學家所談之中，則和士林哲學之中，意義不完全相同。中庸之中和理學家之中，乃是「合於人性天理」；這是一切「

善」所以爲善的理由。因此這種中庸成爲智德的副德，因爲智德即是使人行爲合理之德。

(三) 修德

歐美的哲學，無論古今，不談修德。談修德的是歐美的宗教。天主教對於修德，積兩千年的經驗和名人的學說，於今已建立一門學術，稱爲神修學，即是修養精神之學。我們中國儒家，則從古至今，沒有不講修身立德的。於今有些講中國哲學史的書，對於儒家的每位哲學家，特闢「修爲論」一欄，專談每位哲學家對於修身的思想。儒家所以講修身，因爲儒家講哲學不像西洋哲學家只顧談理，儒家講哲學是在於按照理論去做人。

我以爲儒家的態度是對的；人生求學，不應僅爲求知，應該求知以爲行。知和行分開，人生必定不能完善。我於今也就在談論德行的理論以後，談談修德的理論。這種修德的理論，雖近於方法論，實際則是由於哲學原則引伸出來的。

爲能行善修德，最基本的條件是能按照倫理規律去行爲。人的本性上本來有行善的原則，人的自然傾向也是趨於這些原則，發揮這種傾向，人自然可以遵守倫理而行善；爲什麼緣故人在行爲時，却多次反違倫理規律而行呢？緣故是在於慾情的衝動，蒙蔽理智減削意志的指揮力。所以爲能行善修德，應該節制慾情，加强意志力。這就是所謂正心誠意。

（1）正心

（甲）寡慾

慾情，是人在感覺方面及精神方面的嗜好，因有嗜好，乃有求，求而不得則恨、則惡、則悲痛失望，求而得，則愛、則歡喜、則欣賞。普通稱這些心理變化或狀態爲情感。

情感在本身上說，是人的一些本能，無所謂善惡。但因爲情感的對象，多爲可感覺的物體。這些物體直接和感官相接觸，藉着感官的知覺激動感情，感情被激動時，發動一些心理現象使腦神經中樞振動不安，人的思維神經因此能够被阻，人的理智作用和意志作用，乃受不良影响，結果人在行爲時，不受理智意志的指揮，而受感覺的驅使，於是乃「越理犯分」，行爲不軌。因此爲能免除這種不良的結果，應該日常練習節制慾情，使慾情在被感覺所激動時，務必不要擾亂腦神經中樞，不影響理智和意志。反之，使感情的動，受理智和意志的指導，常能有合理的發展，像中庸所說：「發而皆中節謂之和。」

儒家稱呼節制慾情爲寡慾。寡爲少，寡慾卽是減少慾情之動。減少慾情之動，有兩層意思：第一、減少慾情在發動時的强度，慾情的激動過强，最能擾亂腦神經中樞，使人失去自主力。儒家稱强度的慾情爲濁，情濁則掩蔽人心的天理，人便不知是非。

第二、減少慾情的衝動。慾情常因人有嗜好而動，人若能減少一些嗜好，慾情便少有發動的機會，人便少受慾情的衝動。佛敎敎人絕慾；慾本不能絕，只可以減少，或予以合理的發展。節制慾情就是減慾和導慾。孟子曾說：「養心莫善於寡欲。其爲人也寡欲，雖有不存焉者寡矣。其爲人也多欲，雖有存焉者寡矣。」（盡心下）孟子所說的養心，即是存心，存心是保存養育人心的善端，使能成爲德。

（乙） 持敬

怎樣能夠節制慾情呢？爲節慾是否有方法？當然有方法可以節慾。方法即在於持敬主靜。

持敬，有內外兩方面的意義。外面的持正，即是外面的舉止端重，凡是坐立行止都不慌張，不輕狂。中國古人稱這種持敬爲守禮。外面的舉止端重，很能影响人的內心，使人的內心也能不慌不亂。內心不慌不亂，即是減少慾情的衝動。

內面的持敬，爲主一。朱子說：「主一又是敬字註解。要之事無大小，常令自家精神思慮盡在此。遇事時如此，無事時也如此。」（朱子語類）程子說：「或問敬。曰：主一之謂敬。何謂一？曰：無適之謂一。何以能見一而主之？曰：齊莊整敕，其心存焉。涵養純熟，其理著矣。」（二程子。濂洛關閩書，卷三傳道第一）

程朱所講的主一，是心專於一，使自己注意目前所做的事，不要胡思亂想。但是這種種講法，常有落於空想的危險。

王陽明進一步講主一爲主於天理。「陸澄問主一之功；如讀書則一心在讀書上，接客則一心在接客上，可以爲主一乎？先生曰：好色則一心在好色上，好貨則一心在好貨上，可以爲主一乎？主一是專心一箇

天理。」（王陽明全書卷一）

我們認爲主一，是主於人生的最終目的。（人生宗向）行事時想着人生的宗向；閒着時，也想着人生宗向。這樣便能夠習慣自己常爲人生最終目的而行動。於是當慾情動時，便能反省慾情之動，是否合於人生宗向，合者則加以發揮，不合者則予以制止。因此人的心便常能正。

正心，是人心常對向人生最終目的。正心也是人心常正對着天理和其他倫理規律，因爲天理原則和其他倫理規律；是引人趨向人生宗向之道。

持敬因此是積極的修身方法，用意是在使人的內外都正合倫理規律，以達到人生宗向。同時按照倫理規律去範圍慾情，節制慾情之動。

（丙） 主靜

靜字在宋明理學家的思想裏，爲修身的第一步。靜爲靜坐，初學的人爲能靜心，開始便練習靜坐。朱子說：「須是靜坐，方能收斂。」（朱子語類）王陽明也曾教弟子們靜坐，後來因爲弟子中有好靜坐厭動作的，又有因靜坐而談佛觀的，乃改爲教人致良知。「吾昔居滁時，見諸生多悟知解，口耳異同，無益於得，姑教之靜坐。一時窺見光景，頗收靜效。久之，見有喜靜厭動，流入枯槁之病；或務爲玄解妙覺，動人聽聞。故邇來只說致良知。」（王陽明語錄）

我們於今不主張靜坐了；然而靜字在修身上仍舊是種重要的方法，大學曾說：「知止而后有定，定而后有靜，靜而後能安，安而后後能慮，慮而後能得。」（大學第一章）人心不靜，觀事不明，觀事不明，行爲便常能違背倫理規律。天主教的神修學裏有兩種方法，和儒家的靜坐，宗旨相同，却沒有靜坐的流弊。天主教的兩種修養精神方法：一爲每日默想，一爲每年退省週（避靜）。

每日默想，是每人在每一天內，或用一小時，或用半小時，或至少用一刻鐘，靜坐默想。默想什麼呢？默想修養精神之道，即是默想教義，默想耶穌在福音上的言行，默想各人的職務，默想倫理規律。每天默想一點，又把這一點修養精神之道，貼到自已日常的生活上。久而久之，人就自然而然在平日生活上，知道改正缺點了。這是孟子所講的收心。朱子也說：「靜坐非是要如坐禪入定，斷絕思慮，只收斂此心，莫令走作閒思慮。」（朱子語類）默想既可以收得靜坐的靜，又可以免掉瞑目空想的流弊，而且又能使人習於修養精神之道。遇到事時，馬上知道怎樣應付。

每年反省週，俗稱常年避靜。避靜卽是說躲避熱鬧，尋求淸靜。但是實際上不是尋求淸靜安閒，乃是一年內用八天或五天或三天的工夫，放下平日的事務，反省自己一年內的行爲，以洗刷自己的品行。

每日默想和每年反省週，在全球的天主教會中，多有人實行，效益很大。

（2）誠意

正心，使心常對向人生宗向，使人常理會到倫理規律。正心可以說是相帮理智看淸事理的方法。卽是使良心正確。荀子曾說：「故人心譬如槃水，正錯而勿動，則湛濁在下，而淸明在上，則足以見鬚眉而察理矣。」（荀子解蔽）然而單單正心還不足以行善修德，最要的乃是意志能夠作主，命令內外的行動，都按倫理規律而定。儒家學者如荀子、朱子、王陽明等，多以慾情不掩蔽人心天理時，天理自明，不很注意意志的工夫。王陽明雖講誠意，他以誠意爲致良知，致良知乃是良知沒有私慾的障蔽，良知自然致用於外。「若良知之發，更無私意障礙，即所謂充其惻隱之心，而仁不可勝用矣。然在常人不能無私意障礙，所以須用致知格物之功，勝私復理。即人之良知更無障礙，得以充塞流行，便是致其知，知致則意誠。」（王陽明全書卷一）

但是按我們的心理學，人的自由行爲，由理智的知識指導意志，意志決定行止，然後發動內外的行爲官能，以成行爲。知不是行，知行不同是一事。許多時候，在行爲時，我們明明知道按良心應該是這樣做，我們卻不按照良心去做，並不是不知道，乃是不願意。因此，我們在正心使良心正確外，還要使意志眞眞按照良心去做。這就叫做誠意。

（甲）誠

誠字在中庸一書裏，算爲中心思想。中庸說：「誠者，天之道也。誠之者，人之道也。」（中庸第二十二章）「誠字的本義，是眞實無妄，不自欺，不欺人。中庸的誠字，則是渾然天理。天之道爲誠，因爲宇宙的大道，自然是隨從天理。人之道爲「誠之」即是求誠，求能處處是渾然天理。人之誠，便是人的意念，人的外行，不違背人心的天理，不反性而行。」（註一四）

中庸又說：「自誠明，謂之性，自明誠，謂之敎。」（第二十一章）人生的本性，自然是誠實無妄，因爲性卽是理，人性上有天理。天理本來常是爲人所知，我們曾說：天理原則，人自然知道。因此說是「自誠，明。」若是人能够把人心的天理，昭明於外，在行事上，行爲和人性天理，豈不是自己顯明自心的天理嗎？顯明人心天理，稱爲誠。所以稱爲「自明，誠。」

「誠者，自成也；而道自道也。誠者，物之終始，不誠無物。」（中庸第二十五章）中庸的這一段話，頗引起一些爭辯。我曾聽見人說：這處的誠字道字，指着「自有實體」，卽是指着造生宇宙萬物的天主；因爲「自成」「自道」是說「自有」，「物之終始」是說造生萬物而又爲萬物的最終目的。我不敢說這種解釋完全沒有根據。但是合於中庸全書所用的「誠」字，意義完全不同，所以我不願贊成。我的解釋是「誠，使人能自成，誠之道卽率性之道，爲人自成之道。誠，纔能盡性，物不盡性卽性不全，物卽不成。人不誠，人不盡性，卽不成其爲人。」（註一五）

理學家解釋這處的誠字，意義很浮泛，不着實際。周濂溪說：「誠者，聖人之本。大哉乾元，萬物資始，誠之源也。乾道變化，齊正性命，誠斯立焉。」（周子、通書、誠上第一）朱子說：「問：誠者，物之終始，而命之道也。曰：誠是實理。徹上徹下，只是這箇生物，都是從上做來。萬物流形天地之間，都是那底做。以理言之，則天地之間至實，而無一息之妄。故自古及今，無一物不實。而一物之中，自始至終，皆實理之所爲也。」（太極圖說解）

我以爲誠字不是指着實體，而是指着動作。誠是眞實無妄地表現人性的天理。所以誠字皆和意字連到一起，作爲誠意。

（乙）　誠意

大學講誠意。大學說：「欲正其心者，先誠其意。」大學之「意」，爲意念，爲心之動。所以爲正心，先要誠意。朱子釋說：「誠，實也。意者，心之所發也。實其心之所發，欲其一於善而無自欺也。」

我們以意爲意志，誠意是意志按照自己良心去發動行爲，使行爲完全合於良心。意志因此不欺自己的良心，稱爲誠意。慾情能够擾亂理智的思慮，使良心的評斷不正。慾情又能擾亂意志，使意志不能作主，以致於隨從感覺的牽引而趨於惡。

孟子說：「體有貴賤，有小大。無以小害大，無以賤害貴。養其小者爲小人，養其大者爲大人。……耳目之官，不思而蔽於物，物交物，則引之而矣。心之官則思，思則得之，不思則不得也，此天之所與我者。先立乎其大者，則其小者弗能奪也。」（告子上）感官爲人的小體賤體，心爲人的大體貴體。人不應因感官的牽引而行爲，應該隨從心的主宰而行爲。心包含理智和意志，理智遇事思慮，意志隨從理智的意志而發令。若是人常能使意志指使人的一切行爲，而意志又常合於良心。則心正而又意誠，人便常行善，常行善則修德了。

（註一）錢穆一德行。民主評論第六卷第四期第二頁。

(註二)羅光—儒家形上學。第一八七頁。

(註三)S.Thomas. Summa Theologica. 1-2. qu.58.a-3.

(註四)羅光中國哲學大綱，下冊第二三頁。

(註五)錢穆——德行(同上)

(註六)羅光。中國哲學大綱上冊第一一九頁

(註七)S.Thomas. Summa-Theologica. Ⅱ-Ⅱ. qu. 23.a.8.

(註八)S. Thomas—Summa Theologica. Ⅱ—Ⅱ. qu. 23. a. 1.

(註九)S. Thomas.—Summa Theologica. Ⅱ—Ⅱ. qu. 58. a. 1.

(註一〇)羅光——儒家形上學。第一九九頁。

(註一一)S. Thomas—Summa Theologica Ⅱ—Ⅱ qu. cⅡ a.1

(註一二)羅光——孔子思想系統觀。—孔學論集，上冊、第一八七頁。

(註一三)同上。

(註一四)羅光。中國哲學大綱上冊，第八七頁。

(註一五)同上。

第八章　權利與義務

(一)　權利與義務的意義

孔子對於實際的倫理生活，最重的是名分。「子路曰：衞君待子為政，子將奚先？子曰：必也正名乎？子路曰：有是哉！子之迂也！奚其正？子曰：野哉由也！君子於其所不知，蓋闕如也。名不正，則言不順。言不順，則事不成。事不成，則禮樂不興。禮樂不興，則刑罰不中。刑罰不中，則民無所措手足。故君子名之必可言也，言之必可名也。君子於其言，無所苟而已矣。」（論語子路）孔子所講的正名，是要把每個表示社會地位的名詞，在實際上，眞眞名實相符。齊景公問政於孔子，孔子對曰：「君君臣臣，父父子子。」公曰：「善哉！信如君不君，臣不臣，父不父，子不子，雖有粟，吾得而食諸。」（論語顏淵）

正名為正確每個代表社會地位之名詞的名分。名分是頂有一個名詞的人所可做的事和所該做的事。按照一個名詞，一個人所可做和所該做事，即是這個名詞所包括的權利義務。因此孔子所講的名分，用現代話來說，就是權利和義務。

儒家的名分，以五倫為範圍，以禮法為標準。每一倫，按照禮法而定名分。於今我們講權利義務，則不能限於五倫之內；一個人的一生，所能有權利義務，於今已不能以五倫範圍，在五倫之外，另外還有權利義務。我們討論權利義務，將以私人、家庭和社會為範圍，逐步加以討論。

人生的倫理道德，目的在於行善避惡。爲行善避惡，人生的活動，應該按照倫理規律而動。人能常常按照倫理規律而動，人便能積善修德。但是在倫理規律裏，有一條原則，可以算爲人的實際生活的基本原則。這項原則，就是做自己名分所可做和所當做的事。孟子曾說：「義，人路也。」（告子上）義，是宜。宜，是宜於名分。這個義字，代表名分，禮記禮運稱五倫的名分，爲人義。人義爲人生之路，因爲是人生活動的標準。因此可見孔子看重名分的理由了。我們也因而在德論以後，討論權利義務。

討論的次序，第一、討論權利義務的意義；第二、討論私人的權利義務；第三、討論家庭的權利義務；第四、討論社會的權利義務。

（1）權利與義務的意義

「權利」一個名詞，在西洋的語言裏，常和「法」字相同，（Jus, Diritto, Droit, Right, Recht）所以也代表法律，但是用爲代表權利時，意義則是：「對於一事一物，可有的和可行的不可侵犯之權。」

權利指着一種「權」，權是一種能力。然而這種能力，不是生理方面的能力，而是倫理方面的能力。權利乃是倫理能力。

生理能力是生物的本能，例如眼能看，耳能聽，都是生理本能。倫理能力是一種名分，按理說，一事一物應該屬於某某，某某對於這事這物就有倫理能力。有了倫理能力，還該用生理能力去執行。生理能力的活動，如遇着物質界的大阻力，便不能行動；因此每當執行倫理能力的生理本能被阻時，倫理能力便不能實現。許多時候，一個人具有權利而不能够執行，因爲外面遇到物質的阻力，於是權利便被侵害。所以說權利是不能被侵犯的，國家法律應與以保障。

權利是不能侵犯的倫理能力。權利不能被侵犯，因爲權利是一個人按正義所當有的。別人如加以侵犯，即是違反正義。同時，如別人予以侵犯，則具有權利的人，便不能實行自己的權利，有權利等於沒有權利。

因此，和權利相呼應的，是義務。我具有一種權利，別人對於我便有一種義務。別人有什麼義務呢？我若對於一物，有所有權，別人有義務不奪取這物。我若對於一事有舉辦的權利，別人便有義務不阻當我行這事。權利和義務是相呼應的。權利是對於一事一物，所有的不可侵犯的主權；義務便是對於一人，所該給予的事物。

義務從客體方面去看，是對於一人，應給予的事物。從主體方面去看是該給予這種事物的名分。例如我欠人一百元的債；一百元是我在客體方面的義務；我該把一百元還給債主，還債的名分是我在主體方面的義務。債主則對於我有要求一百元的權利。

權利和義務的主體，都該是一個人；因爲權利和義務的執行，都假設執行者有自主之權，惟獨人纔有自主之權，禽獸是不能自主的。但是在法律上，另有一種法人，法人是社團或財團，兩者都能作權利和義務的主體；因爲社團和財團稱爲法人，兩者的經理者，都是人，都能有自主的行爲。

權利義務在法律方面，又能够和權利義務的執行，互相分離。普通有權利或有義務的主體，都能執行所有的權利和所有的義務；但是有時則不能够自己去執行，應該用一代理人。執行權利和義務的能力，稱爲法律行爲能力。凡是未成年人或是禁治產人，都沒有法律行爲能力，都該用保護人作代理人。凡是國民，對於國家的政治，都有管理之權；但是實際上不是全國民衆直接管理國政，是由政府代表民衆去管理國政。孫中山先生所以說國民有政權，政府有治權。不過政府的治權，大於民衆的政權，因爲政府有威權，威權不是來自民衆。關於這一點我們後面再談。

（2） 權利義務的來源

儒家所講的名分，以禮爲根本，禮又以天理爲根本。儒家的禮則是和法相對立的。因此儒家五倫的名分，不是法定的，而是禮所歸定的。例如父慈子孝，慈孝來自禮，不來自法。

於今我們講權利義務，則不是以禮爲根本，而是以法爲根本。因此我們說權利是不可侵犯的。如被人侵犯時，即可按法要求法律的保障。權利義務都由法律去歸定。沒有法律的規定，則沒有權利義務。

所謂法律，包括兩種：第一是性律，第二是普通法律，性律是人性的天理，性律所定的權利義務，乃是人性所有的要求，因此也稱爲人權。人性的要求，都是爲維持人的生存。這些要求，爲人性最低限度的要求；因爲不然，生存便不能維持，便不能有合理的發展。

人性所要求的權利，第一是每個人對於自己的生存所不能缺的條件，有要求之權。第二是每個人爲繼續發展自己的生命，要求結婚，組織一個家庭。第三人爲保障自己的生命和家庭要緊有國家；國家因此也是出於人之天性。人性在這三方面所要求的權利和所加的義務，是絕對不能侵犯的，無論在何時何地，也常不變。不過人們對於權利的認識，則隨社會環境而進步。在人類文明未開化時，人們不完全認識這些權利。人類文明越進步，人類越能認識自己所有的基本權利和義務。

普通的法律，則是按照一時一地的環境，根據人性的性律，對於人類彼此的關係，再加上詳細的規定。法律所規定的權利義務，較比性律所規定的更多，更詳細；然而總不能違背性律。

民法上常有債權一篇，規定契約所產生的權利義務。但是民法的物權和親屬以及繼承各篇，也規定許多的權利義務。國家憲法則又規定國民的權利義務。國法的規定，各國互有異同。除國法以外，還有各種社團的會章，也都規定社員應有的權利義務。還有天主教教會，訂有教會法典，法典上對於教會的各級人員所有的權利義務，規定的很詳細。

但是我們於今所討論的，不是這些後天法律所規定的權利義務。關於這些法律條文的研究，是屬於法學範圍的。我們於今所研究的，是由人性性律所產生的權利義務。這種研究，分爲三節，第一節研究私人的權利義務，第二節研究家庭的權利義務，第三節研究社會的權利義務。這三節中所講的，雖屬權利義務，但既是以人性爲根基，這些權利，都是人性的要求。人性的要求，即是天理；因此人性的權利義務，是屬於倫理而不屬於法律。

(二) 私人的權利義務

儒家所講名分，以五倫爲依歸。五倫是社會關係，是人和人的關係，因此一個私人對於自己，無所謂名分。倫理所講的，是人的倫常之道，倫常之道，乃是五倫的名分。私人對於自己既不成一倫，私人對於自己，沒有倫理可講。我們在上面已經說過，倫理善惡是人對於人生宗向的關係，人生宗向是每個人所有的。於是每個人的生活，無論對己對人，都在倫理的範圍以內。同樣，於今討論權利義務，我們也不以私人對於自己，沒有權利義務。每個人對於他人有權利義務，對於自己也有權利義務。而且每個人對於自己的權利義務，還在對於他人所有的權利義務以先。

所謂權利義務，乃是人的權利義務，無論對己對人，都以人爲主體。因此爲講權利義務，最重要的在於明瞭人的人性。人的人性由靈魂（心靈）和肉體結合而成，人的生活便有精神和物質兩方面，精神方面的生活高於物質的生活。人既不是自有體，人按本性說，乃受造之物，人的最終目的，在於欣享至善至美的造物主。這幾點關於人性的眞理，是我們討論權利義務的大前題，我們常要把這幾點眞理放在眼前。

（1）人的生存權

每一個人，按人性說，所有的第一項要求，在於保全自己的生命。生命即是人的存在，沒有生命，人就不存在了，也就不成爲權利義務的主體了。一個屍體，無所謂權利義務。普通所談屍體的權利義務，乃是活人對於屍體的所有的權利義務。因此每一個人最基本的權利，是保存自己的生命。

（甲）生命不可侵犯——生命是每個人所以是一個人的基本條件，是造物主給予人的最大恩惠。因此，不能容他人予以侵害。遇有侵害時，每個人都有抵抗之權。同時，每個人便有不能傷害他人生命的義務。殺人，爲罪中最重者；因爲侵害他人最貴重的福利，剝奪人的生存。

至於國家政府具有決定並執行死罪之權，又有征兵作戰之權，那是因爲國家的生存，高於私人的生存，在國家的生存，遇有危險時，國家具有犧牲私人生存以保全國家生存之權。私人則都是平等的，一個私人決不能犧牲他人的生命，以保全自己的生命。除非他人在危害我的生命時，我則可以殺害他的生命，以保全我的生命。我並不是用意犧牲他的生命，我用意爲保全我的生命。

（乙）人不能自殺　人有保全自己生命之權，也有保全自己生命的義務，不單是他人不能殺害我，我也不能殺害我自己。因爲生命不是我自己造的，乃是造物主所賜的。中國古人以身體髮膚，受之父母，不可毀傷。實際上，父母所給的是我們的身體；我們的生命，則來自於造物主。母親胎生兒子時，胎兒是死是活，父母都不能作主。但是，若沒有父母給我們的身體，造物主也不能給我們生命。我們尊重父母的遺體，是合理的；我們尊重造物主天主所給的生命，更是合理的了。所以自殺，等於殺人。

人旣不能自殺，人也不可自殘。人的肢體是生命的機關；沒有肢體，生命將受損害。肢體越重要，越不能損害。他人不能殘害我的肢體，我也不能殘害我的肢體。除非是爲保全一身的生命，有割損一部份肢體的必要時，纔能犧牲一部份肢體，以保全整個身體的生命。有病時，施行手術是合理的；無病時，以自己的身體，供醫學的實驗，以至危害自己的生命或成爲殘廢人，則是不合理的。

（丙）人有要求衣食住之權　人既有生存之權，人對於爲保全生存所應有的最基本條件，便具有要求之權。人爲保全生存，應有食有衣有住所，因此人便有要求衣食住之權。

然而對於衣食住，每個人所具有之權，應分別層次。對於絕對不可缺的食，絕對不可缺的衣，絕對不可缺的住所，每個人都具有絕對的要求，每個人便有絕對的權利。人在飢餓將死，無錢購買食物時若竊取他人的食物以充一時之飢，不能算爲偷竊。同樣在人冷凍將死，無衣無住時，人也可以竊取他人之衣，走進他人的住所，以避一時凍死。但是國家爲避免這種騷擾，可以規定法律，加以禁止；然而國家政府便有義務，供給這等人的衣食住。

（2）生育權

一個私人的生命，按人性說，不僅是爲私人一已的生存，也爲傳繼人類的生存。假使生活的人都是自已一代以後無傳者，人類不是完了嗎？每個私人因此有生育以傳繼生命之權。

人類爲傳繼生命，由男女結婚以生育子女。每個人都有結婚生育之權。沒有一種威權，無論是國家，無論是宗教，都不能絕對禁止一個人結婚，也不能絕對阻擋夫妻生育子女。因此已往德國納粹主義，主張優生强種，禁止弱者結婚，或閹割男女的生育器官，又如於今共產主義强迫墮胎，都是違背人性。國家宗教對於民衆婚姻，只能加以限制，決定應有的條件，但這些條件，不能使一個人，絕對沒有結婚的機會，至於天生絕對沒有生育力的人，不能結婚，則與國法無關。

但是人的生育權，不是像生存權一樣的重要。生存權，無論若何，不能放棄。生育權，人若願意時，可以自動放棄；因爲少數人不結婚，人類並不因此有絕滅的危險。獨身主義，不違背人性。

人既然可以自動放棄生育權，若是自動放棄的方式爲誓願，則在自動放棄之後，宗教便可以因着人所起的守貞誓願，禁止人結婚。這種禁止，是根據被禁止結婚人自動放棄生育權的誓願。假使一個人不願起這種誓願，教會便不能禁止他結婚。

（3）私產權

人的生存，不僅僅是在於不餓死、不凍死，人還該求適當地發展自己的生命。人爲適當地發展自己的生活以及自己家庭的生活，要聚有點恆產，因此從人性方面說，每個人都具有私產權。

孟子曾說：『無恆產而有恆心者，惟士爲能。若民，則無恆產，因無恆心。苟無恆心，放辟邪侈，無不爲已。』（梁惠王上）人爲適當地發展物質生活，另外爲發展精神生活，要聚有點恆產，因此便該有私產權。

每個人爲自己家中的兒女，應有點積蓄；積蓄的所有權，應當屬於積蓄的人，然後他可以安心教養子女。因此便該有私產權。

每個人自己工作，工作的成績，不一定都歸於自己；但是工作是天生爲謀生的工具；因此人從自己的工作裏應該可以取得生活的需要。人從工作中所得的生活的需要物，應當歸於他自己所有。因此便應當有私產權。

再者，人爲生產，都存有自己可以取利之心。假使人勞動生產自己一無所得，雖是衣食住都有人供給，他仍舊不會感到生產的興趣。他一定要想法怠工，這樣社會的生產，一定不能加高。因此爲社會生產計，每個人也應當有私產權。

共產主義所倡共產制度，以一切資產盡歸國有，國民完全成爲國家的雇工。普通雇工尙能以所得工資，購置私產，在共產制度下的國民，連雇工所能有的私產也不能有。共產主義之違背人性從此可見一斑。

共產主義以爲土地爲國家所有，中國古時也有國家授田之制。但是任何國家的成立，都在私人以後，世上是先有私人，然後由私人而組成國家。在一地方沒有人時，土地沒有地主。人旣達到一地，遇到沒有地主的土地，能够佔爲己有。於今非共產主義的國家法律，都承認沒有物主的物件，可以由任何人佔有。在國家旣成立之後，國內沒有地主的土地，則政府可以聲明爲國有；但已經屬於地主的土地，國家只能在必要時，加以收買，而不能加以沒收。

若說私產制只是一種社會制度，社會制度常隨環境而變。今日的社會環境已經不適於私產制了，應該改爲共產制。在社會裏每種制度常可以變換，這是一種歷史足以証明的眞理；但是我們要分清楚，制度的形式是一事，制度的原理又是一事。社會裏有些制度，形式可以變，原理則不能變。例如國家的政治制度，可以隨着時代變換：有封建制度，有君主專制制度，有君主立憲制度，有民主共和制度。但是這些制度無論怎樣變換，總不能改變國家應有統治權威的原則，假使變到國家沒有統治權威，國家已經不是國家。

同樣，財產所有權的制度，也可以隨着環境改變：有大地主制，有小地主制；有手工業制，有專利大工業制；有物易物制，有大公司制。然而無論若何變換，決不能把私人的所有權完全剝奪。不然人已經沒有自主權，人已經不是人，而是牛馬了。

每人都能有財產所有權，這種私產權是天賦的人權。所有權的使用方式，則應該受國法的保障，也可以受國法的限制。每個人使用私產權，不單是不宜妨害他人，不單是不宜阻礙公益，而且還應對於公益有所貢獻。因此國家對於物權，能够制定法律，規定物權的範圍，以及使用的方式。國家對於農業、工業、商業，也能制定特別的法規，使財產所有權在各方面的使用，可以增加國家的富源。唯一的條件，是國家不能剝奪人民的財權，也不能使私產權完全成爲空名。

（4）私人具有自由權

人是有理性的動物，有理性則能自主，能自主便有自由。假使一個人在生活各方面都不能有自由，完全要聽從他人的號令，這個人對於自己的生活，便不能自主了。一個人對於自己的生活不能自主，人便形同禽獸。因此人的自由，不能被任何權威所剝奪。民主國家的憲法，常常規定人民享有言論，結社，信仰宗教等等自由。

凡是人都具有自由權，因此奴隸制度爲不合理的制度。古羅瑪法以奴隸爲物，只能是權利的對象，不能是權利的主體，奴隸等於牛馬。一個人所以稱爲奴隸，即是他沒有自由自主之權，他完全聽主人的指使。於今文化進步，奴隸制度已經不存在了。共產黨却造成一種制度，把全國人民，變成國家的奴隸，人民既沒有私產，也沒有職業、言論、信仰等自由，連居住行動的自由都沒有。這是奴役全國人民，以全國人民作政府的牛馬，絕對違背人性。

人人是有自由，但是一人的自由不能防害他人的自由。不單是我不能使用我的自由，以侵害他人的權利；就是在使用我自己固有的權利時，也不能防害他人的權利。有如行路，我有權在路上走，若是旁邊有別人同時也在走路，我便不能橫衝直撞，防礙他人的步行。我們的行動表現於外，就能和人發生關係；既生關係，行動便該有規矩，免的互生衝突。因此國家對於私人的自由，能夠予以法律的限制。但無論怎樣限制，絕對不能剝奪人民的一切自由。

自由是每個人的權利，不防害他人的利益和社會公益，則是每個人的義務。我有權利要求他人尊重我的自由，我就有義務尊重他人的自由。

爲使互相尊重自由的原則，能夠常常見諸實行，國家乃有保障自由和限制自由的法規。自由沒有保障，容易被侵害；自由沒有限制，容易流爲狂濫。

(二) 家庭的權利義務

每個人有傳生人類的天性，也有傳生人類的使命。爲傳生人類，須有婚姻；有婚姻則有家庭，家庭來自人性，爲人類的第一種社會組織。

家庭爲夫婦兒女所組成的團體，家庭有大小：小的家庭，爲夫婦兩口所成的團體；中等家庭，爲父母兒女所成的團體；大的家庭，爲近親屬同居而成的團體。中國唐律疏議說：『同籍及期親爲一家』（註一）同籍爲同居同財，因此同一戶籍。顏師古註漢書說：『同居，謂父母妻子之外，若兄弟及兄弟之子等，見與同居業者，若今言同籍及同財者。』（註二）中國的古代家庭，爲大家庭。於今中國的家庭，可以是小家庭或中等家庭了。在中國古代，兒子不能同父母分居。『父母在，別籍異財。』（註三）稱爲不孝，現行民法，不再有這種禁令。兒女和父母可以同居，也可以分居。但未成年的兒女，按理是應該和父母同居。我們於今所談的家庭，卽是父母和未成年兒女所成的家庭。

家庭爲人性的自然產物。人爲發展自己的生命，乃傳生子女，爲完成傳生子女的任務，應該有家庭。

凡是人都有生育權，凡是人便具有成家之權。

傳生人類的任務，沒有時間性和地域性；因此家庭也沒有時間和地域的限制。在太初人類開始時，卽有家庭；在現代文明進步時有家庭；在將來文明極盛時，也應該有家庭。家庭爲人性的要求，幾時有人，幾時便該有家庭。家庭的組織制度，家庭的生活方式，都可以隨時代而變；但家庭的本身，絕對不能取消。共產主義以政府代替家庭，又是違背人性。

家庭成立在國家民族以先。地上開始有人，地上卽有家庭。民族學上所謂亂婚制，到於今還沒有史實的証明，倘是一些學者的假想。卽是在太初時有所謂亂婚制，母子則是同居的；因此也就有家庭。家庭旣在民族國家以先，國家民族便不能剝奪家庭的基本權利，以求國家民族的利益。實際上，家庭受害，國家民族一定受害，絕對不能有益。共產主義於今實行剝奪家庭的基本權利，口口聲聲說是爲人民求更大利益，其實是危害人民的利益，違反人性，倒行逆施。

家庭的目的，在於助人完成傳生子女的任務。家庭的權利義務，便以家庭的目的爲基本。若是國家的法律，使家庭不能達到自己的目的，國家必定有違人性，侵犯了家庭的權利。家庭的權利，和私人的權利一樣，爲人的人權，不可侵犯。

（1） 婚姻

（甲） 婚姻的意義

禮記上說：『昏禮者，將以合兩姓之好，上以事宗廟，下以廣繼嗣也。』（禮記昏義）中國古代的婚姻，便是『男女成親，以廣繼嗣』婚姻的目的，既是爲廣繼嗣，繼嗣是爲事宗廟，宗廟是家庭的象徵；因此婚姻乃是家庭的事件，不是男女兩人的私事。中國古代成婚，乃由於父母之命。

但是按普通的倫理觀念和法理觀念說來，婚姻是男女成親，以生子女。子女不是直接爲繼續家族的，乃是爲繼續父母的存在，間接纔是爲繼續家族的存在。因此婚姻的目的在傳生子女，子女當然也是人的繼嗣；但是子女不是僅爲繼後嗣的，子女是人，傳生子女，是爲傳生人類。所以父母對於子女，第一該有的責任，是使子女能够成個完人。

男女之慾，本是人的天性。天所以賦予人以男女之慾，宗向在於傳生人類。爲傳生人類，須有婚姻，婚姻便是出自人性。

有的人說，爲傳生人類，男女結合，便能達到目的，用不着婚姻。婚姻是男女兩方，長久同居，中國俗語稱爲成親。而且在太初時，人民是男女雜居，偶合亂婚，無所謂婚姻。然而人種學上至今不能証明，未開化的原始民族中，實行亂婚。至於說爲生子女，只要男女結合就够了，那是爲生子女，但不是爲使子女成人。禽獸胎生或卵生小鳥小獸，尙要等待小鳥小獸成了鳥獸，可以自己獨立營生，纔彼此分散。人類的男女，產生了子女，難道不應該同居，以養育子女長成了人嗎？

（乙）　婚姻的基本條件

（A）　男女當事人的同意

古代的婚姻，多隨當時的家庭制度，由男女兩家的父母作主。中國古代男婚女嫁，也是遵父母之命。在法律上，男女訂婚而不成親，由兩家父母負責，按律問罪。儒家既然以婚姻爲合兩姓之好，以廣繼嗣，訂婚成婚，都由父母作主，不問男女當事人的同意。但是按照婚姻本身的意義說，婚姻是男女成親，傳生子女，婚姻應由男女當事人同意成親，婚姻纔能成立。中國現行民法，對於訂婚結婚，也改由男女當事人，自由作主。

若是一個人不願意結婚，願採獨身主義，別人不能强迫他結婚。孟子所說：『不孝有三，無後爲大。』（孟子離婁上）只代表中國宗法制度的思想。古代的指腹爲婚、或童婚也都不合於人道。一個人旣願意結婚，當然有選擇配偶的自由。男女擇配，是爲自己終生有偶，乃一生大事；選擇配偶，應由本人作主。選擇配偶時，還該有充分的自由，不應夾有威嚇欺詐。

（B） 婚姻有恆

婚姻的目的，在於養育子女成人。爲養育子女，夫婦應當長久同居；因此婚姻有恆，不許任意分離。易經上說：『夫婦之道，不可以不久也；故受之以恆。』（易經序卦傳）詩經說：『宜言飲酒，與子偕老。』（鄭風女曰雞鳴）『習習谷風，以陰以雨，黽勉同心，不宜有怒。采葑采菲，無以下體。德音莫違，及爾同死』。（柳風。谷風）中國古代的婚姻，在理想上是應該偕老至死，死而同穴。然而在禮法上，有七出，四義絕，丈夫可以休妻。休妻的限制，禮法上定有三不去。（註四）

婚姻應該有恆，在各種民族裡，都有這種觀念。就是在極不開化的原始民族裡，婚姻也是有恆，不過有恆的久暫，則不相同，原始民族的婚姻，大半是自結婚到老，有的則有一定期限，有的爲期僅一年或更短者。但是在期限未滿時，婚姻關係必繼續存在。

世界上已開化的民族，無論古今對於婚姻，都以有恆到老爲原則。婚姻離拆，則是破例。古羅瑪人和亞刺伯人都有休妻的習慣。

現代有些國家的風俗和國法，准許離婚，要求離婚權，夫婦雙方都有。

羅瑪公教（天主教）則禁止離婚：第一爲耶穌在福音聖經上出有禁令（註五）。耶穌爲天主，天主之言，永遠不變；第二因爲離婚有防礙子女的教養。

有人說今後子女的教育，將完全成爲社會事業，自托兒所以及到大學，男女兒童都有人管教，用不着父母操心，婚姻因此只是維持男女關係的方式。假使男女不再同意有夫婦關係時，婚姻當然可以拆離。但是社會教育無論怎樣成全，也不能完全代替父母的教育。父母之愛，何處可以找到代替！

（C）一夫一妻

儒家的夫妻觀念，是妻從一夫。禮記說：『壹與之齊，終身不改，夫死不嫁。』（郊特牲）中國男女的婚姻關係，一女只能和一夫相配；一男則可以和多女相配。禮記說：『天子有后，有夫人，有世婦，有嬪，有妻，有妾。……公侯有夫人，有世婦，有妻，有妾。』（曲禮下）普通的人也能有妻有妾，妾的數目，並不限爲一個。因此中國古代是一夫多女制。

然而中國古代的男女婚姻，只能說是一夫多女制，並不是一夫多妻制：因爲中國古代的社會禮法，只承認一夫一妻，其餘所娶的女人，不稱妻，只稱妾。皇帝和王公的妾，雖不稱妾；然而正后只能有一位。王公的正妃也只能有一位，普通人也只能有一正室妻子。其餘所娶的婦人，不但不稱爲妻，而且在宮中和家中的地位，也比正妻低賤。因此中國的婚姻觀念，在本身上，乃是一夫配一妻。

別的民族所有的風俗習慣，各不相同，文化越不進步，越能有一夫多妻的制度。文化越進步，越實行一夫一婦制。歐美各國和中國現行的民法，都只承認一夫一妻，否則問罪。

從婚姻本身上說，婚姻應該由一男一女而成，旣不能一男多女，更不能一女多男。婚姻的結合爲兩性的結合，兩爲男女，婚姻便該由一男一女而成。況且一女多男，有亂於血統；一男多女，有亂於家庭。

中國古人，常以陰陽相合，比譬男女成婚。陰陽爲一陰一陽，陰陽相合，結成一體。耶穌也特別說明男女結合，結成一體。（註六）旣成一體，則不宜分，又不能同時與第三人相結合。

（2）夫妻的權利義務

夫妻成婚後，根據婚姻的目的，互有權利義務。在古代社會中，重男輕女，夫妻兩方的權利義務，多不平等。於今各國的民法，夫妻的關係，是平等的相互關係。

歐美夫妻平等的思想，導源於耶穌的福音聖經。福音聖保祿宗徒說：『爲夫者之愛其妻，直與己身無異。愛妻卽愛己。人焉有自惡其骨肉者乎？必也養之蓄之，愛之惜之。』（註七）

但是夫妻的平等，並不是說家中無主。對於家庭的事務，必以夫爲主，妻子應該服從。凡是一個團體，必有爲主的人，其餘的社員，應服從爲主的人。這種服從，並不表示不平等，乃是團體生活的需要。

在婚姻的關係上，夫妻的權利義務是平等的相互關係。於今就這種相互的關係，說明幾項重要的權利。

（甲）夫妻貞操

（A）　夫妻對於婚姻的兩性行爲，權利義務相等。聖葆樂宗徒說：『爲夫者當對其妻盡其應盡之義務，妻之於夫亦然。爲妻者對其自身不能自由處置，處置之權屬於夫；爲夫者亦不能自由處置其自身，處置之權屬於乃妻。雙方不能彼此剝奪其權；如經雙方同意，爲專務祈禱，暫時分居（分房而居），則亦無妨。惟事後仍宜同居，恐因節制過度，反受撒殫（魔鬼）以邪誘之機耳。』（註八）男女雙方結婚時，彼此交授處置身體之權，所謂處置身體，只限於性交以生子女，不謂隨意處置他方身體，以作他項目的。

（B）　夫婦都不能有外遇，中國儒家的貞字，只用之於女子。但按理說男女兩方，都不能有外遇；外遇之罪，男女違之，罪情相等；不能說女子失節罪情重，男子外遇罪情輕。男女互有保持貞操不外遇的義務。

夫婦貞操，以同居爲保障，夫妻因此有同居的義務。普通同居，指着同房。但是同居在法律上，普通解爲同屋。夫婦同居，卽是夫婦同屋而居。各國民法，常以丈夫的居所爲妻子的居所。夫妻兩方發生糾紛時，纔可按法分居。

（乙）　夫婦生育子女

夫婦有傳生子女的權利義務。婚姻的目的，卽爲生育子女。男女成婚後，便有生育子女之權，國家法律不能剝奪夫婦的這種權利。所謂優生強種政策，強迫閹割，以絕生育本能，以及所謂調節人口政策，強迫墮胎或節育，都是國家侵犯夫妻的天賦權利，有違人道。

同時，在另一方面，夫婦也有傳生子女的義務。夫妻在結婚時，彼此議定終身避孕，婚姻失去目的，因此不能有效。或是婚後交媾，設法避孕，亦有違性交的目的。至於節慾，分房而居，夫婦若雙方同意，則無所謂不可。夫婦雖有生育的義務，但是這種義務不是絕對的；猶如一個人可以不結婚，結婚夫妻也可以不生子女。但不能一方面有性交，一方面又避孕，使性交行爲失去天然目的，僅爲滿足淫慾。夫妻對性交行爲，兩方可以同意放棄；但不能故意使性交行爲失去效用，也不能常擇不孕時期以交媾，使終生不育。

（丙） 夫妻互相扶助

中國古人對於娶妻，常稱得有內助。男子治外，女子治內。男子有了妻子，家中的內務，可以由妻子負擔。妻子對於丈夫，便是內助；丈夫對於妻子，當然也是一種極大的帮助。丈夫相帮妻子，得到生活上的需要。

丈夫對於妻子有贍養的義務。孟子曾說：『明君制民之產，必使仰足以事父母，俯足以畜妻子。』（梁惠王下）普通一個男子，要養父母，又要養妻子和兒女。妻子因此對於丈夫，有要求生活費之權。丈夫去世，妻子對於丈夫的遺產也就有承繼之權。兒女繼承亡父的產業，不能把母親除外。

但是，若是妻子擁有私產，或是自己爲職工，月有薪金，則對於家庭的費用，應該量力供給，以減輕丈夫的負擔。

（3） 父子的權利義務

中國古人最不好聽父子間有所謂權利義務，父子一倫以父慈子孝爲代表，慈孝爲道德，爲相愛，爲什麼能夠講權利義務呢！我們在上面，已講到孝德，孝德是親人相愛的眞情流露，不能拿權利義務去度量。但是孝德是美德，在美德以下，有些事件是父子間必定當有的；有這些事，不足以稱爲孝；沒有這些事，則成爲罪，父子間當有的事，即是父子間的權利義務，父子兩方滿全了彼此的權利義務，再往上走，纔可以有慈德孝德。況且儒家所講的孝道，一切都是兒子對父母，應做的事；於是造成了一種錯誤觀念，以爲父母對於兒子，沒有應做的事。我們於今談父子的權利義務；也並不是以父子平等。父母爲上，子女爲下，父子的關係乃是上下的關係。

（甲） 父母有教養子女的權利義務

（A） 父母有養育子女的權利義務

父母生了子女，天然應當養育子女，養育子女乃是父母的天職。因此父母若是傾家蕩產，使子女失養或是游手好閒，不事正業，使子女凍餒，父母都有缺於自己的職務，開罪子女。

在養育子女的職務上，中外都一樣地承認父母有這種義務。只是在輕重方面，儒家思想和天主教（歐美）思想稍有不同。儒家以奉養父母爲第一，畜養子女爲第二，在兩者之中，以養父母爲重。天主教以養育子女爲第一，奉養父母爲第二，在兩者之中，以養子女爲重，因爲子女完全靠父母之養，父母則不常靠子女之養。

父母旣有養育子女的義務，便也有養育子女的權利。因此政府或他人不能禁止父母鞠養自己的兒女，也不能把兒女和父母分離。只是在父母不能養育兒子時，他人纔可代父母去養育。極權政府强迫婦女把嬰孩寄放托兒所，驅使婦女去作工，便是剝奪母親養育子女之權。

父母因爲有敎養子女之權利義務，於是便有私產權和處置遺產之權。沒有私產權和遺產權，父母不能滿全敎養子女的天職。

（B）父母有教養子女的權利義務

父母所生的，無分男女，都是一個人。一個人的生活，不僅僅是生理方面的生活，還有心理方面和精神方面的生活。這兩方面的生活，包括理智和意志。因此父母除了以物質物，供給子女生理生活的需要外，又該以精神物供給子女的理智和意志。使子女能够發展理智和意志。這種精神需要物，卽是敎育。父母因此有敎育子女的天職。而且敎育子女的天職較比養育子女的天職還更重要。養育子女，是養育子女的小體，敎育子女，是養育子女的大體。孟子曾說：養大體者爲大人，養小體者爲小人。所以敎育子女，是使子女成大人，成君子，成聖賢。

中國古代最注重家敎。孟母曾三遷以敎子，古人都尊孟母爲賢母。朱子家禮也詳細地說敎子之道。（註九）

家庭敎育的成效，沒有其他的敎育可以代替的。從父母一方面說，父母愛子爲自己的天性，在敎子時，有愛心又有耐心，又能明瞭子女的性格且深望子女成好人。若由別人代敎，既缺乏父母之愛，又沒有父母希望子女成人的誠心。敎育常是機械化，常是機關化。從子女一方面說，子女愛父母也是出乎天性，子女便容易受父母之敎。而且幼時少時的教育，在未成形的性格上，造成一種定形的基礎。子女長大成人以後的性格，常以幼年所受敎育爲根本。家庭敎育因此非常重要。

父母有敎育子女的天職，因此應該以言以行，面訓耳提，敎育子女日後作人之道。因此若是父母兩人，日常在外工作或蕩遊，不顧教養子女，兩人便都有缺於敎養子女之天職。父親因工作日常在外，母親則該在家敎養子女。

父母若惡言惡行，導子女於惡；或是厲打惡罵，不識敎育之方法，也是有虧於敎育子女之職。

但是子女的敎育不能全靠父母，父母須借助於學校。另外於今學校成爲智識教育的正式途徑，父母便有送子女入學校的義務。送子女入學校的義務，當然也要看父母的境遇而有分別。對於小學的義務教育，凡是兒童都該就讀，父母無論怎樣貧寒，也該送子女入小學。在今日的社會裏，一個青年若不識字，將來很難有立足之地。至於中等敎育和大學敎育，則看父母的家庭境遇若何。家庭境遇，在通常的情形下，能够負擔學費者，則父母便應使子女就讀中學或大學；若是子女的天資和天性不宜讀書，父母也不必强迫。

普通男子較比女子，更要緊有學歷，以便在社會中謀事。普通城市中的青年較比鄉村的青年，更要緊受高等敎育。因此父母送子入學校的義務，對於兒子和對於女兒就稍有分別；在鄉村裏和城市裏，又稍有不同。

父母既有教育子女的義務，也有教育子女的權利。父母教育子女的權利，且在國家的教育權以先；因此國家不能剝削父母教育子女的權利。

國家設立學校，可以規定義務教育制：但所教授的科材，不能完全相反一切學生的父母的信仰和倫理觀念，也不能强迫父母送子女就讀於一定的學校。父母有送子女入學的義務，父母也有爲子女選擇學校之權。而且有權觀察學校的教材以及學校的管理方式；如有不滿時，可以令子女更換學校。

一切集權國家，專制全國的教育，既不許有私立學校，又强迫學校服從集權的黨綱。這種集權國家，侵犯了父母的教育權。

（C） 父母應慈愛子女、不能濫用父權

儒家父子一倫，常說父慈子孝。父母對於子女，天性就予以愛護。人誰不愛自已的兒女？兒女乃是自已的血肉，自已的遺體。父母對於子女，無論在一方面，都應該以慈愛爲主。

然而慈愛不能過，也不能不及，應居於中。慈愛的背後有父權，父母有權力管教子女；有威權使子女服從。

儒家講父權，以「生」爲基礎。子女由父母所生，子女和父母合成一體。父母乃是子女生命的根本。因此父母對於子女一生，都具有管理之權。父母規定子女的婚姻，規定子女的職業。父母一天在世，子女一天就要服從。

我們認爲儒家的父權，理由不完全正確。子女雖由父母所生，子女並不是父母的財產，子女是人，子女有自己的人格，子女是能够脫離父母營獨立的生活，因此父母對於子女的權力，不能以「生」爲根本，應以「教養」爲根本。子女生後，在未成熟時，不能獨立謀生，要緊有父母的照顧；因此父母有教養子女的天職。父母既有教養子女的天職，於是對於教育養育有關的事，都有權力命令子女服從。到了一天，子女不再需要父母的照管，他們的體力智力，已經可以獨立了，父母教養的職務就完了，同時也就再沒有管束子女的權力。法律上規定一種成年期，子女到了成年期，自己就有法律行爲能力，再用不着保護人。理由即是子女到了成年，已經可以脫離父母的照管了。

因此對於已經成年的子女，父母再沒有父權。若是成年的子女，和父母同居，父親或母親，管理家務，則對於家務，應該服從父母。其餘的事，都能自主。當然子女若是孝順，必定不計較權利義務，常順從父母。

至於未成年的子女，父母的父權，以教養的事務爲限。關於教養以外的事，父母不便强迫子女服從。例如婚姻，父母只能指導，不能强迫子女結婚，或强迫子女同某某結婚。又如職業，父母也只能預備子女就業的才能，不能强迫子女從事一業。因爲婚姻、職業，都是子女一生的事，需要自己作主。關於宗教信仰，未成年子女，也有自由信教之權。父母給嬰兒行宗教洗禮，乃是自信所信的宗教爲眞教，兒女若信其眞教，即是兒女之福。父母爲謀兒女之福，故在襁褓時，就爲他們投洗。但是日後若兒女長大，即使尙未成年，願意改變宗教，父母便無法阻止。

至於中國古代，有時父母鬻子爲傭，賣女爲婢，當然不合人道。中國古代法，也加以禁止。若是父母在一切事上，以慈愛爲心，對於兒女，不能不常求兒女的福利。既是求兒女的福利，就是逸於父權以外，兒女也必感激而且服從。

(乙) 子女的權利義務

子女對於父母的倫理關係，孝字可以包括一切，在上一章論孝德時，我們已經說過孝的各種義務，父母應該慈愛子女，子女便應該敬愛父母。西洋的孝道，重在愛。中國的孝道，重在敬。愛能使子女和父母相親，但是愛也容易消失；敬則使子女和父母之間有相當的距離，但是敬能持久。中國人因此終生常孝敬父母，西洋人只在少時孝愛父母。中國的孝道，較比西洋的孝道，更可貴重。

子女對於父母的權利，即在於要求父母滿全父母的天職。子女有權取得養育，子女有權取得教育，子女有權在不屬父權範圍以內的事務上，行使天賦的自由。

(四) 社會的權利義務

人按本性說，是社會性動物。人爲發展自己的生活，單按自己一個人的體力智力，不能達到目的。不僅是男女之慾，爲人的天性（自然傾向），因着男女之慾乃有婚姻，有婚姻乃有子女。夫妻子女合成一家，家爲一團體，爲一社會。人在家庭以外，在家庭以上，還應該有更大的團結，有更大的社會，使自己一己的生活和自己家庭的生活，都得有保障：因此人乃聚族而居，由族而結合國家。

國家的發展史，在人種學和民族史上，各國有各國的特殊歷史；但是從哲學方面去看，國家乃是人類進化的自然產物。人類越進化，國家的組織更嚴密，同時國民和國家的關係，也更複雜。

（1）國家和人民的權利義務

（甲）國家的意義

（A）國家的定義

國家是一種社會團體，這是大家所知道的；但是若是問：國家究竟是甚麼樣的團體呢？答覆就不很容易了。因爲學者們給國家所下的定義，多不一致。按我看來，國家的定義，簡單說來，可以如下：「國家是一個完全的政治社團。」（註一〇）

（a）「社團」　國家是一個社團。社團由多數份子組織而成，這種組織且不是暫時的，而是很長久的。

社團由多數份子組織而成。多數份子爲着共同的目的，互相團結，採取一致的步驟，以完成共同的目的。

國家的份子爲人民。在各國的歷史上，開始組成國家的，常不是一個一個的私人，而是家族。人類在開始時，多是聚族而居，族有酋長，酋長中較強者再征服其他酋長，而建立一更大的政治團體。或是多數酋長，彼此共同議合，組成一更大的團結，此種更大的政治團體，即是國家的雛形。後來社會愈進化，政治團體的組織愈嚴密，乃有歷史上的國家。

國家的發展史，不是完全按照一定的方式。盧梭有民約論，別的學者又有「征服說」。人民共同立約成國在民族史上少有前例。酋長用武力征服他族而自立爲君爲王，歷史上多有這種事實，然而也不能包括一切國家的建國史。

我們所能說的，是古來的國家，由家族而組成。因此士林哲學家講國家時，常以國家爲由家庭組織而成的社團。但是在現代的政治思想裏，組成國家的份子，只是國民。國民是全國的人民，人民是每個私人，人民對於國家，都是平等的。因此從法理方面去講，國家的組織份子，乃是每個國民。家庭在國家的實際生活上，是維持國家組織，最有力的工具。

社團的份子，不是烏合之衆。烏合之衆，時聚時散。社團的份子，有團體的共同目的，有團體的團結力，又有追求目的的共同方法。所以社團的組織，是長久性的組織，況且國家是社團中最高、最完全的組織，國家的長久性較比別的社團更長更久。

（b）政治社團　社團的種類頗多，性質不同。國家的組織，是一種政治社團。

「政治」這個名詞，意義很複雜。簡單地說，政治是謀公共利益，是管大家的事。所謂大家的事和公共利益，也能有許多種類。政治所指的公共利益或大家的事，則不專指一種一類，乃是包括人生各方面的公共利益，和人生各方面需要大家合作的事。因此政治的範圍，包括很廣，包括結成社團的份子，在生活各方面所有的公共利益。但是所謂生活，當然是指現世生活；對於來生，則不包括在政治以內。這也是宗教和政治社團不同之點。

國家是一政治社團，國家便是爲謀國民在生活各方面的公共利益，所組成的社團。

（c）完全的政治社團　「完全的」一句話，驟然聽來，沒有甚麼特別的意義。可是在法理上則非常重要，乃是國家所以成爲國家的理由。

政治的社團，也不止一種。一個政黨，是一個政治社團，聯邦裏的一邦是一個政治社團；但都不能稱爲國家，因爲這些社團，不是完全的政治社團。國家則是完全的政治社團。

「完全的」　第一，表示社團的目的，包括人類本性生活各方面的公共利益。因此完全的社團，不是一種局部的社團，乃是一個完全的社團。

「完全的」　第二，表示社團達到自己的目的，具有一切的適當方法，不要依靠別的社團。所謂一切的適當的方法，並不是說在物質方面絕對不仰給別的社團，乃是在理論方面，社團有權使用一切的適當方法。因此，每個國家，是獨立的國家。「完全的」和「獨立的」相同。

「完全的」　第三，表示社團在行使權力方面，自己具有一切的條件，既不從屬於別的社團，也不要緊別的社團的同意。完全的社團是自主的。

因此國家可以說是「獨立自主的政治社團」。

（B） 國家的要素

從上面的定義的我們可以推出國家的構成素。國家是一個完全的政治社團；爲構成國家，第一要有國民，國民爲國家的物質要素；第二要有主權，主權卽國家的威權，威權爲獨立國家的形式要素；第三要有土地，土地爲政治的物質要素。三者中以第一要素和第二要素爲最重要，兩者缺一，則不能成國家。第三要素雖爲國家的構成要素，但在非常時期，亦可缺少，國家仍不失爲完全的政治社團。

（a） 國民

國家的成立，在開初時，常是由家族相合而成。因此一國的人民，常爲同一血統，同一民族。但是後來因各種原因，由一族征服他族，或因一族遷入他一族的國內，或因其他的政治變動，一國以內，包括有多種民族；或是一種民族，分組兩三國家；因此國民和種族並不相同。在歐美語言裏，有許多種語言用「人民」代替「種族」，人民和種族兩詞可以通用，人民就是國民。於是有一國的人民卽是一種種族的政治主張。德國希特肋會倡大日爾曼主義，以日爾曼人所在之處，卽爲德國疆界。於今又有大亞拉伯主義，以亞剌伯人種的人民合成一國。但是這只是一種政治口號，在法理上沒有確實的根據。

國民因此能够是一個種族的人民，也能够是多數種族的人民。一個種族的人民組成一個國家，國內不會有種族問題。多數民族組成的國家，國內便有種族問題了。但是無論一國以內兩種人或多種人，也無論每種人的人口多少，每種人在國家政治上，都是平等的，因爲大家都是國家的國民。因此一國以內，不能歧視或虐待少數民族。

國民對於國家，大家都是平等的；於是在國家以內，不能有世傳的尊卑階級。一種世傳的階級，在政治上享有較優的權利；另一世傳的階級，在政治上享有最輕的權利，而負有很重的義務；這便是不平等的待遇。國家對於國民，待遇應當平等。但是我們所說的不平等待遇，是世傳的尊卑階級，至於社會上因着生活不同而形成的階級，有時在政治上待遇不完全平等，並不是完全不合理。例如於今還有文明國家，不授予女子投票權。但是世傳的尊卑階級，例如印度的各種階級，又如南非的白黑階級，在政治上權利義務相差很遠，則是不合理的事。

國民是國家的物質要素，沒有國民，絕對不能有國家。就是在非常時期，國家的政府遷到國外；政府能夠代表國家，因爲在法理上，本國國內的人民，還是屬於遷都的政府的國民。若是在法理上，國內的人民，已經屬於國內的新政府，則遷在國外的政府，已經沒有國民，便不成爲代表國家的政府了。

僑居國外的本國人民，稱爲僑民，僑民是否應該常是出生的祖國的國民，或是應該是僑居地的國民，在法理上沒有一定的原則，要看國際公法和各國國籍法而定。

（b）主權——威權

主權是國家的形式要素，沒有主權，不能形成國家。遍地都是人民，遍地都是土地，爲什麼遍地有許多獨立的國家呢？爲什麼這些人，這塊土地，構成一個國家，在以往他們是包括在另一個國家以內，而不成一個國家呢？這都是看國家的主權而定。主權（或威權）使人民團結，又使人民趨向共同的目的；主權給人民土地加上了國家的形式。主權消失了，國民就散爲一個一個的人，不再是一個國家的份子，國家隨卽消失。

國家的主權，應當是最高的主權；因爲在國家以上，沒有別的另一更高的權力。聯邦制國家的各邦政府，不是國家政府，各邦也不是國家，因爲在各邦以上，有一個更高的聯邦政府。聯邦政府纔是國家的政府，聯邦纔是國家。

國家的主權，應當是獨立的主權。若是不獨立，則對於爲達到國家的目的，不能執行一切適當的方法，卽是說在政治上，國家不能自由行施政令。國家便不是完全的政治社團，國家也不成爲國家了。

在政治史上有所謂殖民地國家和保護國家。殖民地國家，雖有政府，但是完全受掌握殖民主權的國家的指使，因此殖民地只能稱爲殖民國的屬地，不能稱爲國家。保護國是一個國家，自動或被迫接受另一國家的保護，因而在行政上，或是全部或是一部份要聽保護者的統制。保護國通常稱爲國家，因爲在名義上具有獨立的主權；至於受另一國的保護和統制，只是暫時的非常現象。

國家主權的代表爲政府，主權（威權）就本身而論是抽象物，主權的具體化，卽是政府。政府是國家主權的代表，也是國家主權的執行者。同時因着政府的形式，國家也就稱爲這種形式的國家。政府是君主專制式，國家就稱爲專制國。政府是君主立憲制，國家就稱爲立憲國。政府是民主共和制，國家就稱爲共和國。政府是一黨獨裁制或一人集權制，國家便稱爲獨裁國。

但是不能因爲政府倒了，國家馬上就滅了。主權雖由政府代表，但並不隨政府而興亡。主權和政府在法理上分爲兩物。政府可以變換，主權則不變。若是國家到了一種境遇，再不能有一個行使主權的機構，同時另一國家的主權已經統制全國的人民，那時國家的主權就消滅了，國家也就亡了。

（c） 土地　土地爲國家的要素，因爲人民普通是住在一定的地域以內，有人民則有地域。另外一種理由，是因爲國家政治的目的，包括國民生活各方面的公益。就國民本身上說，國家的政治主權很難規定界限。要從土地一方面去說，國家的主權，纔可以界限分明。因此國家的界限，常以土地爲國界。因此土地是一國所以成一國的『完整要素』。有了人民，有了主權，本可以成一國家；但是國家的組織，尙不完全；因爲缺少主權的一定界限。有了土地，國家的組織便確定了，國家的組織便完整了。因此有些法學家以土地爲國家的『完整要素』。

在上古時代，人民遷移不定，那時人民所組成的國家，便沒有一定的土地。於今世界各國，都有自己的國土。但是在法理上，缺少一定的土地，並不能說一定不能組織國家。土地的多少對於國家的成立，在法理上沒有一定的限度。只要在一定的地域內，能夠行使獨立的主權，便可以成立國家。現在世界上還有幾個土地很少的國家。

於今世界上的土地，幾乎全部都劃分在各國的國土以內了，所餘下的空地，只有南北極的冰區。對於不屬任何國家的空地，任何國家可以佔爲已有，先佔者爲主。其餘各國的土地，則不能任意佔據。於今唯一更換國界的方法，就是簽訂合約。卽使一國用武，佔據他國全部或一部土地，若是兩國不訂約，予以承認；或是國際條約，拒絕承認。兩國的國界，仍舊不能變改。

同樣，在一國的土地內，分裂成兩國或多數國，今日也要有國際的承認。

一國的土地，通常指着陸地，陸地上的山河，也包括在內。但是爲保障國土的安全，每個國家對於陸地的上空，和隣近陸地的海面，也應該有統制權。這就是今日所謂領海權和領空權。領海權和領空權，在根本上說，是國家本性所該有的權利；但是實行的範圍，則要看國際公法若何規定，因爲於今海航空航，已經成爲國際交通必要的工具。

（乙）國家的目的

社團的分別，常以本身的目的而定，國家因此必定具有自己的目的。

國家的目的何在？

國家的目的，在於謀求國民本性上的公共利益。

（a）國家有一目的，有的學者，如葉里能堯（Jellineck）（註一一），伯洛村墨（註一二）等，主張國家本身上，無所謂目的。若要講國家的目的，只能從歷史去研究每個國家的目的。

歐洲文藝復興以後，自由主義漸漸盛行，第十八、第十九世紀時，學者乃主張國家的目的，在於保全社會的安全，使每個國民能夠自由發展自己的生活。除關於社會安全以外，國家不能干預國民的事業。（註一三）如工業商業，都應任憑國民自由競爭。

另一方面主張人類進化的學者，如斯賓賽（註一四），洛克（註一五）等，也主張生存競爭，優勝劣敗，乃是生物進化的天演公例。因此國家不宜干涉國民的競爭。

自由主義盛行之極，引起反響。德國哲學家黑格爾和斐希特等倡國家主義，以國家的目的，即是自己本身，國家民族以發揚國家民旅爲目的，無所謂國民的利益，只有國家的利益。後來德國希特肋的國家社會黨，遵奉國家爲至上之神，政府的威權漫無限制。於今的共產黨雖反對國社黨，然對於政府集權，更變本加厲。共產黨以勞工階級代表人民，勞工階級則由共產黨作代表，因此共產黨即代表國家。所謂勞工專政，實際卽是共黨專政。一國以內，所有的一切土地，資本，事業，以及主權，都是人民所共有的，然而人民既由勞工作代表，勞工又由共產黨作代表，因此國家的一切土地，資本，事業，和主權都是共產黨所有的。共產黨所組織的政府，乃是本黨的行政工具。因此國家元首，地位可以在黨魁以下。

我們反對以上的各種主張，因爲都不合於法理。國家既是國民所組織的社團，本身不能沒有一個目的；不然，世界的人民，何必常常要有國家呢？國家由國民組織而成，不能是爲摧殘國民本身的利益。就是在古代君主專制的時代，若是君主摧殘人民以圖一己的享受，人家還要罵他爲暴君，爲荒淫無道。國家的目的，乃是在於謀求國民的公益。

（b）　公益　公益爲國民大家的福利，不是每個國民一己的私利，然而國民的公益和國民的私益，並不一定要相衝突，而且在本身上，私益和公益是相連貫的。因爲公益既是大家的公益，國民大家都得其利，每個國民從公益裏也就取得私益。因此說國家的目的，在於求國民的福利。若是以私益，爲損人以利己；私益便和公益相衝突，兩者互不相容。

公益包含的範圍很廣：在消極方面，要阻止防害治安的一切行動；在積極方面，要推進一切可以增加人民福利的事業。人民所以要緊有國家：第一、因爲在社會上，每人常可以遇到被侵犯權利的機會，自己無法可以常常保護自己的權利，因此要緊有一又高又强的威權，去阻止侵犯權利的行爲，或是恢復被侵奪的權利。第二、每個人爲發展自己的生活，有些應當作的事，不是一個人所能做到的，也不是幾個人合在一齊所能做到的，要緊有一又大又有效的權力去推動纔能做到。因此國家便是保障人民權利的威權，便是推動發展人民生活的大事業的權力。國家保障人民權利和推動發展人民生活的大事業，即是謀求公益。

保障人民的權利，爲什麼稱爲公益呢？國家爲保障人民的權利，是以保障全國國民的權利爲目標，不以保障某某私人的權利爲目標。因爲全國國民都是國家的國民，都有受國家保護的權利。國家爲保護全國人民的權利，制定法律，不能僅僅禁止不許侵犯他人權利，還該制定每人行使權利的範圍，使彼此在行使權利時，不相衝突，不然，必定因相衝突而爭，爭則亂，亂則每人的權利常受侵害。例如自由主義的放任自由競爭政策，增加了國民間貧富不均的現象。國家旣然要範圍每人行使自己權利的行爲，每個人的自由，便稍受限制；每個人的私益也就稍受損害。因此國家不是謀每人的私利，乃是謀大家的公益。然而因爲國家範圍了每個人行使權利的行爲，每個人的權利在法律範圍以內，常可以取得保障，每個人便身受其益。因此，國家謀公益，也就是謀國民的私益。

同樣，國家爲推動發展人民生活的每種事業，國家的目標不是以某某個人的利益爲目標，乃是以全國國民，或一省一區的國民的利益爲目標。即使在實事上，對於國家的一種事業，不是全國的每個國民或一省一區的每個國民，都身受其益，但是大多數人身受其益，國家的目的已算達到了。若是少數人受益，多數人受害，則國家的事業，有違自己的目的。

所以公益是全國國民的利益，或多數國民的利益。

國家是否有自己本身的利益？國家本身的利益是不是公益？

國家按着社團的本性，自成一法人，和每個國民，以及全體國民，可以分爲兩事。同時國家也和政府不同是一事，政府代表國家，而不是國家本身。國家旣是一自立的法人，國家當然可以有自己本身的利益。國家的利益，按照自己的本性說應該是國民的公益。因爲國家所以成爲國家，整個目的，即是爲國民的利益。國家本身旣是爲國民公益，國家本身的利益也應該是爲國民的公益。

因此，國家主義提倡以國家本身的利益爲國家的目的，不顧人民的利益，這種學說不合道理。除去國民，不能有國家。犧牲國民的公益以供國家的利益，國家已不成爲國家。雖然說爲公益，可以犧牲私益，爲大多數人的利益，可以犧牲少數人的利益；但是不能說爲國家本身的利益，可以犧牲全國國民的利益。否則，何必要有國家呢？惟有國家在危急存亡之秋，國家爲爭生存，可以犧牲國民的生命。

國家的生存，爲國家本身最大的利益。如同我們每個人的生命，爲我們每人最大的福利。國家的生存，不是政府的生存，也不是國民的生存；全國的國民，有死有生。政府的組織，時變時異。國家的生存，則是獨立的。但是國家可以滅亡，於今一國的滅亡，大都是外侮；國家爲抵禦外侮，可以征兵作戰，可以犧牲國民的生命財產。但是國家的存在，本身也是爲國民的公益。沒有國家，人民作了亡國奴，人民本身也要受害。假使若是國家的存在，不足以謀國民的公益，全國國民甘心願意和另一國家合成一國，組織聯邦，例如最近埃及和敍利亞組織聯邦國家，國民可以放棄舊國家的存在，而組新國。由此也可見國家的生存，也是以國民公益爲目的。

國家本身的利益，還有武力和國庫。武力和國庫，不是政府的，也不是國民的，乃是國家的。但是國家的武力和國庫，應該用爲國民的公益，國家應當是國富兵强，然而國富兵强，是爲保障國家的生存，藉以保護國民的權利；是爲發展生產事業，藉以加增國民的財富。若是像國家主義者，用武力爲征服他國，或是像共產主義者，使國家奪取國民的一切財資；則都是相反國家的目的，都是古人所說窮兵黷武，刮民脂膏，爲國家的罪人。

（c）國民本性的公益　「本性的」一句話，指的現世的利益。人的生活，按照人性，是只能求得現世的利益。天主教所講的來生的利益，稱爲超性的利益，藉着天主的助力，人纔能求得。因此天主教和國家不相衝突，就在於所求的利益不相同。

現世的利益，包括物質精神兩方面的利益。國家應提高國民的物質生活，也應提高國民的精神生活。

（丙）國家的主權

（A）主權（威權）的意義

（a）主權的意義

主權或稱威權或稱權力，是治理或主理國家之權。通常用主權爲指一人對一物有所有權。國家爲一社團，由多數份子組織而成；因此應當有一種力量，規定各份子行動的程序，指使大家向共同的目標。在國家以內，指使全國國民的力量，便稱爲主權。權本是力，不是物質之力，是倫理方面之力。主是主理，國家的主權，卽是主理國家之權力。

國家的主權和別的社團的主權不同。國家是一完全的政治社團，國家的主權便是最高的主權，同時主權的範圍也包括人生的各方面。別的社團的主權，常是從屬於另一社團的主權，常是限定於一部份的事件。國家的主權，既是最高的主權，主權所有的規定，本身發生強迫國民遵守的力量；而且在實際上也有能力去執行自己所有的規定。別的社團的規定所有的效力，常是有限，自身又無實際力量去強迫人遵守。

別的社團，由社員自由結合而成，社團的主權，也由社員指定範圍。只有家庭和國家，是人性所必須的社團。家庭和國家的主權，也由人性而規定其範圍。人們只能在人性所規定的家庭國家的主權之範圍以上，加以擴充，不能予以減縮。否則家庭不成家庭，國家不成國家了。

國家主權的範圍，按照國家的目的而定。國家的目的，在於國民的公益，國家的主權或權力，也就只及於國民的公益。對於人民的私事，國家沒有權力可以干涉。然而公益的範圍，已經很廣，包括人生各方面的利益；況且文明越進化，國民彼此間的關係，越更密切，私人的事，每每可以影響公益；因此現代的文明國家，對於私人的活動，也多加干涉。然干涉的範圍，以與公益有關係者爲限。

國家爲一法人，法人可以作權利義務的主體，可以有法律行爲能力。然而爲行使法律行爲，須有一代理人。因爲法人是法律承認的權利義務的主體，有如一個人；但是在實際上，法人是沒有理智和意志的，法人沒有天然的人格，法人要假人的理智意志以活動。因此國家爲行使自己的權力，常要以人爲代理。代理的人，便是政府。政府的方式，可以有種種不同的方式，政府的地位，則常是爲代表國家，行使主權。

國家的權力，還有一個特點，卽是國家的權力超過全體國民所有的權力以上，驟然聽來，大家似乎不相信。普通每個社團的權力，不能超過社員的權力以上，每個社員沒有權力作的事，社團也不能作。社團假使能作一種社員所不能作的事，必定由於較社團更高的一種權利，授予社團以作此事之權。國家的權力，則能作許多超於全體國民權力的事，例如宣戰：犧牲國民的生命，殺傷敵人的生命。全國國民沒有人具有這等權利。又如宣佈死刑，全國國民也沒有人具有這種權力。對於這一點，我們應該注意；因爲這一種特點，和國家權力的來源很有關係；同時也可以說明國家權力的主體究竟是誰。

（b） 國家主權的來源

在古代時，沒有人討論國家主權來源的問題，近代的學者纔開始討論這項問題，學者彼此的意見各不相同。

霍布斯（Hobbes）主張人的本性，不傾向社會生活，人的本性是自私。但是因爲怕強者的侵害，乃結羣而成團體。集合每人的力量，共同抵禦外侮。霍布斯因此主張國家的權力，卽是國民物質力量的總合，這種總合的力量，由國民每人獻自己的力量所積成。（註一六）

盧梭的民約論則主張人民共同訂約，結成國家。人民因此把自己的權利齊合起來，積成國家的權力。

洛克（Locke）也主張人民訂約而成國家，然而國家的主權，不是人民以自己的權力獻於國家，而是人民共同訂約，每人承願犧牲一部份的自由。積聚人民的犧牲，乃成國家的主權。

進化論的學者，則主張國家的權力，由於强者統制弱者，漸漸演進而成。

現代民主論的學者，有許多人主張國家的權力，來自全國國民。國家的權力，是全國國民的能力的總合。人民怎樣齊合自己的權力而成國家主權，則不一定由於共同訂約，乃是隨各處的歷史環境而定。普通在上古時，是君主假藉神授主權，以騙取國家的主權。在古代時，君主多用武力奪取國家的主權；所以有所謂神權和君權。到了近代，人民纔自己保持自己的權力，採取一定的方式，再把權力交給政府。

對於上面的各種主張，我都不完全贊成。

第一、在上面我已經說過，國家的權力，超過全國人民的權力的總合。假使一個人不能殺人，則聚集千萬人，也不能有殺人之權。但是學者可以反駁我，以國家的權力，都由憲法和法律而規定，憲法和法律，都由民意代表所製。因此國家的權力，完全視民意而定，國家的權力，便是由人民所授予。人民所沒有的不能授予國家，國家的權力便不能大於全國國民的權力。這種難題，可以從現代民主政治制度的立法理論中得到答覆。民意代表製定憲法和法律，可以規定國家權力的範圍，但不能取消國家的根本權力。例如說，在憲法上規定，國家（不指政府）沒有立法權，或沒有締結條約之權，則國家不成國家，憲法也不成憲法了。可見國家自身有自己的根本權力，全國國民也不能取消。足証國家自身有些權力，不來自國民，而且超出全國國民的權力以上。

第二、盧梭的民約論，乃是他一人的理想，在歷史上沒有事實的根據。進化論的國家主權逐漸演進說，也不合於史實；因爲若從主權之量的方面說，在古代君主時代，國家的權力大於近代民主時代的國家權力，所以不是演進而是退化了。從主權之質的方面說，國家主權在本質上常是一樣，因爲常是主理國家之權，歷代所變的，乃是主權的量和形式。

所以我認爲國家主權的來源，有似於家庭中父母的父權（親權）。親權之來源，來自人性。父母按人性說，有敎養子女的天職，因此便有敎養的權力。男女生了兒女，自然就有親權。這種權力，不能被任何權力所剝奪。人按人性，應該合羣共居，以謀生活的發展。合羣的自然團結，即是國家。不論各國的成因若何，不論各國的形式制度若何，就是在原始民族的酋長國家，只要是獨立的政治社團，便是國家。人爲什麼要有國家？是爲使大家的生活更有保障，更有發展，國家按人性說，是爲謀大家公益的最高組織；國家按人性說，便具有謀人民公益的權力。國家的權力，便是來自人性。

人性來自誰呢？人性來自造物主，『天命之謂性』。於是國家的主權，也來自造物主了。因此中國古代的經書，常以君權來自天。孟子曾說：『天子不能以天下與人。然則舜有天下也，孰與之？曰：天與之。』（萬章上）『天與賢，則與賢；天與子，則與子。』（萬章上）所謂天予，天授，或奉天命，所包含的意義，較比我所說的國家主權來自造物主更多一層意義，因爲除國家主權來自天以外，還包括有君主的選立，也出自天意。實際上還是兩個問題。但無論意義怎樣多，中國儒家是主張國家主權來自天。

我說國家主權來自造物主天主，意思是說：國家是人性所要求的組織，國家的本性便是先天所定的，有如家庭的本性也是先天所定的。因爲家庭和國家，不是人們隨意所造的，乃是人所不能不有的。國家的本性既是先天所定的，國家按本性說，所不可缺的要素也是先天所定的了。國家的主權，乃是國家所不可缺的要素，因此國家主權便是先天所定的了。先天所定的主權，由於天賦。有如每個人按人性說也有先天的權利，這種權利，稱爲天賦人權。國家的先天權力便也可以稱爲天賦國權。一有國家，國家本身就具有應當有的主權。主權來自創造人類的造物主，爲造物主所賦。

有些人要罵我是守舊的神權論者，罵我在翻幾千年前的舊物。實際上，我的主張，即是天主教的主張。天主教的學者於今遍天下。因此我的主張，也是現今流行的主張。

天賦國權的主張，絕對不防害國家的主權，也絕對不危害民主制度。國家的主權，既爲天賦，則較比來自任何他種來源，都更穩固。因爲如此，國家的本性權力，國民也不能廢棄。若是國民廢棄國家的本性權力，國便不成國了。國家的主權，來自天賦，並不能危害民主政治制度。第一、因爲天賦國家以權力，天也賦予國家以目的。國家的本身目的爲求國民公益，國家的天賦權力，便不能防害國民公益。第二、天賦國家權力，但是造物主天主並沒有規定權力由誰行使或怎樣行使，即是說天主並沒有規定誰應當做國家的統治者，也沒有規定國家主權的制度。這一切都可以由國民規定。國民規定這一切，就是民主政治制度。

（c） 國家主權的主體

國家主權來自本性，屬於自己本身；國家是國家主權的主體。因此國家元首代表國家，代表國家的主權，應受國民最高的尊敬。國家的政府，也代表國家的威權（主權），政府各級人員，各按等級，也應受國民的敬重。

有的學者說，即以往的士林哲學家，如蘇亞勵斯（Suurez），史各圖（Scotus）等，主張國家主權自出天賦，來自造物主天主，但是主權的主體為國民，國為造物主以主權賦於全體國民，由國民再交付政府。

現代的士林學者，大都主張國家的主權，當國家一成立時，由自己的本性而產生。一有國家，就有主權。國家是國家主權的第一主體。等到合法執政者已指定了，國家主權乃由國家轉到執政者身上，執政者乃為國家的第二主體。（註一七）國家主權的第一主體，為先天所定，第二主體則為人定。執政者的指定，能為民選，能為禪讓，能為繼承，能為奪取，隨着時代而異。

但是於今社會政治學者常說，國民是國家的主人，政府是人民的公僕。這種言論，也有理由。國家主權的目的，在為國民謀福利，國家是為國民而有，不是國民為國家而生，因此可說國民是國家的主人。政府代表國家而執行主權，應當為國民的福利而工作，政府便是為服侍國民的，因此可以稱為國民的公僕。國民為國家的主人，是從國家的目的方面說，不是從主權方面說。

中國經書上所謂天授，天意，乃是說執政者的指定，由於上天而定。『天與賢，則與賢，天與子，則與子。』但是中國經書並不主張執政者直接由上天指定，乃是主張間接由上天指定。天意由民意作代表，民意的傾向，代表天意的選擇。『敢問薦之於天而天受之，暴之於民而民受之，如何？曰：使之主祭，而百神享之，是天受之。使之主事而事治，百姓安之，是民受之也。天與之，人與之。』（孟子・萬章上）。書經說：『天所善惡與民同心，天心由於民。』（甘誓）

古代有所謂神權政治；神權政治指的國家主權的第一和第二主體，都是神，執政者乃是神爲治國的工具。神直接治理人民。猶太人的古史，便有這種神權的實例。猶太古時，造物主天主直接治理猶太人，猶太的民長和先知，則是天主行政的工具。一直到猶太人立了國王以後，天主纔不直接治民了。別的古代民族，也有司祭或巫祝治國。司祭和巫祝相信爲一神靈的助理，助神以治民。所信的神，爲民族所信的神靈。中國古史上，沒有這種神權的記載。

（B）　國家主權的內容

主權爲治理國家的權力，爲治理國家究竟該有什麼權力呢？這就是國家主權的內容。國家主權的內容可多可少，於今都由國家憲法而定。但國家按着自己本性，具有治理國家的權力，國家按着本性所有的權力，爲國家的基本權力，任何完全的政治團體也不能缺少。少了則不成爲完全的政治社團，便不是國家了。

爲治理國家，第一應具有權力，給國民規定大家該守的規律。一個社團以內，沒有規律，社團必亂。國家因此具有立法權。國家使用立法權，向全國國民頒佈法律。

第二、在國家頒佈了法律以後，國家應有權力强迫國民遵守法律。國家的法律，因此常具有强迫性。

為強迫遵守法律，國家應當具有權力可以罰不遵守的人。同時在國民的權利發生衝突時，國家可以按照法律給他們判決是非。這種強迫執行法律之權，便是司法權。

第三、國家為治理國民；為人民謀福利應該有所建設。為能建設，應該有政策，有了政策，然後再去實行，除了實行政策以外，國家對於公益，應該作和應該管的事還很多，對於這一切的事業，國家都有管理之權和管理之責。管理公共事業之權，稱為行政權。

第四、為保護國民的權利，國家應保護公共治安，為保護治安，國家應有武力。國家的武力，一方面為防備國內擾亂治安的人，一方面為抵抗外國來擾亂本國的治安。因此國家有武備之權，也有作戰之權。

第五、國與國之間，必定常有關係，有時需要彼此共同議定一事，彼此互相遵守，國家因此有簽訂國際條約之權。

至於中國於今所實行的五權憲法，乃是孫中山先生兼採中國和歐美的優良制度，綜合而成。立法，司法，行政是各國所有。歐美近代憲法，盛行三權分立。考試和監察之權，是中國政府歷代所實行的職權，歷代都受其利。但是在法理方面，考試和監察不是國家在立法、司法和行政以外，另有兩權，從法理上說，考試和監察兩權，包括在立法、司法和行政三權以內。歐美各國通常以考試屬於行政，以監察屬於立法和司法。

(C) 國家主權的行使原則

普通在每一個國家內，常以政府代表國家的主權。對於這一點，我們應該把事情分淸楚，主權是主權，主權的行使又另是一事。例如人有言論自由之權，言論自由權之行使，則另是一事。政府代表國家主權，政府不是國家主權的本身，只是國家主權的行使者。

對於國家主權的行使，能有多種問題：第一、主權的行使者；第二、行使主權的方式；第三、行使主權的範圍。此外還有別的許多從屬的問題。

（a）　主權的行使者　從國家的本身上說，沒有指定主權的行使者，一定該是誰。因此在人類的長久歷史中，國家主權的行使者，沒有一定的模型。能够是酋長，能够是司祭；能夠是大法官，能够是諸侯；能够是國王，能够是皇帝；能够是主席，能够是總統。惟一的條件，是國家主權的行使者，爲合法的執政人。怎樣算是合法的執政人呢？卽是國家法律承認彼爲執政者。

（b）　主權行使的方式　主權行使的方式，卽是國家的國體制度。在專制時代，國家主權由一個人掌握，從前的國王和皇帝，都是一人獨掌立法、司法行使和軍權。國王和皇帝所有的政府，沒有主權，只是代行國王和皇帝的命令。近代各國則無論君主或共和，國家的主權由國家元首和中央政府共同行使，元首和政府共同作國家權力的主體（第二主體），共同享有主權。

元首和政府共同行使主權，行使的方式，由憲法歸定，自法國學者孟德斯鳩倡立法、司法、行政三權分立以後，於今各國都採三權分立制，中國則行立法、司法、行政、考試、監察五權分立制。行使主權的制度，在本身上說，沒有絕對的優劣，完全看是否適合國家環境。時移境遷，行使主權的制度也隨着變換。因爲在國家主權的本身上，並沒有限定一定的制度。

從法國革命以後，民主制度逐漸盛行，民主制度的特點，在於國民具有投票權。國民用投票之權，參加國家的政治。投票的方式，和投票的用意，近百餘年來，變遷得很快。最先是家長投票權，稍後是有資產者投票權，後來變爲全國男子投票權，於今則極多數的國家，允許女子投票，實行全民投票制度。投票用意，開始是爲選舉議會議員，後來又用爲選舉總統，最近則又用爲表決國家的體制。孫中山先生更承認國民有創製法律，複決法律和罷免行政長官之權。

民主制度，是一種優良的行使國家主權的制度。但因爲牠是一種制度，則不能被認爲唯一的國家制度。以往的君主制度，也是當時合理的制度。共產黨却自認爲唯一的國家制度，批評中國五千年的歷史，都是可咒罵的封建罪惡。這一點就証明共產黨愚昧無知。君主制度，合於當時國家的情勢，便是優良制度，於今不合時勢了，當然要改換。批評歷史的事實，要用歷史的眼光。不然拿今日的飛機，去批評以往的轎車，我們要罵爲蠢笨不堪的廢物；殊不知轎車在往日，會有像飛機在今日的價值。

（c） 主權行使的範圍　這個問題，所牽連的問題很多。於今我只就原則上簡單說幾句。

第一，從國家主權本身方面說，國家的主權是爲治理國家，爲國民謀福利。因此國家主權的行使範圍，最低限度要能治理國家和爲國民謀福利。假使一國的制度限制國家主權行使者，不能立法，不能行政，則有損國家的主權。同樣，如一國家限制他一國的主權，使不能達到治國的目的，則等於滅人之國。

再者，國家主權的行使，不能超出公益的要求以外。既不能反對公益，否則，有違主權的目的，成爲害民的暴政。也不能溢乎公益的要求以外，否則，擾亂民生，又侵犯國民私人或家庭的權利。在古代，國家很少干預私人的事，私人住家，私人營業，私人家庭，國家從來不預聞。於今國家則對於私人的行動，私人的營業以及家庭生活，多加以干涉，因爲文明愈進步，私人的利益和大家的公益，關係越密切。

第二，從國家主權的對象方面說，國家主權的對象是國民，因爲主權所管的是國民。國民可以受國家主權所管的，首先是自己的外面行動，次則是自己的財產。

國民對於自己的外面活動，本來享有自由處理之權。每個人可以自由行走，可以自由發言，可以自由工作等等。但是自由的原則，在於不侵害他人的自由。因此國家爲保持社會的治安，有權限制國民的自由。但是國家只能限制國民的自由，不能取消國民的自由。

國家的目的，除保全治安外，還該推動公益事業，因此國家也有權命令國民爲公益而工作，例如爲國家服兵役，或爲國家服勞役。但是爲公家作事，不能使私人的事業完全荒廢。

國民的財產，國民每人具有所有權。所有權在法律上的意義即是對於所有物能夠自由支配。因此國民的財產由國民本人支配。但是在後面我們要看，資產的意義，具有兩方面的意義：一是供所有者私人之利益，一是供社會大家之利益。每個人在支配自己的財產時，不能違背財產本身的意義，損害社會的利益，因此國家有權，對有私產所有權加以限制，例如平均地權，同時，國家也有權使私人財產的一部份，用爲公益，例如賦稅，公債，投資等事。

國民的財產不僅是物質的財產，還有精神方面的產業，即是國民的文化。文化雖是由國民私人的智力而造成，然不是一人之力所能成，而是集衆人之力所能成；文化的用意，不是給一個人的生活，授予方式，而是給社會的生活，授予方式。因此文化稱爲社會的產物，國家也就有支配文化之權，有發揚文化之責。國家爲發揚文化及支配文化，所用的方法，卽是教育。爲教育靑年人，教育的機關是學校；爲教育民衆，教育的工具是刊物、是演講、是博物館等等文化工作。

國家的教育權，用意在於陶冶國民，使能有適合環境的生活技能，又能採取適合國情的生活方式，卽是使國家文化繼續發展，國民的生活日見提高。但是國家的教育權有兩層不宜越過的限界，第一、國家的教育權不能剝奪家庭的教育權，也不能侵犯其他享有教育權的團體的教育權。因爲家庭和宗教團體的教育權不在國家教育權之內，國家僅能予以協助，而不能剝奪。第二、國家的教育權不能埋沒每個人的人性自由，教育應以人性爲基礎。中庸上說：『天命之謂性，率性之謂道，修道之爲教。』（第一章）每個人在人性之上，還有每個人的個性，每個人有自由發展個性之權。國家的教育，不能完全埋沒個性，不能像共產政權採取的硬派職業政策。國家要使國民有受教育的機會，同時又要授予國民以選擇教育的自由。

（丙） 國民的權利義務

世界各國歷代的政治史，證明各國的政治制度，不常循着同一的途徑而改變。古羅瑪國先有覇王，次有民主共和，後有君主專制。中國堯舜時，可以說是民意君主制。三代時變爲君主封建制。漢以後變爲君主專制。大致在君主專制時，人民的權利少；在民主共和時，人民的權利大。政治學家可以講民權變遷史，我於今則只就哲理方時，討論國民的權利義務；這種權利義務，無論在什麼制度以下，國民都該具有。至於國民的權利義務在實行上的多少，則屬於政治制度史了。

（A）　國民的義務

（a）　**愛國**　國民對於國家的第一種義務，即是愛國。愛國為義德的一種副德，曾在上章加以說明。國民受國家的保護，受國家的陶冶，受國家的扶助，按正義說，國民應該報答國恩。古代君主專制時代，君主代表國家，人民常有忠君報國的義務。實際上君主和政府，都和國家不完全是一事，愛國是以愛國為對象，間接地愛及元首和政府，但是當元首或政府有不法行為或不良的政治時，人民反對元首和政府，並不能罪為不愛國。

人民愛國，便不能作有害國家的行為。同時，還應該積極地為國家的利益，有所貢獻。若是遇着國家遭難，便應不惜一已的利益，以救國家。愛國之責，人人都有。古語曰：「國家興亡，匹夫有責。」

（b）　**守法**　法律為維持國家生存的命脈，一國無法，國必不存，因此國民都有遵守國家法律的義務。

頒佈法律，是國家的權力，國家頒佈法律，不必要求國民的同意。但是國家法律不能違背人性天理。若國法不合性理，法為非法，人民沒有遵守的義務了，而且有權要求政府修改法律。

國民守法的義務，人人平等，政府因着社會環境和民族遺傳，能減輕或免除某等人對於一部份法律的遵守義務。但是，國家越民主，國民對於法律，義務都相等。

（c）「奉公」　奉公是對於公家的事物，好好做，好好愛護。政府的公務員，有義務好好辦自己的公務。管理國家財產和事業的人，應以管理自己財產和事業的勤敏心去管理。天主教倫理學常說：應該有一好家長管理家務的心情去管理公家的財產事業。國家的財產，可以是鐵路和電信，可以是工廠或煙酒，即普通所謂國營事業。管理這些事業的人，應像一個家長管理自家的事業一樣用心。同時，一般國民對於公家的所有物，例如公家建築物，公路傍的樹木等等，也該像愛惜自己家裏的東西一樣，加以愛惜。至於納稅、服兵役、和服工役，當然是每個國民應盡的天責。梁啓超曾提倡公德。公德卽是善於「奉公」。

（B）國民的權利

（a）要求國家保護之權　國家的目的，是爲謀國民的公益。公益的最重要的，是保護人民的權利。因此國民感到自己的權利，有被侵害的危險時，可以要求國家于以預防。當自己的權利被人侵害，人民可以要求國家強迫侵害者賠償。另外還有僑居他國的僑民，更要緊有本國國家的保護。

一國的政府，對於人民不能盡保護之責，除非是適逢非常大難的時期，可以原諒，否則，政府失職，開罪於國人。

若是政府爲保護人民權利，定有一定的法規；人民有權要求政府實行法規的條文。例如國民應辦身份證，戶口證出口應辦護照。國民有辦身份証，戶口証和護照的義務；同時也有辦身份証，戶口證和護照的權利。除非有充份的合法理由，政府不能拒絕。

（b）　抵抗違法政府和違理法律之權　孟子曾說：「賊仁者謂之賊，賊義者謂之殘，殘賊之人，謂之一夫。聞誅一夫紂矣，未聞弑君也。」（梁惠王上）君不行君道，政府行惡政而虐民，國民有起而革命之權。

若是只是一項法律有違人性，有違國家的目的，國民則有權要求政府收回成命、或修改法律。

（c）　「人性自由」　人是理性動物，人因有自由，對於自己的行爲，自己負責。自由乃是人的特性。人沒有自由，卽失去人之所以爲人。因此國民在國家以內，應具有自由之權。所謂自由之權，並不是國家授國民的，乃是人天然而有的。國家所授予的，是行使自由的機會。爲保持公益，國家可以限制行使自由的範圍，但是不能根本剝奪自由的行使，也不能使人民的自由，成爲虛名，於今各國憲法都保障人民有言論、信仰、結社等等自由。共產政權，則以憲法條文，成爲虛文。

（d）　「參政權」　國家行政的目的，爲求國民的福利。國家的政治，便是治理國民的事。政治既是治理國民的事，國民便可以討論治理的方法和治國的得失。因此國民可以參加政治。特別在於今的民主政治制度時代，國民參政權的運用，日見推廣。

對於國家體制，國民能有公決權。因此於今在改變國家體制時，常用國民投票公決方式。

對於國家主權的行使者，國民能有指定權，卽是指定國家主權的第二主體。因此國民可以有直接或間接選舉國家元首、總統及副總統之權。而且也可以有罷免權。政府首長之任免，則由國家元首任免。元首代表國家，政府代表元首。元首和政府又都是代表國家爲人民服務。

對於製定法律，國民有直接或間接的創製權及修改權。間接的製法及改法權，由選舉國會議員行使之。直接的製法及改法權，由全民投票表決行使之。但無論直接或間接地行使製法或改法權，國會及國民所製法律或所修改法律，都還不是眞正的法律，只是預備的法案。法案要經國家元首（或掌握國家最高主權者）公佈後，始成爲法律。立法是國家的主權，由掌握國家主權者（國家主權第二主體）行使。國會或立法院以及全民創製或複決，都是預備法律的程式，並不是頒佈法律。法律在本身上說，乃是由掌握社團主權者爲社團公益，所頒佈的規律。

（2） 社會勞資間的權利義務

（甲） 社會關係

國家爲一完全的政治社團，在國家以下，還能有多數的別種社團。一個人在國家以內，和國家一定要發生關係，因爲是國家的國民，對於別的社團，除非自己是社團團員，則不一定發生關係。但是一個人活在社會裏，不能僅僅和家庭及國家發生關係，除了家庭和國家以外，私人和私人之間，私人和團體，常不免有各種的關係。中國儒家的五倫，以朋友一倫概括每個人的普通社會關係。實際上每個人的社會關係，較比朋友的關係複雜的多。文明越進步，社會關係越複雜，以至於無法加以陳說。於今我們所要說的，僅只就社會關係的原則，以及社會關係裏最重要的一種，即是勞資間的關係，予以說明。

社會關係的原則，最要者約有四點：

（A）　社會關係應以人性爲基礎，應保全每人的人格——社會關係，是人和人的關係，而且是人共同互助以達到人生最終目的之關係。因此無論那種社會關係，都應以人性爲基礎，承認每個人都具有自己的人格。奴隸關係，以奴隸不是人，便是不合理的關係。

（B）　社會關係應保全男女兩性的特點—凡是人都有人性，凡是人也又或是男或是女。每個人是人，也又或是男人或是女人。每個人在自己的人性上，又加上男性或女性。

在以往的社會上，無論中外，男女兩性分別很大。中國古代女子可以說只有家庭關係，沒有社會關係。於今中國以及各文明國家社會裏，男女常是平等，男女都在社會裏工作。

在社會關係裏，男女平等，乃是理所當然，因爲男女都是人。但是男女兩性是天生的。男女兩性先天就帶有各自的特點。在生理上男女有分別，在心理上男女也有分別；因此在工作方面，不能沒有分別。共產黨强迫女子作男人的重工，傷害女子的健康，不是提高女性，乃是破壞女性。家庭教育，爲人生的基本，女子天性負有母教的責任，因此社會生活，不應剝削女子執行母教的機會。

（C）　社會關係，爲分工合作，不能完全以一個階級包括一切的人—每個人按人性說，都是人；按男女說，或是男或是女。在男女兩性之上，每個人又加有各自的個性。因爲每個人天生的本能，程度不相同。有的人理智力高，有的人理智力低；有的人體格强，有的人體格弱。又加以出生的環境各不相同，發展本能的機會也不相等。

按理說，每個人在社會上發展本能的機會，應當相等，例如受教育的機會相等，就業的機會相等，受法律的保障也相等；這就是所謂人人平等。但是每個人天生的個性，彼此不同，社會不能强使人人的生活完全相同，一律一色。沒有研究高等學術的天資者，强迫他去研究；沒有作勞動的體力者，强迫去作勞動，都是摧殘人的個性。共產黨强迫全國人都成爲勞工，即是不合理的社會制度。

我們不主張社會裏務必要有不同的階級，但是我們主張社會裏必有各種適合每人個性的不同職業，因着職業不同，結果便有不完全一致的具體生活。同時人生的需要很煩雜，不是一個人或一種職業所能供給的；因此一個社會裏必定包含有不同的職業。爲求社會的健全，爲求每人的福利，要聚每種職業的人，共同合作，互相帮助，決不能是階級鬥爭。

共產黨的階級鬥爭，只是共黨攫取政權的工具，殺人利己，既不是爲勞工謀幸福，更不是爲社會人類求福利。

（D）社會關係以「信」字去維持 朱子講五常之德：仁義禮智信時，以信爲維持仁義禮智的條件，信爲誠，沒有誠，卽沒有德。中庸所以最重誠字。德，不單是指導私人生活，也指導人的社會生活。社會生活也應該有誠。不誠於自己的人性，不能有社會道德。誠信而且不只是爲修德，卽爲通常社會的生活，非有不可。人與人交，或以語言，或以文字。語言文字而不誠，便失去固有的意義，社交也不可能。至於法律行爲所造成的契約，更非有信不可。假使一個社會，弄得語言文字失去自己的意義，人人不知所適從，社會關係怎樣可以維持呢？

（乙）資本

講了社會關係的最重要的原則以後，於今我們便進而討論勞資的關係。勞資問題乃是於今最重最大的社會問題。

（A）資產的意義

在社會經濟學上，資產有許多意義。第一、從消費一方面去看，資產是未消耗而被保存的財物。所以稱爲財產。第二、從生利一方面去說，資產是可以轉生利益的錢財，所以稱爲本錢。第三、從生產一方面說，資產是和天然原料及人工，共爲生產的工具，所以稱爲資本。第四、從人生一方面說，資產是能供給人生物質要求的物體，所以稱爲資產。我們於今在倫理哲學所討論的，是資產最後的一種意義。

資產是能供給人生物質要求的物體。

人的生活，無論生理生活或心理生活，都需要人的身體。人的身體是物質體，人的身體的生活，需要物質的供給。人的物質需要，有的能用天然物去供給，有的要用人造物去供給。文明愈進步，人造物愈多，人的物質需要，幾乎全由人造物去供給了。

但是人爲造物，不能由無中生有，人只能改變物的性質；因此人爲造物，仍舊需要天然物。天然物乃稱爲原料。藏有原料之地，稱爲天然富源。

人的生活要求，不是一種，便不是一種物或一個人所能獨自供給的；於是人便要仰給於他人的物質物。在上古時，人爲取得他人所有之物，是拿自己所有之物，去換他人之物。後來文明進步，大家公認一種代表價值，以這種價值作交易標準和工具。用這種工具彼此交易。這種代表價值，即是錢幣。錢幣既然代表資產的交易價值，也就可以稱爲資產。

總之，資產的意義雖多，但是在各種意義裏都有一個特點，即是直接或間接可以供給人生的物質需要。直接可以供給人的物質需要者，爲農產物和工業品。間接可以供給人的物質需要的爲天然富源和錢財，以及可以生產的工具。

至於資產所有別的意義，則在經濟學上，學者有詳細的說明。

（B） 資產的價值

在經濟學方面，資產的價值是經濟上所能有的價值。經濟上的價值，用錢幣去計算。一物的錢幣價值，經濟學上說明許多計算的標準。

我們於今討論資產的價值，是從倫理哲學方面去看。

資產的意義，在於供給人生的物質需要。資產的價值，卽在於資產和人生需要的關係。在人生物質需要中需要愈大，供給這種需要的物資，價值也愈大。在人生物質需要中需要愈小，供給這種需要的物資，價值也愈小。因此價值最大的資產，是人生的日常食品，衣物和住所。至於貴重物品，則稱爲奢侈品，價值甚小。

間接供給人生物質需要的資產，是爲生產供給人生需要的物品；因此有原料或富源的名稱。這種資產的價值，隨着所生產的物品多少而增減。生產物品多者，價值高；生產物品少者，價值低。

（C）資產分配的原則

（a）每個人都有權利爲取得供給自己物質生活需要的資產　每個人都享有生存權，因此便有取得爲維持生存所需要的工具。資產是人爲維持身體生活的工具，於是人便有取得資產之權。

取得資產權之範圍，以生活之需要爲限。生活之需要，有緊急之需要，有適當之需要，有奢侈之需要。對於生活緊急之需要及適當之需要，每人都有取得供給物之權。這種供給物，成爲每人的私產。同時社會環境應給予每人以取得這種資產的機會，國家也應實行民生政策，使資產的分配，盡量能够平均。

（b）資產爲供給人類的需要　造物主造了宇宙萬物，然後造了人，以宇宙萬物供人的需要。萬物乃是人爲維持生存的工具，資產便是爲供給全人類的需要。

爲能使人的生存，更得合理的發展，人對於資產應當有所有權。私產制是人性所要求的制度。但是資產屬於一定的主人以後，仍不完全失去固有的意義，即是爲供給人類的需要。因此主人在供給了自己的一切需要以後，自己若有剩餘的資產，這種資產就應用爲直接或間接供給他人的需要，既不能浪費，也不宜埋藏。

資產因此具有私人意義又具有社會意義。私人使用錢財，不能防害社會；國家也有權指定私產權的行使範圍。

天主教的倫理，說明富人每年有用自己剩餘錢財百分之四或五，爲救濟事業或社會事業，否則有虧於良心。

（c）可用爲生產的資產，應盡量善用爲生產，資產除直接供給人的物質需要的一部份物品外，其餘應盡量用爲生產，以增加可以直接供結人的物質需要的物品。國家因此應協助人民開墾，改良農業，又應發展工業，鼓勵投資。私人也應善用自己的資本，以求生產。這樣使資產的社會意義，能够盡量發揮。

（丙） 勞働

（A） 勞働的意義

在經濟學上，勞働爲生產工具之一，勞動的定義，爲人從事生產所有的有意識之動作。

但是我們於今從倫理學方面所討論的勞動，意義較比經濟學上的勞働稍爲寬廣。經濟學上的勞働，特點在於生產；我們於今所討論的勞動，定義可以如下：勞動是人有意識而有益的動作。

勞働是人的動作。在生產方面，爲生產而動作的，不僅是人，還有畜牲，如牛，如馬，還有機器。在工業發達的國家，生產的工作，機器的動作較比人的動作更重要，更有效。但是人是人有靈性的；人的動作，是人的動作，較比畜牲和機器的動作常是高貴，因爲是從一個有靈性的主體而發的。

勞動是人有意識的動作。無意識的動作，不足以稱爲人的動作，因爲人自己不能作主。有意識的動作，是人自主的動作。

勞動是有益的動作。「有益」和「生產」的意義不完全相同。生產的動作，當然是有益的；有益的動作，則不一定常是生產的。有益較比生產意義廣。人的動作爲能稱爲勞動，至少該當是有益的，或者有益於自己的精神和身體，有者有益於旁人和社會。普通說話上，賊去偷東西，誰也不說他是去做事。一個人躺在公園木椅上成天念小說，人也不說他在做事。普通我們說一個人做事，必定是他在做一樁正經的事。正經的事，必定或是有益於自己或是有益於人的事。

勞動的種類，大別之爲勞心和勞力。勞心的勞動是多費理智的動作，勞力的勞動是多費體力的動作，並不是勞心完全不費力，也不是勞力完全不勞心。

（B）　勞動的價值

共產主義只知有物質，不承認有精神，勞動的價值，以生產爲惟一的標準；生產率高者，價值高；生產率低者，價值低。共產主義把人的勞動和畜牲的工作以及機器的工作，看成一事。

按理說，人的勞動，無論勞心勞力，不能以生產爲惟一價值標準。勞動價值的標準，第一、從勞動的出發點去看，是動作的本能。人的動作本能，有理性本能，和感覺本能，理性高於感覺；勞心的勞動便高於勞力的勞動。第二、從勞動的成效去看，勞動的價值標準，是動作的利益。有益於人的精神的動作，高於有益於人的肉體的動作；有益於多人的動作，高於有益於一人或少數人的動作；供給人緊要急需物品的動作，高於供給人奢侈品的動作。著書和文藝作品，有益於多數人的精神，較比織布造汽車有益於少數人的身體，價值更高；農夫耕田，供給人糧食，較比種煙，供給人不緊要的用品，價值更高。

勞動，既是人的動作，勞動價值不能捨人，只看物質的出產。

（C） 勞動的原則

（a） 人人有勞動的權利和義務　勞動是人的動作，人的生活且由動作去發展。人發展自己的生活，卽是有益於自己；相幫他人發展生活，便是有益於人。

凡是人都有發展自己生活之權，因此便有勞動之權。況且人都有發展自己生活的義務，因此也有勞動的義務。一個人一生不做一點正經事，成天游手好閒或花天酒地，則不算爲一個人。同時人的天性，應該結羣而居，互相帮助；因此每人便也有權利義務去勞動，以有益於人。

（b） 勞動爲人謀生的工具，每人便該有勞動的機會　人爲供給自己的需要，天生的工具只有勞動。若說一個人生在富家，承繼了父母的遺產，可以不勞而活；那是偶然的境遇。至於天生的工具，則只有每人工作的本能。用本能去工作，便成爲每人維持生存的工具。每人不但有勞動的權利，而且還有權取得勞働的機會。因此國家有義務使國民都能有工作；若是國民不因自己的過失而失業，國家有救濟失業者之責。

（c） 勞働不能損害人格　勞動既是人的動作，人是按人性而動作的。人性在具體方面的表現，即是人格；每種勞働便不應損害人的人格；損害人格的行爲，都屬不道德的行爲，自己不能做，也不能强迫別人去做。

人是有自主之權的動物；人便不能因爲謀生，永遠出賣自己的自主之權。賣身爲奴或賣人爲奴，乃是永遠出賣自主之權，便是不道德的行爲，損害人的人格。

人有人生最終的目的，道德規律引人向最終的目的，相反道德規律的行爲，也有損人的人格。因此賣淫，不能成爲謀生之計。

人按人性說，該當保存自己的生命，凡是過於疲勞身體的工作，使人身體容易受害，也是有損人格的勞働。因此婦女和童子，工作應較男子輕；礦工鐵工應比其他工人的工作時間較短。普通工人的工作時間都應當有適當限制。

（丁） 工銀

人的勞働，雖用爲生產；勞働的人不一定就用勞働所產的物品，直接去供給自己生活的需要。而且人生的需要很多，不是一個人用勞働所產之物品所能供給的。於是在社會裏要緊有交易。交易乃有交易的標準，交易的標準，即是物品的價值，物品的價值在社會的代表，即是錢。人的勞働在社會裏，也由錢去代表勞動價值，勞働價值，稱爲工銀。

（A）物價

物價，是物品價值的金錢數量，就是說一件東西可以值得多少錢。物品的價值，是物品和人生需要的供應關係，我們在上面已經談過了。但是在社會的社會學上，對於物價的學說，多分派別。有一派人主張每種物品的價值相等於每種物品的出產費。有一派人則主張每種物品的價值，相等於出產這種物品所費的勞働。又有一派人主張物品的價值相等於賣者給與買者之方便，因買者不必自己製造所買之物。這幾種學說都有所偏。物品的價值，不能由唯一的標準去規定。為規定一種物品在社會上的價值，所有的因素很多。有人格方面的因素，有社會方面的因素，有經濟方面的因素。一本書的價值，不能只看作者用了多少時間和所花的印刷費而定，也不能只看作者和印刷工人所費的作工而定，更不能看買者因為自己不必寫書而取得的方便而去。一本書的價值，要看作者的天才和學識，這是人格方面的因素，又要看印刷的精粗，這是經濟方面的因素，還要看這種書是否古本或新本，是否稀有本或普通本，這是社會方面的因素。總合各方面的因素，然後纔能決定書價。

（B）勞働不能純粹作為商品，按照普通物價計算。

在工業發達的社會裏，勞働的價值日增，但同時勞働的價值又被貶低。勞働的價值日增，因為工業的出產雖用機器，然也不能不用人。工人的工作的重要性增加，工作的價值隨即提高。然而工業的組織，完全以經濟為標準，工業的經濟，一方面為原料，一方面為出產品。工人的工作以及機器的工作，都可以包括在原料以內，原料是買來的商品，機器是買來的商器，工人的工作也就視為買來的商品。因此工人的工作，完全按照普通商品的標準去估價：看工作力大小，看工人容易找或難找，以定工銀，勞働的價值便被貶低。

（C）勞働為人謀生的工具，最低工銀，應能養身養家。

工人的勞働（工作），可作商品看，工人給雇主工作，雇主給工人工銀，這是社會的通常現象。雇主計算工銀時，又看工人的工作力，又看工作的難易；這也是社會的通常現象，並無所謂不合理。但是社會上普通常疏忽了一點，即是勞働乃是人為維持生存的工具。工人為謀生，專靠作工；於是從工作所得，應該能夠養生。

天主教因此主張，工人的工銀，最低應該可以養工人本人和工人本人的家庭，即是所謂家庭工銀。（註一八）因為工人不但該養自已一身，還該養自已的妻兒子女。工人所得的工銀，應該可以使工人滿全這種義務。孟子也曾說：「是故明君制民之產，必使仰足以事父母，俯足以畜妻子。」（梁惠王上）國家的勞力政策，便該以「家庭工銀」為標準。

馬克斯所主張的剩餘價值，既不合理論，也不合於事實。因為生產品的價值，除了原料用費以外，不是都由勞働所造成，還有其他許多因素。同時共產政策絕對不以剩餘價值作為工銀。

（3）國際間的權利義務

世界上的國家，從人類有史以來，就不只一個國家。世界上，同時常是多數國家共同存在。國家數目的多少，決不是按照進化論的原則，由少而多。在人類歷史上前一時期的國家多，後一時期的國家能够少。前一時期的國家少，後一時期的國家能够多。國家數目的多少完全沒有一定的原則，完全是人事的偶然現象。

在上古交通不便時，人民老死不出鄉里。國與國之間，除去隣國以外，幾乎不發生關係。到了後代，交通方便了，人民的往來多了，國與國的關係也逐漸加多，到了於今的世界，國與國之間，無論距離多遠，關係都很密切。因此國際關係，已經成爲每一國家的大事。

從原則一方面說，國與國之間，無論上古近代，都可以有關係。因爲人是合羣的動物，不因爲組成了國家，便不能和另一國的人，發生關係。每一個國家雖是完全的政治社團，但不是地球上的唯一政治社團，則和別的完全政治社團，一定可以發生關係。因此國際法雖是近代的產物，但是國際法的基本原則，在人性上和國家的本性上，已經具有。無論何時，都可引用。而且歷代的國際法，也不能反對這些原則。於今我們就談國際關係的基本原則，以定國際間每一國的最基本的權利和義務。

（甲）每一國有生存之權

（A）不能用武力滅他國

每一個國家，旣成立了，便是一個完全的社團。完全的社團，爲一完全獨立的法人，有自己的生存，有自己的活動。因此有權保持自己的生存；別的完全社團便有尊重牠的生存的義務。一國便不能用武力滅亡他國。

（B）不能侵犯他國的權利

國家不單有生存之權，也有使用自己主權之權。國家沒有主權，大則不能生存，小則社會紊亂；主權乃是國家生存的要件。因此國與國之間，應該彼此尊重主權，不宜互相侵犯。

（C）一國不能獨佔天然富源

天然物資，是造物者以供全人類生活需要的，每個人有取得和使用物資之權，每一個國家也有取得物資以供人民需要之權。怎樣取得和使用物資，國家有國法，國際有國際公法，人民和國家都該遵守。但一個私人不能阻擋另一私人，一個國家不能阻擋另一國家，合法取得物資。若一個强國，壟斷世界的原料，使別的弱國無法取得，或須用重大的代價以購取，强國的經濟政策便有傷公義。若一個國家擁有廣大的土地，人民稀少，則不應拒絕他另一地狹人多的國家，移民開墾，否則有違人道。

再者，每種物產，各國生產數量不一。若是一種爲人民急需的物品：有的國家生產多，有的國家出產少；出產多的國家應與出產少的國家廉價交易，不宜自動毀滅以增加物價。

（乙）每一民族有自存自決之權

（A） 民族自決

一國的主權（威權），來自國家的本性，以國家本身爲第一主體；然而國家的成立，必定要有國民的同意。在上古時，族長或酋長，多由人民公推。後來霸權王權代興，霸者王者都用武力而取天下，再家傳子孫，國家的成立，似完全由於霸者王者的武力而造成。但是假使人民始終不願臣服，常揭竿作亂，霸者王者，仍舊不能正式立國。在古代建國時，人民的同意，不是明顯正式加以表示，但是暗中一定有。在於今民主制度時代，國家成立時，民衆的意志，可以正式表示；乃稱爲民族自決。

民族因着血統和文化的因素，自成一單位。於今世界的國家雖不完全以民族爲成立的單位，但是國家的成立，則常以民族爲因素。國家雖由人民組成，但是在組織新國家時，必不是每人作一基礎去從事建國運動，作建國運動基礎的，常是民族。因此所謂民族自決權，即是人民自決權。人民既有自由組織國家的權利，民族當然有自決之權了。

一個民族，處於另一民族之下，不受平等待遇；或與國內其他民族不能相安，這個民族有自決之權，決定自己的命運；或獨立，或與別的民族合成一國。自決權之使用應有國際法或國際慣例的規定。

（B） 民族自存

民族之形成，首要因素爲血統，次要因素爲文化。民族文化中包含民族語言、習慣、文學、制度等等傳統的生活方式。民族之能成一民族，卽在於能够保全這些因素。血統爲生理的自然現象，文化爲發展生活的助力。因此，民族既是人生的自然結果，又是人爲求發展生活的天然助力，民族便有存在的價值。

民族既是天然的產物，又有益於人生，民族不但是有存在的價值，且有自存之權。一個民族或一個國家，不能用武力消滅另一民族。每個民族也有保全自己的生存和自己的語言、文化，以及傳統習慣之權。

（丙）國際關係

（A）平等

國家無論大小，都是完全的政治社團。每一國家的主權（權力）在法理上都是相等的。

（a）國交以平等爲基礎

國與國相交，應以平等爲基礎，不能以實力的大小作標準。强國大國不宜侵略弱國小國。蕞爾小國的權利，並不因爲國小，被他國所輕視。兩國訂約，兩國通使，兩國舉行會議，都應遵守國際法的平等原則。

（b）保護國

在歷史上，以往曾有過保護國的制度。中國古代，曾有藩屬。如朝鮮，安南，緬甸等國，都曾是中國的屬國。這些屬國，實際卽是中國的保護國。

一個國家因爲本身力弱，不能抵禦外侮，又不能發展國家經濟。充裕民生，當然可以接受另一强國大國家的保護。藉强大國家的武力和經濟力的幫助，以達到追求國民公益的目的。

一個國家既接受另一國的保護，對於保護者當然表示尊重，因此在國交上，不能完全平等。例如中國古代屬國，應該年年進貢，上表稱臣，接受中國皇帝的封號。

至於近代歐洲英法等國，在近來曾有保護國。這等保護國，實際等於殖民地。名爲保護，實則剝削。因此國際輿論，今日均不贊成保護國制度。

（c）殖民地

殖民地是文化低落的民族，尙沒有建立國家的能力，另一國家乃代爲治理，教育該地人民，開發該地經濟，扶殖這種民族，日後組成獨立國家。在法理一方面說，殖民制度，並不是違反國際公義的制度。然而歐洲各國以往的殖民政策，則不是扶殖文化低落的民族，而是奴使這些民族，乃造成違反人道公義的殖民罪惡。於今殖民地的人民，凡是尙未獨立者，都仇恨行使殖民權的國家，要求獨立，這是理所當然的結果。按理說，殖民地人民既要求獨立，乃是行使民族自決權；殖民之國不宜反對。

（B） 互助

人所以要合羣而居；因爲需要彼此互助，以發展生活。沒有一個人可以說絕對不仰給於他人。一個國家在世界上，無論怎樣强，怎樣大，也不能說絕對不要另一國的協助。國家在世界上，也應該彼此互助，以求更能完滿自己爲人民求福利的目的。

（a）　友好條約　爲能實行互助的義務，又爲修互助之效，兩國之間，可以簽訂友好條約。友好條約，通常爲原則性的條約，聲明簽約兩方，誠意合作，彼此互助。至於詳細的互助條文，常以其他專門條約，再作協定。

（b）　不侵犯條約和共同防禦條約。

不侵犯條約，規定簽約各國，彼此不以武力相侵。遇有爭執的問題時，彼此互以和平方法解決問題。共同防禦條約，則更進一步，規定簽約各國，共同組織防禦工作，遇一方被侵畧時，他方按約予以協助，抵禦敵人。

每個國家爲自保計，都有簽訂此項條約之權。

（c）　商約　商約爲兩國互助事業的最要方式，通常國家所需要的帮助，常爲經濟的互助，商約即爲規定兩方經濟互助之道。

（d）　文化專約　於今國與國之間，也常簽訂文化合作的條約。彼此交換文化品，彼此互投溝通文化的機會。

（C）　國際法

國與國之間的關係，不能僅憑人性的正義原則，還應該有具體的法規，然後國際關係纔能有所根據，纔能有一致的標準。國際法的成文法規，雖爲近代的產物，而且在於今，國際法法規尙是缺而不全；但是國際法在古代已經有了。羅瑪古代有「民族公法」（Jus gentium），中國春秋時，也有各國相交之禮；因為國際法乃是人性的要求。國由人而成；國與國相交，也由人而動。人的動作是應有成規的，否則必亂。

於今通行的國際法有國際公法和國際私法，國際公法規定國家和國家的關係，有和平時公法，有戰爭時公法。國際私法規定在一國內所有外國人民該守的法規。這種法規於今尚沒有成文的條文，只有一些重要的法律原則罷了。

（a） 遵守國際法　國際關係，務必應當遵守國際法。國際法以外，還有國際慣例，等於國際習慣法，也應當遵守。一國不遵守國際法，必侵犯他國的權利，常為國際爭端的禍因。為廢除一種國際慣例，為修改或增訂國際法條文，不能由一國擅自行動，應由國際會議規定。

（b） 遵守條約　國際法規定國與國之間，彼此的權利義務；在這些國際權利義務之中，有一項最重要的即是遵守條約。國際條約是根據國際法再進一步規定在一些專門事件上，締約各國所有的權利義務，締結各國而且正式許諾遵守所簽訂的條文。因此遵守條約，為國際關係最重要的一點。人與人相交，應該有信；國與國相交，更該有信。人失信，被害者可以向法庭控訴，要求賠償。國家失信，被害者如要賠償，只有訴諸武力，則天下大亂。

條約正式有效後，在有效時期以內，一方不能自動廢約。條約的廢除，應按國際法和國際慣例所定的程序，或雙方共同聲明廢約，或雙方重訂新約，或因一方損害條約，他方乃聲明條約作廢。獨裁的國家，大都唯利是視，凡不利己的條約，一概不守，或單方自動聲明廢約，屢屢造成天下戰爭的禍因。

條約條文的解釋，遇有疑難時，應由簽約各方，以外交方式，議定解釋，不能由一方擅自解釋條文，以啓爭論。

（c）國際最高組織

世界的獨立國家，都是完全的政治社團。各自的主權，乃最高的主權，在自己以上，沒有更高的威權，然而每個國家對於自己主權的使用，除基本不可缺少的主權以外，自己可以放棄一部份。因此若爲求多數國家的公益，這些國家可以共同訂約，成立一國際組織，授予此種組織以相當威權，對於此種組織的決議，甘願服從。如有一國不願服從時，國際最高組織卽予以制裁。

國際最高組織，並不違反國家的本性，不損害國家的威權；因爲這種威權是國家所授予的，國家如不願授予，則不參加這種組織，或是退出這種組織。

國際最高組織，在今日國際關係最複雜的時代，已成爲不可缺少的組織。兩次世界大戰以後，都成了這種組織。第一次爲國際聯盟，第二次爲聯合國組織。但爲使國際最高組織可以達到目的，則國際最高組織應該具有實權。國際最高組織若僅僅討論問題，決定議案，而沒有實力去執行自己的議案，對於國際公益少有貢獻，終於失敗。世界上常有二三强國，恃强不遵守國際最高組織的決議，國際最高組織若沒有實權可以制止，則造成强國橫行的局面。今日蘇聯的橫行，便是一例。

於今的國家，已經不能死守自己的一切主權，不願稍作犧牲，以維持國際組織。國際上沒有一種具有實權的最高組織，世界政壇終爲强國所霸佔，爲打消霸佔的危險，則每一國應以自己幾分之主權，讓給國際最高組織。在國際最高組織能制止强國的時候，世界纔可以久享和平。

（註一）唐律疏義，卷十七盜賊，註疏。

（註二）漢書惠帝本紀，顏註。

（註三）唐律疏義，卷一，名例。

（註四）唐律議疏：卷十四、戶婚

（註五）瑪竇福音第拾玖章第四節至第九節

（註六）仝上。

（註七）聖葆樂致伊法所人書，第五章第二八節。

（註八）聖葆樂致格林多人書一，第七章第三節至第五節。

（註九）朱子家禮頁七。

（註一〇）參攷 J. Guenechea S, J.—Principia juris politici. Vol I. p. 20. Roma. 1938.

（註一一）Jellineck—Allgemeine Staatslehere. p. 205. Berlin. 1914.

（註一二）Besolzheimer; Preus; Menger; Diehl等德國學者。

（註一三）如 A. Smith; Ricardo; Bastiat; Quesnay,……等。

（註一四）Spencer—The Principles of Ethics. 2. p. 183.

（註一五）Locke—Two Treaties of civil government.

（註一六）Hobbs—Dé cive. cap. I.—Leviathan: cap. 17.

（註一七）Catherin—Phil. mor. n. 582.

Boyer—Cursus philos. vol. 2.

Guenechea.—Principia juris politici. vol. I. n. 112.

（註一八）教宗良第十三世 Rerum Novarum 通諭。

教宗庇護第十一世 Quadragesimo anno 通諭。

第三編　美術論

第九章　美術思想

(一) 緒論

宗教哲學，討論人生的研究，給人指示生活的宗向，說明人和造物主的關係；倫理學討論人生的善惡，指引人趨向人生的宗向，使人的行爲常得其當。於今我們最後進入美術論。在美術論所討論的是我們人在本性方面，爲發展自己的生活和表現自己人格，所有的一種最高的形式。美術論所牽到的問題，有認識論，有心理學，有本體論，有宗教哲學以及倫理學各方面的問題。

人爲理性動物，人的最高部份爲理性。理性的最高活動爲哲學和純科學。哲學和純科學是人在本性方面最高的活動。但是人也是動物，動物是有感覺的，哲學和純科學偏於理智，雖是人最高的活動，然並不是整個人的活動，因爲把感覺棄而不用，即是用，也是用感覺以助理智，感覺自身並無意義。美術則是用人的理性，又用人的感覺；感覺和理智、意志，在藝術裡有同等的價值；而且感覺尙似乎重於理性，如同一個人，在具體生活上，感覺也似乎重於理性。因此美術較比哲學，更能代表整個的人，更能發展人的具體人格。因此我們在哲學一書的最後一編討論美術。

(1) 美術的意義

美術是什麼呢？

美術這個名詞，無疑是翻譯西文的，中國舊日沒有美術這個名詞。西洋文美術一詞本爲ars（art, arte, Kunst）原文爲術，爲技術。由技術轉而專用爲美術。但是近代有些西洋語，在技術上加一美字，和我們中文譯名「美術」完全相同。（註一）

美術的意義，普通以爲造美之術。在以往大家可以接受這種定義，但是近來美術品已多不美。美術爲造美之術；許多學者，尤其是美術批評家便不贊成了。所以有些學者，把美術的意義與以擴充，又把美和美術分成兩事。因爲在美術爲造美之術的定義裡，美和美術雖已經分爲兩事，但是美可包含在美術裡；於今既然以美術所造；不單單是美，美和美術更應分爲兩事了。中國社會上乃多稱美術爲藝術。美和藝術，在名目上也就顯爲兩事了。

美術究竟有什麼意義呢？在後面我們要詳細討論這個問題，現在我只簡要說幾句。「術」，按聖多瑪斯的意思是「善於作物之道」。（註二）明智，（智德）爲善於行事之道，術（技術）爲善於作物之道。術便屬於習慣一類，使人善於製作應作的東西。

美術，在術上加一美字。法文和義大利文也是這樣（Beaux-arts Bell'arte），美術當然是術的一種，表示是術中之美。然所謂美，不是技術本身之美，乃是技術的成績爲美。因此普通以美術爲造美之術。若是認爲美術所造的不常是美，也有醜，美術的意義，則可以說爲「製造引起美感作品之術」。

美術的作品，無論從本身方面說，爲美爲醜，但是從欣賞者一方面說，一定要引起美感，不然，則不足以稱爲美術作品。現代學者，把美和美感予以分離。引起美感者的作品不一定務必是美。本身爲醜的作品，也可引起美感。抽象美術學派，又把美和美感完全相脫離，以美術品不要引起美感。這兩種主張我都不能贊成。

若問美感是什麼？那就牽涉很多的問題，在後面，我們要好好加以討論。

美術的意義，簡單可說是製造引起美感作品之術。詳細的定義，在最後一章，將有適當的說明。

（2） 美術論

美術論普通視爲討論美術之學，所以也稱爲「藝術論」。美術既認爲造美之術，有人便以美術，爲討論美之學，所以又稱爲「美學」。無論討論美或討論美術，學者都知道，美術論不是討論每種美術品的作法，而是討論美或美術的性質；美術論的討論，是帶哲學性的，因此於今有人稱美術論爲藝術哲學。「藝術哲學」的名稱，我們也很贊成；但是我們認爲「美術論」的名稱，更合用、更通行。

美術論在西洋文爲 Aesthetica。這句西洋話源出希臘文的aibonbis。希臘原文，意義爲感覺。第一個用Aesthetica以指美術論者，爲德國哲學教授包加登，（Alex.Baumgarten 1714—1762）。（註三）

美術論的意義爲「研究美和美術之學」（註四）美術論因此有兩項對象：一爲美，一爲美術。研究的形式，是研究美和美術的本性。美術論便屬於哲學，和「美術批評學」，和「美術與語言的比較學」都有分列。

美術論之成爲專門學術，乃成於近代。在古代和中古時，哲學家在自己的哲學思想裡，常夾有美術的觀念，但不列爲哲學的專科。第十八世紀以後，包加登既創「美術論」之名，後來乃漸漸有人寫美術論的專書。在目前思想界裡，美術論的專書，大約要超過哲學其他各部門的專書。

然而有些學者，現在還是反對美術論之能成爲學術。他們的理由，是美術和美術品不能成爲學術的研究對象。學術所研究的對象是抽象的學理，是共通的原則。美術是一種最具體的動作，完全表示作者的個性；而且美術工作，是天才的工作，既深奧而又靈妙。美術品所引起的美感，也是不能脫離具體的個性，美感因此可以人人不同。因此無法，把完全具體化的美術和美術品，作成抽象的研究對象。學者所講美術論，都是學者腦中的理論，和美術家的美術，完全不相關。

我們也承認美術論爲哲學的各部門中最難的一部，加之因爲是新的學術，各種觀念都尙沒有確定的意義。但是我們不承認美術論不能成爲學術。因爲美術既是人的一種工作，而且不是一個人的一種偶然工作；美術品也不是一項偶然的作品，乃是美術家的作品，於是美術和美術品一定有共通的性質，不然大家爲何知道某某爲美術家，又知道某物爲美術品呢？大家對於美術家和美術品意見雖多不同，但這並不表示美術或美沒有共通性質，僅只表示人們對於這種共通性質的研究尙不够。

(二) 古代美術思想

美術論既是近代的學術，各種主要觀念，尙沒有確定的意義；我們爲研究美術的本性，便應該把以往的哲學家，對於美和美術的意見，擇要研究一下，使我們能有一種正確的主張。

（1）古代希臘的美術思想

（甲）伯拉圖

希臘大哲學家中對於「美」的觀念，特別予以注意的，要推柏拉圖。柏氏首先把「美」和「實用」和「善」分開，三者不同是一事。但是他不採納普通人對於美的意見，普通人以好看爲美，柏拉圖不以爲然。他主張美是觀念的美表。表是儀表，是威儀棣棣的外形美。即是觀念的威儀外表。觀念在柏拉圖的哲學裡，是先天的精神體。先天精神觀念表現於感覺的，能有一美表，便成爲美。美，吸引人的感覺激動人的感情，另外使人羨慕而生愛。柏拉圖對於美感的觀念，有似乎近代美學的觀念。

但是柏拉圖最看不起美術，也厭惡詩人。柏氏認爲美術爲模仿自然，自然界的物體則是模仿先天的觀念。觀念是獨立的，是實有的，世界的物體僅只是先天觀念的表現。自然界物體的價值，完全在於相似所有的模型觀念。美術既是模仿自然界物體，則是模仿者之模仿。因此美術的價值很少。柏氏主張在他的理想國裡不要有詩人。

柏氏鄙視美術的主張，後代學者少有贊成的；但是他主張美術爲模仿自然；這種主張在後代發生很大的影響。

（乙）亞立斯多德

亞立斯多德雖是柏拉圖的弟子，然而他有自已的哲學主張。他不贊成先天觀念說，因此對於美，他不以爲先天觀念的美表。他也不鄙視美術。但是他却保留了柏拉圖的兩個美學觀念。第一、美是偏於感覺性的，但必定具有理想的內容；第二、美術是模仿自然。

亞立斯多德會著『詩論』一書，共兩卷。一卷已經喪失了，餘下一卷，便不能代表他的全部美術思想。

亞氏主張美的要素，在於偉大和次序。凡是美的物體，牠的分子的組織，必定互相融洽有次序，而且具有光輝的外表。這樣纔能使人見到或聽到。發生愉快。亞氏這種主張，在後代成了美的規律。

美術的性質，在於模仿自然界的物體；自然界的物體，有質和理。質是物質，可見可聞，而又是實有的；美術予以模仿，不是模仿另一模仿者，乃是模仿原物。而且美術的模仿，不是呆板的仿效或抄襲，乃是作者理想應該如是，作者理想一事物時，不是憑空亂想，是按照自然界事物之理去佈置事物。因此詩劇中的人物，每人的個性，應該前後一次。詩劇的情理，既是作者理想所設置的，便能使觀者的精神，得一高尙的刺激，洗除卑汚的情緒。

亞氏的美術觀念已經孕育着近代美學的因素。如作者應自造美術作品的人物，所造的人物還該有前後連貫的個性。

（丙）伯洛丁（Plotinus 204—270）

伯洛丁爲柏拉圖學派的巨子，在美學方面，發揮柏拉圖的美學思想。

普通以美的要素在於物的各分子，各得其中，互相和諧。伯洛丁反對這種意見，因爲精神之美，沒有分子，卽無所謂和諧或得中，人一遇到美，心靈卽生愛慕，心靈愛慕美的物體，必定是在美的物體內，找得和心靈相投之點。心靈爲精神體，美物可以和心靈相投之點，便應該是精神性而不是物質性。因此美是精神性的，伯洛丁乃說美是理（Forma），理在一物體內，使物體各分子相合而有一致的外表，因能吸引人的心靈，出神興賞。

美分精神和物質美。物質美藉光而有外表，光爲物質美的必要條件。精神美爲心靈的光輝。心靈本身，本是光明磊落，若是不被慾情所蔽，心靈自身常是光明。心靈光明卽是美。美和善便同爲一事。心靈的美，可稱爲明德。心靈越表揚自己的明德，越能興賞精神之美。精神美之最高者，爲全善全美的造物主天主。天主乃一切美的根源，人的理性卽導源於天主，人的心靈因着理性而成美。人的理性，若能興賞天主時，人便得有幸福。

伯洛丁觀察美術，和觀察美一樣；美旣爲物體內造成一致外表之理，美術便是物體的理想外表，或更好說是製造物體理想外表之道。一座石像之美，不在於石頭，乃是在於石頭的外表，外表又合於一種理（

觀念）。

美術雖爲自然物體的模仿者，然而美術所模仿者，不僅止於自然界的物性，乃是直接達到自然物性的先天觀念。因此美術不是模仿者之模仿，不應被輕視。況且美術能夠補自然物體之不足。

美術之美，本是觀念（理）之美，是一種美理。美理由美術而施之於物質。物質承受觀念之美，不能完全承受觀念全部之美，承受的程度，看物質美化的可能性而定。物質美化的可能性高，承受美理的部份多；物質美化的可能性低，承受美理部份少。同時，當然要看美術作者的創造力若何。

(2) 羅瑪的美術觀念

希臘哲學思想，傳於羅瑪，由羅瑪公敎（天主教）的學者，繼續發揮，形成中古時代的士林哲學。希臘的美術思想，在羅瑪公敎學者中，也有了繼續發揮的人。我們現在舉兩個最大的公敎學者作代表。

（甲） 聖奧斯定

聖奧斯定的哲學家思想，傾向柏拉圖學派。他雖不接受先天獨立觀念的主張，然而以天主所有觀念爲先天觀念。

造物主天主，全美全善。人受造於天主，相似於天主。人的本性便分有天主之美，人的動作也分有天主的創造力。當然，天主和人，並不同等，並不同性。人性之美，人性的創造力，只是相似於天主之美，相似於天主的創造力。

聖奧斯定曾著「論美」一書，書已失落。於今所有的，有「樂論」一書。「美」，爲一切物體的特性。無論看來多麼醜的物體，本性也有幾分美。因爲物性常是齊全的，齊全之物，在本性上該是美的。再者，宇宙全體，結合奇妙，人皆稱美。一件看爲醜陋之物，從宇宙全體之美去看，也可認爲美麗之物。

美的本性，在於物體的完善點，或好處，爲人的理智所知，引人興趣，乃成爲美。物體能成爲美的好處何在？在於物體內的分子，一統和融洽，物體分子能够和諧。因爲分子有「次序」又「中節」。次序和中節乃是美的根基。但是一物成爲美，除「次序」和「中節」以外，還該有「光輝」。若是物的次序和中節，隱而不顯，仍舊不能成爲美。「光輝」便也是美的要件。光輝在物質方面，由光明和色澤而成。因此古代，常以美爲好看之物。

聖奧斯定以美術爲人的創造能力。人在創造美術時，有似天主創造宇宙，由於自己的智識和愛情而創造。因此聖奧斯定不僅以美術爲模仿自然，而以美術爲人心靈的創造動作。

（乙）　聖多瑪斯

聖多瑪斯爲士林哲學的大師，他的哲學思想是傾向亞立斯多德的思想。在美學方面，當然隨從亞氏的主張，但是他也採取聖奧斯定的美學觀念。

美的全美，爲造物主天主。天主乃美的自體，其餘一切的美，都是分有天主之美。

美的本性，在本體方面，和「好」相同。物的本體常是完好的，物的本體的完好，便是美的理由。但「美」和「好」的意義，各不相同，好是善，善是人所欲取得的；美則是人所喜好興賞的。善屬於意志的欲望，美則屬於理智的興賞。

美的成份，爲物體的完好點。這種完好點是物體的「充實」「勻稱」「光輝」。（註五）

「充實」，即是物理本形（Forma）完全確定，自成一『個性』。自然界的物體，在本性上常是完整的。人造的物品，則不一定常能使物品的物理，完全表現於物品中。一物當有的物理，沒有完全寓於物中，此物必不能成爲美。

「勻稱」，第一表示物體在構成上和在動作上，各分子保持勻稱。第二又表示物體和周圍的物體，也保持勻稱的關係。

『光輝』，表示物體對外很顯明，物體有光輝，則能將物體好好表現於外。一物表示自己不表示明顯，則不能爲美。

人爲興賞美，用理智，又用視覺和聽覺。但是別的感官雖不直接用爲興賞美，却能助理智以認識美。

美術，在廣義方面說，美術是術，卽是善於作物之道，美術的主因，在於人的理性，人由人的智識和愛情所發動而後有美術之動作，人行美術，還是用自己的理智。美術因此不能是反理性的。

人爲創造美術，常模仿自然。美術模仿自然，不是呆板的模仿，乃是創造性的模仿。人對美術所有的創造，根之於有創造性的觀念。美術的觀念，不是純理性的觀念，乃是可以創造物品的觀念。美術品是否完好，不從美術作家方面去評論，是從作品方面去評論。但是作家自身的美術動作，不能脫離倫理的範圍。

(3) 中國的美術思想

美術的名詞，雖是外來的，中國古代並不是沒有美術的思想。對於美的本性，中國古代學者，沒有人提出，加以討論，但是對於詩和樂，在中國古書裏，多有人談到。從這些典籍裏，我們可以窺知中國古人的一些美術觀念。

(甲) 美的意義

美字的意義，按說文的解釋：「甘也，從羊從大，會意。羊在六畜主給膳也。」又按經籑訓詁，美字在經籍裏的意義，與善同，與好同，與愛同，與麗同，與「充實」同，與「適於當時」同。

美字在普通說話的意義，是美麗。美字用於有色之物，所以有美人、美女、美花、美服。但是對於味覺，也可以用美，可口之物，稱爲美味。至於音樂，普通不用美樂，而用別種形容詞以形容樂之好。

美在形容一物時有好的意義，好是好看。好看之物，便是美麗。一物好看，引人的喜愛；因此心以一物爲好而好之，也稱爲美之。一物爲能成爲美，應該是充實的。孟子說「充實之謂美，充實而有光輝之謂大，大而化之之謂聖，聖而不可知之之謂神。」（盡心下）充實和「善」不完全相同。孔子曾說：「謂韶，盡美矣，又盡善也。謂武，盡美矣，未盡善也。」（八佾）

我們若把上面所說關於美的幾點意義，綜合起來，可以知道中國古人對於美的觀念。

美是形容形色之物適於人的感覺，如美色，美味，美樂，因此美是形容聲容之美。但是精神之實體，動人喜好，也可稱之爲美。

美，適於人的感覺，引動人心的喜好。

美的條件，在於充實，有光輝。這一點和西洋的美學觀念很相同。

（A） 充實

孟子說：「充實之謂美」。朱子註說：『力行其善，至於充滿而積其實，則美在其中而無待於外矣。』為懂得這句話的意義，更好看孟子的全文。「浩生不害問曰：樂正子何人也？孟子曰：善人也，信人也。何謂善？何謂信？曰：可欲之謂善，有諸己之謂信，充實之謂美，充實而有光輝之謂大，大而化之之謂聖，聖而不可知之之謂神。樂正子，二之中，四之下。」（盡心下）

「可欲之謂善」。這句話和聖多瑪斯的思想很相同。善是人心所欲望的。朱子註說：「天下之理，其善者必可欲，其惡者必可惡。其爲人也可欲而不可惡，則可謂善人矣。」不單是天下之理，其善者可欲；

天下之物，凡善者必可欲。所謂善，同於聖多瑪斯所說的「好處」（完善點）。

孟子把美，放在善以上，以樂正子可稱爲善，不可稱爲美。因爲孟子以充實自己所應有的一切善，纔稱爲美。所謂善，卽是好處。一人所應該有的好處，卽是人性所該有的完善點。有了這一切的完善點，纔稱爲美。孟子在這一處不是講美術，乃是講人性之善。但是孟子所說的善，信，美，大，聖，神，後代畫家評畫，或文學家評詩文，都常借用。可見孟子的話，代表中國古代的美學觀念。

（B）光輝

孟子雖以光輝爲大，然而洪大也稱爲美，光輝也可視爲美的要素。朱子註說：「和順積中，而英華發外，美在其中，而暢於四支，發於事業，則德業至盛而不可加矣。」

光輝是美之表現於外，這種表現，並不是通常的表現，還該是「英華於外」。英華是似乎一盞明燈，火光發亮，又似乎一朵鮮花，色澤華麗。光輝因此是光亮而有華麗。所謂華麗，又不是僅有奪目的鮮色，而且有軒岸的英姿，卽所謂威儀棣棣。因此光輝是光亮的儀表。

至於「大而化之之謂聖，聖而不可知之之謂神。」也是中國美學的重要觀念。我們再參照中國的對於文和樂的理論，加以解釋。

（乙）天籟

承認有造物主之神的學者，常承認宇宙不僅是完全的，而且也是美的。宇宙的美又不是呆板無靈的美，宇宙的美代表造物主所有的觀念，包含一種活的動力，表現一種神妙的和諧。

樂記一篇，雖不是六經的原文，然最晚也是成於漢初。樂記一篇裏對於美術的觀念較多。其中最重要的一點，爲自然之樂。樂記說：「地氣上齊，天氣下降，陰陽相摩，天地相蕩，鼓之以雷霆，奮之以風雨，動之以四時，煖之以日月，而百化興焉。如此，則樂者，天地之和也。』又說：「天高地下，萬物散殊，而禮制行矣。流而不息，合同而化，而樂興焉。」

儒家講天地之美，常以美和善相並行，美和善，都出於造物主有意的佈置。道家也講天地之美，以天地之美，爲自然的神妙。莊子有天籟有天樂之名。「子綦曰……女聞人之籟而未聞地籟，女聞地籟而聞天籟夫。子游曰：敢問其方，子綦曰：夫大塊噫氣，其名爲風，是唯無作。作則萬竅怒呺，而獨不聞之翏翏乎，山林之畏佳，大木百圍之竅穴，似鼻，似口，似耳，似枅，似圈，似臼，似洼者，似汚者，激者，謞者，叱者，吸者，叫者，譹者，宎者，咬者，前者唱于，而隨者唱喁。冷風則小和，飄風則大和，厲風濟則衆竅爲虛，而獨不見之調調之刁刁乎。子游曰：地籟則衆竅是已，人籟則比竹是已，敢問天籟？子綦曰：夫吹萬不同，而使其自己也。咸其自取，怒者其誰邪。」（齊物論）

後世論樂，論文，論畫，多採莊子天籟的名詞。辭源「天籟」一條曰：「自然之音響也。（莊子）……後人謂文章之自然者，。」

宇宙自然無論在本體上，或在運行上，都是美。宇宙自然之美，在於各物互相和諧而不見痕跡。宇宙的和諧使萬物成爲一。

（丙）　美術

中國經籍及後代學者，論樂論詩，都以樂，詩，文，發於人的內心。人心之動爲情。樂，詩，文，便爲人之情的表露。

「人生而靜，天之性也。感於物而動，性之欲也。夫既有欲矣，則不能無思；既有思矣，則不能無言；既有言矣，則言之不能盡，而於咨嗟咏歎之餘者，必有自然之音響節族而不能已焉，此詩之所以作也」。（朱熹。詩經傳序）

「凡音之起，由人心生也。人心之動，物使然也。感於物而動，故形於聲，聲相應故生變，變成方謂之音。比音而樂之，及干戚羽旄，謂之樂。樂者，音之所由生也。其本在人心之感於物也。是故哀心感者，其聲噍以殺；其樂心感者，其聲嘽以緩；其喜心感者，其聲發以散；其怒心感者，其聲粗以厲；其敬心感者，其聲直以廉；其愛心感者，其聲和以柔。六者非性也，感於物而後動。」（禮記、樂記）

「大凡物不得其平則鳴。草木之無聲，風撓之鳴，水之無聲，風蕩之鳴，其躍也或激之，其趨也或梗之，其沸也或炙之。金石之無聲，或擊之鳴。人之於言也亦然，有不得已者而後言。其謌也有思，其哭也有懷。凡出於口而爲聲也，其皆有弗平者乎。樂也者，鬱於中而泄於外者也，擇其善鳴者而假之鳴，金石絲竹，匏土革木，八者物之善鳴者也。維天之於時也亦然，擇其善鳴者而假之鳴，是故以鳥鳴春，以雷鳴夏，以虫鳴秋，以風鳴冬，四時之相推敓，其必有不得其平者乎。其於人也亦然，人之聲精者爲言，文辭之於言，又其精者也。」（韓愈送孟東野序）

人心感於物而動，動而流爲情，情發而爲音樂詩歌辭賦。音樂詩歌辭賦爲中國古代的美術。字畫的發達較晚。

（B） 自然

模仿自然的原則，在中國古人的美術思想中，雖沒有明明說出來；但是美術須求其自然，則是中國美術一貫的原則。

蘇軾論文說：「大畧如行雲流水，初無定質，但常行於所當行，常止於不可不止。如繫風捕影，能使了然於心，是之謂辭達。辭至於能達，則文不可勝用矣。」（蘇軾與謝民師書）

張裕釗說：「古之論文者曰：文以意爲主，而辭欲能副其意，氣欲能舉其辭。……蓋曰意，曰辭，曰氣，曰法，之數者，非判然自爲一事，常乘乎其機，而混同於一，惟其妙，出於自然而已。自然者，無意於是，而莫不備至。動皆中乎節，而莫或知其然。日星之布列，山川之流峙，莫不蔚然以炳，秩然以從。文之至者，亦若是耳。」（張裕釗答吳至甫書）

中國古人論詩論文論字論畫，都有神韻天然的辭語。神韻天然爲美術的上品。昔人分畫爲三品：「夏文彥曰：「氣運生動，出於天成，人莫窺其巧者，謂之神品。筆墨超絕，傳染得宜，意趣有餘者，謂之妙

品。得其形似而不失規矩者，謂之能品。」（芥子園畫譜）

「得其形似而不失規矩」，只稱爲能。能是善於模倣自然，然過於求外面的形貌，這是古人所說「刻畫」，作文作畫或作詩，注意刻劃，則處處露刻畫的痕跡，成爲彫虫小技，而成爲匠。詩匠畫匠書匠，古人都不以爲重。

美術的自然，在於神會自然的精神。不露渲染刻畫，使人看不出努力點。似乎不費力，似乎更平易，實則很深很奧。

（C）天人相合

天人相合的理想，乃儒家人生理想的最高點。人的精神生活，發展到最高的程度時，便能參天地之化育。美術爲人的精神生活的一部份，美術的最高者，也就能够和天地之美融洽爲一。宇宙的佈置和運行，自成一整個的美，美術品之美，是分有天地自然之美，而又和天地自然之美，溶合爲一。中國的建築，和周圍的自然景物，應互相調合。風水之說，雖爲迷信。但是中國人對於建築，一定不許擾亂山水的氣脈。音樂之美，也在於和天地之樂相合。樂記說：「大樂與天地同合。大禮與天地同節。和，故百物不失節，故祀天祭地。」別種美術，如詩，如文，如字，如畫，都是人情的自然流露，而又中自然之節。所謂神韻，所謂氣，所謂天籟，卽是說詩文字畫，能够和天地運行之美相調和，溶化於天地之美以內。

（D）個性

美術之美，溶化於天地自然之美；但是美術既不是模仿自然的形貌，更不是籠統一樣，絕無個性。美術雖重自然；然而美術之自然，是每個人之情，自然流露。性是人人相同，情則人人相異。因此美術是每個人的個性，自然流露。最能代表中國獨有的美術的，爲字。字所以能成爲美術，完全在於表示每個寫者的特性。柳公權的字勁拔，趙孟頫的字秀媚，顏眞卿的字雄厚，米南宮的字超逸。中國的畫，和字一樣，很重家法，同時也很重作者的個性。無論南派或北派的大畫家，故各有各的特點。詩和文，中國也重宗傳；然而無論所宗者爲誰，若不能自有特長，必定不能成爲名家。個性在美術中，爲一最重要的條件。

（E） 美和善不相離

字畫和文章，視爲美術，是在詩和樂以後。中國經書裏論詩論樂，必定以詩樂之美，和倫理之善，不相分離。樂記說：「天地之道，寒暑不時則疾，風雨不節則饑。敎者，民之寒暑也，敎不時則傷世。事者，民之風雨也，事不節則無功。然則先王之爲樂也，以法治也，善則行象德矣。……是故先王本之情性，稽之度數，制之禮義，合生氣之和，道五常之行，使之陽而不散，陰而不密，剛氣不怒，柔氣不懾，四暢交於中而發作於外，皆安其位，而不相奪也。然後立之學等，廣其節奏，省其文采，以繩德厚，律小大之稱，比終始之序，以象行事。使親疏貴賤長幼男女之理，皆形見於樂。故曰：樂觀其深矣。」

「詩者，人心之感物而形於言之餘也。心之所感有邪正，故言之所形有是非。惟聖人在上，則其所感者無不正，而其言皆足以爲敎。」（朱熹詩經傳序）

「子曰：關雎樂而不淫，哀而不傷。」「子謂韶，盡美矣，又盡善也。謂武，盡美矣，未盡善也。」（論語八佾）朱子註說：「美者，聲容之盛。善者，美之實。」

美和善不應分離，後世專門從教育一方面去看，完全像樂記所說，以詩樂文章作爲教化的工具，於是有文以載道的主張。在古人的思想裏，美與善不能分離，因爲美爲情的流露，情流露時應該中節纔能與天地之美相調合。情發時中節，卽爲善。因此美和善不相分離。

（二）近代的美術思想

中國的美術思想，在原則方面，古今一致。我們前面所引的話，有許多是後代理學家和文學家的話，但是所代表的思想，都是中國經書的思想。後代學者，對於美術所有的新主張，則是關於技術方面的作法，例如作畫的畫法，作詩的聲韻。中國美術的哲學思想，因此可以視爲中代的美術思想。

世界的近代美術思想，則可由德國哲學家包加登說起。包氏創美術論的名詞，爲系統地研究美術理論的第一人。

（1） 形上學方面的美術論

（甲） 包加登Baumgarten.（1714—1762）

包加登分人的智識爲兩種：一種爲論理的智識，一種爲美術的智識。論理的智識是理性方面的智識，一切都按論理的原則，有觀念，有評判，前後有次序，線索分明。美術的智識，是感覺的智識，用的是想像。美術的理論觀念用想像而具體化。美術用想像不按論理的原則，不用推理的線索。美術的智識，常是籠統不清楚。

美術的智識，既是感覺的智識，便在論理的智識以下。但是美術的智識，是獨立的思想，不因着理論而後有價值。同時美術的原則，不是修辭學和作文法的技術原則。美術論爲一學術，美術論的原則，使感覺智識，完善無缺，成爲美。

美是完善的感覺智識，感覺愈活潑，愈顯明，感覺的智識也愈完善。感覺的智識達到了完善的程度，便是美。

（乙） 維各（Joannes B.Vico 1668-1744）

維各爲義大利思想家，頗有現代科學之思想。在美學方面，和包加登相近。

維氏分智識爲觀念智識和想像智識。觀念智識爲哲學，想像智識爲詩歌，哲學以思索爲主，詩歌以感情爲主。

詩歌的起源，起自初民的感情。初民的理智很簡樸，有如小孩。初民感情被激動時，便借想像的故事，把感情表現出來。表現的結果，便是詩歌。詩歌的特性，在於眞摯，在於坦白。詩歌既由想像而成，想像的故事，不是實際的故事，乃是人的創造力所造。因此詩歌美術，重想像，重情感，重創造。

（丙）康德

康德的美術論，包含在他的「判斷批評」哲學中。判斷批評不是純理性哲學，而是實踐哲學。

康德分判斷爲兩種：一爲決定的判斷，一爲反省的判斷。反省判斷又分爲兩種：一爲神學判斷，一爲美學判斷。反省判斷，『乃在自然中，由別上溯至於共，故需有一原理，不能假之於經驗者。蓋此種判斷，乃由所與之特殊事物，而求包括此種特殊事物之一般概念者，故反省判斷，表示指導原理，而決定判斷，表示建立原理。……反省判斷，乃吾人自己對與某種事物所附與之態度。決定判斷，只是表示某種事實之關係，而反省判斷，則表示對於其事實之價值。』（註六）

神學判斷和美學判斷，都由自然界的目的，觀察事物。神學判斷所觀察者，爲自然界的特殊事物，從最高指導的理智，賦有一致性的目的。美學判斷則由情感方面，觀察事物。情感所觀察者，爲先天賦予感覺以一致目的之力。

美學判斷的情感，爲趣味。當人對着一事物，感到愉快。人有愉快，乃是事物對象適合於人的感官。因着愉快，乃有趣味，趣味的判斷即是美。

美的判斷，並不指示對象中有客觀的特性，也不表示原則性的智識，乃是人對於一對象直接感到愉快。這種愉快的趣味，代表一種一致的目的性，即是一種對象和我們的感官互相適合。

美學的趣味，且有四種特性。（一）美的趣味，不含利益之情。人感覺美的愉快，不是因爲事物對於自己有利益，乃是美的對象適合於感官。（二）美，不用觀念作代表，不由觀念去表現。但是美的愉快，不像別的趣味，別的趣味，各人的判斷不同，美的趣味，則人人相同。美的一致性，不是客觀的，乃是主觀的。（三）美的目的，不用形式，表現出來，只包含在美以內，因此可說美是沒有目的。『趣味判斷，以一事物之目的性之形式爲基礎，故美爲一事物之目的性之形式，而卻不以一目的之表現，而能覺知此美於此形式之際者也。』（註七）（四）美，是不用觀念而能知，爲必然趣味的客體。美，雖沒有觀念，但是每人對於美，必然地感到趣味。所以然每人對於美有同感，因爲人有一種「公共感覺」（Sensus Communis）。

康德又討論「大」，（「壯美」「崇美」。）孟子曾把美和大，分爲兩事。美爲充實，大爲充實而有光輝。康德以美爲對象適合感官，人乃感到愉快。「大」或「壯美」（Sublimis, das Erhabane）則是大於人的感官，使人感到驚喜，感到畏懼，又感到敬服。美是形式美，「大」則是反乎形式，出乎形式以外。

美術，爲美之表現，爲人的創造品。爲能稱爲美術，應該是自由動作的作品，鳥構巢，巢無論怎樣美，不能稱爲美術。在人的自由動作中，美術是自由中最自由的。因爲美術不是求利謀生的職業，美術是沒有目的，美術的目的，在於自身。美術之美和自然之美不同；自然之美爲美物，美術之美，則是物的美表現。物的美表現，以表現之美爲美，故自然界的醜物，只要表現得美能成爲美術。

美術的動因，爲天才，天才爲天賦的本領，用以規定美術的軌則。天才的特點，第一爲創造性，天才創造美術。天才在創造美術時，不依預定的軌則，就連自己也不知道爲什麼要這樣創造，然而天才的作品，則爲他人的模範爲他人的軌則。因此天才的第二特點，爲模範性。第三特點爲軌則性。

美術的分類，康德區分爲三類：第一、語言美術，爲詩文，爲雄辯。第二、形態美術，爲圖畫，爲建築，爲彫刻。第三、感覺遊戲美術，爲音樂，爲彩色染織。在三類美術之中，以詩歌爲最高，音樂次之，畫又次之。其餘各種美術，都在這三種以下了。

（丁） 謝林Schelling（1775-1854）

謝林繼承康德的美學思想，進而走向絕對超現實的唯心論。康德以天才爲美術的動因，謝林以人性爲美術的根基。

人性的意義，按照謝林的主張，爲「有心」（Conscius）和「無心」（Inconscius）的相交點。「無心」是人的理智力，理智遇物卽能認識。在認識時人的理智，反省到自身，自知有認識，乃成爲有心的智識。實際無心和有心，同是一事，同爲人性的表示。

無心和有心，同是一事。這種現象的表示，卽是「我」，我自己在反省時，知道有「我」。

美術則是表現無心和有心同是一事，而是這種表現中，最高的表現。在理智推理時，「我」只知道反省的有心之我，對於無心之我，則不注意，且幾乎給無心之我，不留餘地。在美術中，是無心之我，直接流露。因此天才在創作美術時，自已也不知道所以然，創作是自然而成，自已也不知道解釋。但是同時自已對於創作是有心的行動，自已知道是在創作。這種現象，在人的精神動作中，代表無心之我和有心之我，一種最高的結合。在這種結合內，泯滅本體界無心和有心的一切衝突，造成圓滿的和諧。

在美術中，「無心之我」的流露越高，「有心之我」的流露則越低，美術品的內容也更深；可以世世受人興賞，「有心之我」的流露很高的美術品，不是天才的作品，而是反省所成的彫虫小技，內容淺薄，不能使各代的人對之有所會意。

天才，是美術的最高主人翁。在美術中，只有天才可算是實在的。天才超出一切技巧以上，自己創造美術，自己決定美術的軌則。天才在美術家本身方面，是創造的理智，為美術家的第二天性，天才的作品，為人精神動作的最高產物，具有一種無限性。

「美」，便是『無限的』。用有限的形式而表現，或者說有限的形式所表現的「無限」。謝林所說的美，是唯心的觀念美；因此宇宙間自然界的事物，不一定都是美。

（戊）黑格爾

黑格爾的哲學，以絕對觀念為唯一實體，絕對觀念具有內在之德，按照正反合的辯證方法，繼續變易。絕對觀念的變易，第一、是自己表現自己，為主觀精神，成為每個單體所有的意識。第二、是把自己放射在自己以外，成為客觀的精神，於是便有社會的各種組織。第三、是重新歸向自己，把主觀精神和客觀精神結合為一，乃有精神的最高的一統，於是便有美術，宗教，哲學。

美術所以是最高一統精神的第一步。在美術以內，精神，第一步綜合我和非我。

「美」，按照黑格爾的主張，為觀念的形色化，在觀念本身上說，美和眞理相同爲一，因爲都是觀念的特性。從觀念的本性上說，觀念爲眞；從觀念在形色方面的表現上說，觀念爲美。觀念的本性，是公的，是大同的，是普遍的；眞理因此是公的，是普遍大同的。形色受感覺的限制，美的表現乃是個性的。

美，旣是觀念的形色化，第一，有自然界之美，自然界爲絕對觀念的第一種形色表現。但是宇宙自然爲觀念的放射體，沒有反省意識，沒有自由，自然界之美，因此不能是美的模型，而且在美術之美以下。自然之美，所以然能有意義，有價值，是因爲包含精神和觀念的關係，然而這種關係乃是無意識的。美術之美，則是直接表現精神，而且是美術作家有意識地表現精神。

自然界之美，以光，以色，以形態，表現精神。這種表現，另外在生物和人的身體上，看來最調協，最顯明。人的身體有似乎一盞明燈，人的心靈在身體的明燈裡，光輝四射，但是自然界之美，因着物質物都具有限制和缺點，絕對精神常不能好好表現自己，更不能自由表現自己。惟有美術之美，纔能讓精神自由表現出來。

美術之美，爲精神的產物。精神因着自己的德能，尋求表現自己的方法，於是乃產生美術。精神在表現自己時，衝破具體上每個單體的本性所加的限制，回歸於自己無窮的精神性。因此美術作品的意義，超過時間和空間的限制，無論在何時何地都保有自己的意義。同時美術作品因爲是精神的表現，美術作品較比任何形色物體更爲確實，更爲眞理。

美術爲表現精神，所用的是想像，構成美術的想像，不是重現知覺印象的想像，乃是創造的想像，創造想像是以觀念爲主，隨着觀念而造具體的形色印象。觀念爲美術的內容，形色印象爲美術的外貌。美術作家爲創造美術，並不是毫不費力，自然而成；必定事前對於人生各種觀念，深加研究，而對於願意表現的觀念，也深加思索。凡是高尙的美術作品，必是經過高深的硏究和思索而後纔成的。

按着觀念表現的程度，黑格爾劃分美術的時代和種類。美術更依照黑氏的主張，劃分爲三代：第一時代爲象徵美術，觀念所有的表現很籠統，很迷濛，外形趕不上內容。這種美術爲古代美術，如印度埃及中國的美術。第二時代爲曲型美術，觀念的表現，在形色上取得適合的形態，外形和內容相調協。這種美術，爲文藝復興以後的美術，色澤和形態，都很鮮明，有尺度。第三時代爲浪漫美術，主觀的內容過多，客觀的外形不足，因此主觀超過客觀，內容超過外形。這就是近代的美術。

黑格爾又分美術爲三類：第一類爲建築。建築爲美術之下乘，因爲建築爲表現觀念，所用的材料爲粗重的物質，所用的形式爲幾何線。建築乃是象徵美術。第二類爲彫刻。彫刻爲表現觀念，雖用粗重物質，但所用的形式，則是人物的形式，較比建築爲高，可以說是典型美術。第三類爲繪畫，音樂，詩歌，這第三類美術爲表現觀念，用光，用色，用聲音，用語言。這些工具都是超於物質的，因此這類美術，稱爲浪漫美術。

(2) 心理學的美術論

近代美術論，從科學思想發達以後，便由本體論的美學思想轉向科學的美學思想，另外是從實驗心理學興盛以來，美術思想和心理學思想，結成一線；美學上的許多問題，都由心理學方面去解釋。有些學者甚至於把美學作爲心理學的一部份。這種主張，我不贊成；但是美學的問題，和心理學很有關係，這是誰也不能否認的事。由心理學方面研究美學的學者，對於美學，貢獻了許多有價值的思想，這也是不可否認的事。

（甲）美術爲生理的要求。

（A）美感的生理方面的感觸

主張這種學說的學者，爲德國獲克能爾（Gustav Theodor Fechner 1801-1887）。獲氏爲自然科學家，長於心理學，也自有哲學主張。

獲氏在心理學上，開實驗心理學之先聲，研究色味對於感官的刺激。因此他認爲美感，乃是外面的刺激和感官的反應，彼此相互的關係。這種關係，可以按自然科學的方法，用數字去表示。他反對抽象的美學，由原則往下；他主張由下往上的美學，由美感的實驗，所得的成績，再談美術原則。獲氏的美術論，完全爲實驗心理學的實驗方式。

（B）美術爲遊戲

這種主張，創自斯賓塞。斯氏主張人在生理方面的精力，除日常生活所消耗以外，尙有剩餘的精力，這種精力，流露爲遊戲。在遊戲之中，美術爲最高。美術便是人所有剩餘精力的表現。

在遊戲之下，人只求消散自己的精力，並沒有特別的目的，不爲利，不爲名，只爲自身舒暢，感到爽快。美術的動機，即是遊戲。遊戲以小孩的遊戲最爲天眞，小孩的遊戲，富於像徵性，富於超現實的理想性，而且富於想像。這幾點也就是美術的特性。再者，在遊戲中，無論大人小孩，都有心或無心地尋求心理上和生理上的平衡，使心中感到舒適。美術的意義也是在於人的技能，得到平衡。

有些心理學者，特別研究小孩和美術家的相似點。（註八）法國當代大哲學家柏格森也稱讚美術家的心理和小孩的心理，同是脫離現實生活，以純潔無玷的心情和方式，表現人生。

（乙） 美術爲移情作用

「移情作用」是德國美術論學者委捨爾（F. Th. Vischer 1807-1887）（註九）所創。委捨爾的美學，本是繼承黑格爾的美術論，以美術爲精神在正反合的變易過程中，精神連合正反的表現。黑格爾以美術爲精神第三變易的第一步，委捨爾却以爲第二步，第一步爲宗敎。

委捨爾美學的特點，在於創「移情」一辭。移情即是「以已之心，推人之心。」自然界的物體，本是無心無情，美術家却以牠們爲有心有意。「移情作用，是把自已的情感移到外物身上去，彷彿覺得外物也有同樣的情感。這是一個極普遍的經驗。自已在歡喜時，大地山河都在揚眉帶笑；自已在悲傷時，風雲花鳥都在歎氣凝愁。惜別時，蠟燭可以垂淚；興到時，青山亦覺點頭。柳絮有時輕狂，晚峯有時淸苦。……

從這幾個實例看，我們可以看出移情作用是和美感有密切的關係的。」（註一〇）

（丙）　美術爲慾情昇華

奧國心理學家福洛益特（Freud 1856—1939）創慾情昇華論，以人的心理動作，多受性慾的衝動。性慾的衝動在人有意識時，不能盡量發展，於是轉於下意識中，由下意識再又升到意識中，借用他種方式以表現。慾情乃變爲他種高尙的精神活動，如捨身救人，如宗敎熱忱，如美術。

美術，因此是性慾變相的表現。美術的內容，因此多半是男女的情事。美術作家在創造美術品時，下意識中的慾情昇華爲美感。美感乃是慾情一種變相的滿足。

（丁）　美術的美感，爲人的獨立認識官能：「直觀」，『潛意識』

凡是研究美學的人，對於美感都應當予以解釋。古代和中古的哲學家，大都以美感爲理智和感官合成的知識，不是一種認識官能的單獨動作，也不說是除理智和感官以外，另有一種美感的認識官能。

第十七世紀時，有些哲學家，如賀墨（Home），黑爾特爾（Herder），百頡利（Berkeley）等，以美感，是視覺和聽覺所成。其餘的嗅覺味覺觸覺，不能發生美感；因此視覺和聽覺被稱爲高等的感覺，但是黑爾特爾却又主張觸覺也能發生美感，因爲觸覺可以知覺外形的形狀。

近代的哲學家和美術論者，一方面因美術家在創作時，似乎被一種靈感的衝動，不加思索，自然而成。美術家當美術品還未完成以前，在自己腦中，已經看見了美術品的全形。因此美術家的靈感，是一種「直覺」，是一種「直觀」（Intuitio）。直觀是不可思議的，是不可理解的。另一方面，欣賞美術作品時，欣賞者也不能憑理智憑感覺去欣賞，應當也用直觀。

主張直觀的哲學家，為當代法國大哲學家柏格森。

為解釋靈感的直觀，心理學家又創「潛意識」。

「甚麼叫做「潛意識」呢？我們的心理活動不盡是自己所能覺到的。自己的意識所不能察覺到的心理活動，就屬於潛意識。……在通常健全心理中，意識壓倒潛意識，祗讓牠在暗中活動。在變態心理中，意識和潛意識交替來去。牠們完全分裂開來。意識活動時潛意識便沉下去，潛意識湧現時，便把意識淹沒起。靈感就在潛意識中醞釀成的情思，猛然湧現於意識。」（註一一）

欣賞美術的人，便不能拿着理智推論的各種原則，去分析美術品。美術品既是潛意識所湧現的情思，怎麼能拿意識的理智去分析呢？欣賞美術只能「以神會神」地去體驗。

近代美術思想，前半期，以康德、黑格爾等的唯心論美術思想為盛，後半期則以心理學的美術思想為盛。唯心論為形上的理論，心理學則是實驗科學的假設。

（3）社會學的美術思想

社會學為近代的學術產物。開始時，因着生物進化論的影響，社會學者只研究社會的進化史，後來逐漸發展到社會組織和社會生活，社會學的範圍，乃日漸廣闊。有些學者，便從社會學方面去觀察美術。

（A）近代美學家如唐能（Taine 1828—1893）（註一二），以美術爲社會環境的產物。美術作品的成因有三等：（一）種族，（二）社會和自然環境，（三）時勢。這三種因素爲美術的必然因素。美術作家的個性，僅在美術的技術和作風上，表現出來。

（B）布魯東（Proudhon 1809—1864）爲法國思想家，他反對「美術爲美術」的論調，主張美術本身含有社會性。美術的性質爲慾情和愉快的動作，應該按照社會法律和經濟的目的而動；美術的價值便在於提高社會道德。

（C）桂約（J. Guyau 1854—1888），號稱社會美術論的創始人，桂氏主張一切思想問題，都應以社會爲觀察點。一個單人，本身無所謂價值。單人乃是社會的一因素，單人的價值，完全在於和社會的關係。社會關係有兩項基本原則：第一、彼此團結，第二、公益。美術本爲個人的活動，但是美術的目標，則在於勝過私人的界限，以社會公益爲目標。美術天才，在美術作品內，能結合各種不同的因素，使各種因素互相調和，互相和諧。美術作品在欣賞者所引起的反應，第一是生理方面，感官所有的刺激；第二是心理方面情感所有的刺激。美術所激起的情感，在於對於美術所表現的人物，表示同情，表示憤慨，表示感嘆等等。這些感情，是社會感情，即是社會同情。個人美術論，只是下流的美術作者的思想。

（D）馬克斯　馬克斯的共產主義，主張唯物辯証論，第一、否認精神的存在，以理智的思維爲物質長期進化的結果；第二、以社會人生的一切活動，都用爲無產階級的鬥爭。因此美術被認爲唯物辯証法的一種方式，結果也就成爲無產階級鬥爭的工具。美術作家既不能自由發展思想，幷且不能逃脫共產黨所製造的美術政策。美術完全變爲共產黨的政治方策之一，於是產生所謂平民文學，無產階級的革命藝術。

(四) 現代美術思想

在哲學思想方面，現代哲學思想和近代哲學思想，很難分別淸楚。思想既不能用時代去劃分鴻溝的界綫，而且後期和前期思想常相連接。但是思想的變遷，必定沿着時間往前進，研究思想史的人，不能按着時代去分段研究。我們於今講述現代美術思想，我們用意在講廿世紀的美術思想。美術思想既是哲學思想的一部份，當然和現代哲學思想一般的趨勢相連。現代的哲學趨勢，有兩項特點：第一、反對系統化的原理，注重解決每項問題的學說。第二、反對過份科學化的實徵主義，重復回到形上學的本體論。但是因爲反對系統化的學理，只就每個問題的研究，於是以每個事物的個性爲本體，使形上的本體，分化爲個體的偶然成份，形上學變成了具體的現象論。

現代的美術思想家，有少數人繼承前代的唯心論的美術思想和士林哲學的美術思想。然而多數人則從美術的現象去研究美術，造成貌似形上學而實非形上學的美術思想。再者，前代美術思想，爲哲學的思想，在各種美術的趨勢上，影響不大；現代美術思想多爲美術家的思想，造成美術的新趨勢，結成美術的派別。

(1) 唯心的美術論

義大利現代哲學家克洛車，以美術論著名於世。

克洛車（Croce 1886—1952）在美學上，自尊黑格爾與謝林爲師，然而他和黑氏謝氏的美學思想，顯有不同。

克氏美術學的主要點，在於以美術爲「直觀」智識，同時又以美術爲精神的表現。克氏主張「直觀」（Intuitio）就是「表現」（Expressio），兩者是一物的兩面。

（A）　美術爲「直觀」

美術既不能是一種物理性的活動，又不能是一種觀念性的活動，美術乃是一種「直觀」。

「直觀」是什麼呢？人的智識有兩種：或是論理的智識，或是直觀的智識。論理的智識是理智的智識，直觀的智識，是想像的智識。理智的智識，講求事物的普遍關係，結果產生普遍的公共觀念。直觀的智識，講論單體和個別的事物，結果產生想像。（註一三）

「直觀」雖是想像的智識，然而不是感覺的活動，而是精神的活動。直觀既不借助於觀念，也不借助於感官。「直觀」乃是精神在自身以內，觀看自己所有的想像。這種想像來源是來自感官的知覺印象，於今重現在想像以內。然而這種重現不是機械地重憶昔日的感覺，乃是經過精神的整理，有系統地、有次序地，表現出來。這種直覺就是美術。

因此直觀是想像的產生動因。想像在本身上說，是無系統的，是隨外物的聯繫而互相呼應。直觀則造生靈活的想像，靈活的想像纔稱爲美術的想像。使想像靈活，取得同一的生命的爲感情。感情包含在美術直觀之中。美術的直觀，所以是感情的直觀。

（B）美術的表現

「直觀」的想像，不是機械式的聯繫想像，乃是創造想像。精神創造想像，是在表現自己。因此精神在直觀時表現自己，在表現時卽有直觀。

直觀的表現，不是人心理方面的直接表現。譬如人痛苦時流淚，人喜樂時歡笑。這種心理的直接表現，是情感的直接表現，不足稱爲美術的表現。美術的表現，是在感情經過精神的觀賞以後，予以表現的形式，而表現於創造之想像中。美術的表現，爲精神有意識的動作，也是精神的自由動作。

（C）美術的表現，不在於外面的形式，而在於語言

美術的表現，成全於作者精神之內。美術家在作畫或作詩時，心中已有全畫或全詩的意像，自己「直觀」這種意像。作家直觀自己所有美術意像，作家在美術意像中已表現了自己，美術之成，成之於人精神之中。

普通的美術品，如繪畫，彫刻，建築，音樂等，在做成以前，先已成於美術家之心中，卽美術品的顏色，線紋和音節等，都早已成於美術家之心中。美術家以外面形式，把心中所有的表現出來，再表現於外

時，外面的表現不常和內心的表現，完全一致。有如中國人常說辭不達意。況且在學理上，內心的想像是精神的表現，沒有物質的形色，因此不能由物質的形色去表現。

但是在普遍的精神動作上說，精神都要求用外面的想象去表現。美術家乃用外面的物質物去表現心中的美術想像。然而外面的美術品不是美術，美術是精神的直觀。

人爲表現精神所用的外面形式，最初又最普遍的爲語言。語言在本身上說，不是論理的，是想像的。語言的意義，即在表現人的精神。因此若把語言的意義放大，作爲象，把語音，手式，面態，圖表都包括在內，語言便是表現，語言表現的美術，爲詩。詩代表語言，語言代表美術，反過來說美術爲表現，表現爲語言，語言爲詩。四者，同爲一事。這種所謂之詩，不是狹義之詩，代表「象」所表現之美術。美術在理論上說，只有一種。在實行上，美術分成多種，只是技術問題。

（乙）　形式的美術論

形式的美術論，指的注重美術外面形式的美術論。普通學者常以美術包含兩部份：一部份爲內容，一部份爲形式。古代形上學美術論和近代心理學美術論，都偏重內容，以美術表現觀念或精神。現代美術論的趨勢，大俱反美術的內容，而偏重美術的形式；因爲不承認形上的眞理，又不贊成系統的美學，他們乃主張美術之爲美術，在於美術自身。美術自身則是外面可見的形式。因此美術之美，是美術形式。可是對於形式之美，現代美術論家的觀念，和以往的觀念又不相同，況且現代美術論家彼此的意見，也多分歧，因此現近美術思想很為混亂；同時現代的美術品，也多奇形怪狀。

（甲）　主觀表現論（Expressionismus）

主觀表現論，起於德國，約在一九一〇年至一九二〇年之間。十九世紀末葉，歐洲繪畫的趨勢，盛行「印象派」（Impressionismus）印象派的思想，尚是繼續歷代「模仿自然」的思想，但已多加了主觀的成份。印象派的主張，在於對常在變動的自然，攫取一刻的印象，把這種印象發表於外。廿世紀初年因着尼采的絕對消極思想和易不生的社會革命戲劇，又因着杞爾克加的悲觀存在哲學，再加以第一次大戰的痛苦，德國思想家遂深厭現實的人生，乃反對「印象派」美術，主張「主觀表現論」而造成「表現派」的美術。

主觀表現論，不僅反對當時盛行的印象派，而且反對一切的傳統美術觀念，和一切的傳統美術形式。美術完全由美術作者自己，創造表現的形式，而表現的形式和表現的內容所有的關係由作者任意指定。因此繪畫彫刻多為奇形怪狀，詩歌音樂多為暗昧迷糊。這派的理論家有巴爾（Hermann Bahr），厄西米特（Kasimir Edschmid）等。廿世紀前期，德國畫家，彫刻家，詩人，戲劇家，多為這一派的作家。

（乙）　立體派（Cubismus）

立體派產生於巴黎。當一九〇八年畫家布拉克（George Brague）在巴黎舉行畫展，法國現代畫家馬提斯（Matisse）鄙視布拉克的作品，批評他是「立體畫」，於是這個名詞，後來成了這派畫的名稱。「立體派」的特徵，在於以美術的形式，能够脫離內容而獨立，美術形式的因果，應爲形式中最簡單者。繪畫形式，最簡單的因素，莫過於幾何畫的點線。因此立體派主張以幾何的點線，代替顏色，以空間表示時間。立體派的畫乃常爲幾何圖形結構所有；又在圖形結構之中，常是多層圖形互相重疊，代表事物在時間上的移動。這派畫的最著名代表作家，爲現代大畫家畢加索（Picasso）。這派的理論家，則爲亞波里耐（Guillaume Apollinaire 1880—1918）。

亞波里耐以點線比配音樂的聲音，聲音有構成音樂的價值，點線也有構成圖畫的價值。點線爲象，點線所成的圖形也是象，可以作爲表現作者的語言。幾何立體畫，遂以這種學理爲根據。

（丙） 未來派（Futurismus）

未來派是繼立體派而起的，也是立體派的繼承人。創未來派者爲義大利馬里耐提（F. T. Marinetti 1876—1944）

未來派的美術論不僅爲繪畫，而是包括各種藝術。這派的主張，以美術成於感覺的物質因素。感官的美感，不僅是視覺聽覺和觸覺，其餘味覺嗅覺都可有美感。這些感官的對象都是物質性的色，聲，香，味等等物質因素。因此色，聲，香，味等爲美術的要素。爲加增美術之美，於是便該加增這些因素的質量。未來派乃主張在一張畫中，盡量用各種顏色；在一曲音樂中，盡量用各種聲音，其餘各種感覺物質因素也同樣應用。至於各種感覺物質因素的調合，則由理性按着理則學原則去調節。詩中的語言，不用文規，只用音節去聯繫。因此未來派一方面以美術爲極端感覺性的，一方面又以美術爲極端理智性的。在自己的主張中，自相衝突。歐洲現代的美術，多爲這一派的產物。

（3） 輕視形式的美術論

在現代混亂的美術思想裏，最近的幾派主張越來越離奇。表現派，立體派，未來派，以作者爲形式的主人，任憑自己支配，不守一切客觀的原則。最近起來超寫實派則以形式完全沒有意義。美術所重的只是所願表現的精神活動。又有抽象派的美術論，更以美術沒有形式和內容，也沒有所謂表現，只有美術的因素，具有自己的意義。

（甲） 超寫實派（Surréaismus）

「超寫實派」起於一九二四年。在這一年法國思想家布肋東（Andre Breton）正式公佈超現實論的宣言。一九三〇年，布氏再公佈第二次宣言。

超寫實派的美術論，主張美術應是人的精神活動之直接表現。美術爲表現人的精神活動，要追溯到精神活動的根源，以這種內心的根源爲基礎。直接照原樣把精神活動表現於外，不要經過理智的聯繫，也不要藉用時間和空間去佈置。人的精神活動，靈活變化，絕無拘束；精神活動的表現便不受任何理則和道德的範圍。精神活動看來似乎雜亂無章，然而在精神上各種不同和互相衝突的活動，都能相合於一，泯滅一切的界限和衝突。實際上相衝突的事，在我們想像裏我們儘管可以把牠們連合爲一。美術因此是精神活動最高的表現，在美術內不同者相同，衝突者相融洽。因爲美術家在美術上所見的，只直觀各種事物的「有」，而且直觀「純淨的有」，絕對不帶外面的附加條件。在「純淨的有」上，總合一切，造成絕對的大同。

這種主張在美術上的成績，是一些完全不能解釋的繪畫。

（乙）抽象派（Abstractismus）

未來派的美術，形式和內容脫離，美術家是形式的主八，較比立體派更不重內容。超寫實派則完全不重形式，任憑美術作者運用任何形式，去代替一種精神活動。兩派主張的立場雖不同，結果則相同。參觀兩派美術作品的八，都要費心思索作者所願表現的精神活動，研究他們創作美術的觀念。但是，無論這兩派的美術論，怎樣把形式和內容分離，牠們尚保存內容形式的名詞，尚以美術爲表現，最近的抽象派美術論，則把內容，形式，表現等等名詞，一概除去。美術已不是觀念的具體化，也不是感情的想像化。美術不是表現，美術即是美術。任何他一派的美術主張，都把美術分成兩部，形式和內容，美術的價值，在於以形式表現內容；雖然或重內容或重形式，各派所重者不同，然而常以美術爲表現。抽象派主張美術不包含兩部份，美術也不是表現，美術的各種因素，就具有自身的價值，就是美術。音樂的聲音，每個聲音自已具有價值，並不在於代表感情或觀念而得價值。一曲音樂的聲音，都可分開。聲音分開後，不失爲聲音。同樣每張畫的顏色和點線，也可以分開，顏色和點線也各自具有價值。

美術作家在作美術時，心中應絕對空虛，不要有任何觀念，不要想表現什麽。寫聲符，就是寫聲符，畫點線或繪顏色，就是畫點線顏色，除此以外，不另有任何的目的。美術的意義在於聲音點線顏色的自身，不在於表現別物。

抽象派的理論家，有剛定斯基（Kandinsky），馬肋尾西（Malevitsch），孟里安（Mondrian）。

（4）　文學家的美術論

現代世界文壇著名的詩家和小說家中，有幾個文豪詩人，除自己的文藝作品，代表一種新的派別以外，本人還在文藝美學的理論方面，特別發表了主張，造成一派文藝的趨向。對於這種文藝理論家，我們也選四人作代表。即撒爾忒爾（Sartre），克樂德（Claudel），瓦肋里（Valery）厄里阿（Eliot）。

（甲）　撒爾忒爾（Sartre）

撒爾忒爾爲法國目前文壇的怪傑。他本是「存在論」派的哲學家，但以寫小說和戲劇出名，也是以文學而列席「法國學院」。

撒氏的哲學注重一「無」字。他以每個單體之「有」，是沉在「無」之中。現代哲學把「有」說成了表現，他否認「有」能分爲表現和本體兩部份。「有」卽是「有」，然而「有」的本體則是無。因爲「有」可從兩方面去看有「自身之有」（Esse in se），有「爲自己而有」（Esse per se）。自身之有，爲塊然之有，不靈不意識，因此是無。駕着塊然之有而跳到意識之有，是憑藉意識，意識之有乃是爲自己而有。然而意識中所有者，是有我個體。個體是從塊然的無中劃分出一個「有」來，好比從大塊而劃出一小塊。可是劃分是說「我不是他」，是一種消極的否認句。否認是說「不是」，「不是」等於「無」。於是「爲自己而有」也是無了。人的自由，本是意識的成因；人以自由而劃出自己的個體，自由也是無。（註一三）

撒氏的文藝理論，以宇宙社會爲塊然無靈之無。宇宙社會塊然無靈之無，卽是黑色的淫汚，每個人在淫汚的大海裏有時劃出自己的個體之有，但又沈之於淫汚之無。撒氏自己的文學作品，便充塞了淫汚。

（乙） 瓦肋里（Paul Valery 1871—1945）

瓦肋里爲法國現代第一大詩人。他對美術的主張，根據法國詩人阿拉爾墨（Allarme）的思想，以美術爲經過作者製造的客體，脫離作者而獨立。美術作家要犧牲自己而成一美術品，美術品乃成爲精神作品，而且成爲精神的創造品。自然界的美，不是創造的美，各種因素互陳於時間空間之內；美術之美乃是由精神將各因素，有意識地調協而成。美術家創造美術時，他的精神傾向於絕對和無限的目的，力求打破時間和空間的限制。因此，瓦劭里的詩，辭意朦朧，每句話的意義，常異乎尋常。在聲調和形式方面，則力求調協，有「天衣無縫」的特長。人家批評瓦氏的詩為「天衣」派（Ermetica）。

（丙）　厄里阿（Thomas S. Eliot. 1888）

當代英文的大詩人厄里阿，有如法國詩人瓦劭里，對於美術自有主張。厄里阿主張詩歌的精髓，不是感情，乃是理智。詩人作詩，本人的感情，對於詩無關重要。詩人的感情，在詩中為能取得價值，應該表現於所歌韻的情景中，這些情景，則代表精神傾向絕對目的之活動。厄里阿的詩，於是注重內容，多帶理智的哲理，近於哲理詩派。

（丁）　克樂德（Paul Claudel. 1868—1955）

克樂德為法國當代一大詩人和戲劇家，曾著詩論一書（註一五），發表他對美術的主張。克氏謂美術家宜認識時間，認識自己。時間是生命的意義，生命卽是活動，隨着時間向前，生命便到止點，止點為死。生命在時間之中，便常感到止點，便向無止而常存的天主，時刻表示敬禮。人的知識，不是引人向物，是引物向人。人在認識物時，給塊然之物，一種精神的形態。人因認識世界和自己的止點，乃傾向無限的天主。克樂德便自己認為負有挽救現代思想混亂的使命，要引現代思想歸向天主教的信仰。克氏常自稱為天主教的作家。

（5）士林哲學的美術論

士林哲學經過文藝復興以後的衰頹時期，於今已經又走上復興的大道。士林哲學復興之路，一方面在於發揮中古士林哲學的基本形上觀念，一方面在於加入新的材料和新的方法。在美學上，新士林哲學也採取這樣的途徑，既不拋棄聖奧斯定和聖多瑪斯的美學觀念，但也不死守這兩位大師的簡單美學思想。例如聖多瑪斯曾說：「美是悅目之物」。這項定義雖然不錯，但是缺而不全。新士林哲學的美學，於今願意成爲一完整的美術論。

但是新士林哲學的學者特別研究美學而寫有專書者很少，我們可以見到的美術論，有馬里旦（Jacques Maritain. 1882）（註一六）德布魯益能（Edgar de Bruyne）（註一七）百魯則里（Nicola Petruzzellis）（註一八）史德訪尼義（註一九）（Luigi Stefanini）的著作，還有傳信大學教授維里諾（Hugo Viglino）的美學講義。（註二〇）

在後面兩章裡，我要根據這些學者的意見，發揮士林哲學的美術思想，在這裡我便不介紹他們的思想了。僅僅簡單地說幾句馬里旦的美術思想。

馬氏爲法國當代的第一流哲學家，第二次大戰後曾任法國駐教廷第一任大使。馬氏的哲學，祖聖多瑪斯。他的美學也是發揮聖多瑪斯的思想。美術，爲善於作物之道；因此美術，屬於理智，不屬於感覺。美，則為實體的一種特性，本係精神性，但為成美術之美，應該實現於一項具有個性的作品中，而這作品的形態又具有光輝。美術之美，便是理智的觀念，表現於物質，而物質的形態又具有適宜的形態。因為美雖為理智性的，但是人之為人，有靈魂有肉體，因此適合於人之美，乃是由感官在形色中所直覺，而又愉悅精神之美。人的美感，由理智運用感覺而成。但是人在興賞美時，理智被美的光輝所光照，不用思索，面對着感覺所直覺的形態，而見到美，精神因而愉快。

馬氏的美學，可是說是形上學的美術思想，其他士林哲學家的美學，則多注意美術和心理學的關係。我們在後面，則連接這兩方面去研究美和美術的意義。

（註一）法文（Beaux—larts）義大利文（Bell'arte）

（註二）S. Thomas-Summa Theologca - I—II qu. 58. a.2.

（註三）Alex. Baumgarten. Aesthetica. Virdrum. 1758.

（註四）E. de Bruyne. E'squisse d'une philosophie d'art. Bruxelles 1930.

H. Viglino - Aesthetica - （講義）Roma 1958.

（註五）S. Thomas Summa Theologica. I. qu. 39. a,8.

（註六）吳康，——康德哲學，第二冊，第二五四頁。

（註七）吳康，仝上，第二五八頁。

（註八）Delacroix -La Psychologie de L. art. Past .I.paris, 1927

（註九）F,Th,Vischer-Hesthik odea Wissenschaft des Schonen Reutlingen. Lipsia Stoccarda 1846-1857

（註一〇）朱光潛—談美，第二十七頁。開明書局。民廿六年

（註一一）朱光潛——談美，第一三二頁

（註一二）H. Toine—Philosophie de l'ast 4ed. Paris 1885

（註一三）B. Croce. Estetica.p.3.—Bari. 1946.

（註一四）Sartre—L etre et neant. Paris 1943

（註一五）Paul Claudel Art poetique. Paris 1907.

（註一六）J. Maritain- -Art et scholastique, Paris 1920.

（註一七）E. de Bruyne.—Esquisse d'une philosophie de l'ast. Bruxelles 1930.

（註一八）N. Petruzzellis—Filosofia dell, aste.Roma 1944.

（註一九）L. Stefanini—Trattato di cstetica, Brenia 1955.

（註二〇）H. Viglino—Aesthetica—Roma 1958（拉丁文講義）。

第十章 論 美

講過了美術思想的變遷，於今我們就進入美術問題的中心，來討論美的意義。

從美術思想的變遷史裡，我們已經知道美術問題究竟有那幾點。美術問題的第一個問題是美，美是內容之美呢？抑或是形式之美呢？美是物的本體之美呢？抑或僅是作者表現之美呢？美術問題的第二問題是美感，美是否應該引起美感呢？美感是理智性呢？或是感情性呢？或是感覺性呢？美術問題的第三個問題是美術，美術是爲表現美呢？或是爲表現作者任何一種觀念呢？美術的價值在於形態呢？或在於所引起的印象？美術問題的第四個問題爲美術作者。美術家的天才究竟怎樣解釋？美術作家是模仿自然，或是自造美術形態呢？

上面一切的問題，我們都應該予以討論。

(一) 美

哲學上所討論的對象，本是抽象的事理。對象越抽象，理論則越顯明。在討論時，哲學家覺得路徑淸楚，左右逢迎。但一下到具體的對象，哲學家便覺得問題很刺手。爲討論具體的對象，哲學家常要從具體的對象裡分出自己所願意研究的部份，然後再由這一部份去尋溯源流，追到根柢。「美」是一個最具體的對象，而且最複雜。我們研究知識問題時，我們已經看到知識的問題包含許多份子，不容易把問題簡單化。可是「美」的問題，較比知識問題，複雜更多。美的問題不但包含有認識問題，而且還是理智和感覺，一併應用，不能分開。除認識問題以外，同時又包含有感情問題和潛意識問題。因爲一談美，便有美的本體和美感，因此美是哲學裡最難的一個問題，很不容易把各種因素，分辨淸楚，也不能由一方面去研究，要以整個的「美」爲研究對象。

（1）美的意義

我們既然知道「美」是一個很複雜的具體問題，爲能知道「美」的定義何在，我們不馬上從正面下手，要從旁面下手，先說「美」不是這個，也不是那個，然後漸漸走向正面，正面看美究竟是什麼。

（甲）美不是完全屬於理性的

唯心派的美術論，常以美是完全屬於理性的。唯心派以前的唯理論也是以美爲理智的對象，感情完全不滲入美感以內，這一類的主張，把美和眞，完全作爲一事。因此便偏於一面，把「美」過於抽象化了。

（A）美不僅是眞理的光輝

笛克爾和唯理論的哲學家，單從一方面去說美，便以美爲眞理的特性，以眞理之光輝爲美。伯拉圖和伯洛丁所說的美，也是「理」的光輝。伯拉圖所說之理，爲先天觀念，先天觀念爲各種物體的理，同時也就是眞理。先天觀念的光輝爲美，美便是眞理的光輝。美若是眞理之光輝，美當然完全是理性的了，不屬於感覺。

眞理能够有光輝，眞理之光輝，能够是美；對於這一點，我們不能否認。朱子解釋孟子所說：「充實之謂美」，不是也從理一方面去說嗎？朱子以「天下之理，其善者必可欲。……力行其善，至於充滿而積其實」，便是美。

研究學術的人，無論所研究的對象是那一門學術；當他發見了一項眞理，而這項眞理又明明顯在他的眼前時，他必定心神超拔，不覺忘言，只能說：『好極了！』『美極了！』

然而天下之美，不僅是理智方面的美，一張畫，一首詩，並不是因爲講眞理而美，欣賞畫，欣賞詩，或欣賞自然美景，也不是單單用理智，感覺也有牠的分兒。因此以美爲眞理之光輝，雖不是錯，但是缺而不全。

（B） 美不僅爲觀念的形色化，也不僅爲觀念的儀表

這種定義，爲唯心美術論對於美所下的定義。其餘一切偏重美的內容的學說，也是有同樣的主張。康德、黑格爾、謝林、以及克洛車對於美無論怎樣說，總是以美爲表現一種觀念，表現一項理想。現代的未來派，抽象派以及厄里阿詩人的主張，也都以美術爲代表一種精神狀況，表現作者的一個觀念。這些人的

美術，遂成爲哲理的詩和抽象的繪畫彫刻。

美術之美應該有內容的觀念，美術之美可以表現一項思想；這是實在的事，我們不否認。然而美之所以爲美，不完全在於表現一個觀念，或表現一項思想。同時好好表現一項思想的文字或繪畫，也並不一定就是美術作品。有些美術品，不直接以理智去欣賞，乃是以感覺去直覺。至於克洛車所說：美爲完整的表現。也不能包括一切的美，因爲自然界之美，就不能包括在內。而且自然之美，不能說因爲不是美術家所創造，就不稱爲美。

（C） 美不是精神活動的最高點，正與反以及一切衝突，在美以內，不都取得調協。美可以使精神和絕對的無限相連接。

黑格爾雖以哲學和宗敎，在美術以上，謝林也以哲學在美術以上；但是他們首先主張美術爲精神最高層的活動。現代的美術家步他們的步塵，把美術舉在一切以上，供入了神秘之境。美術之美，和美術天才，成了人的自由之最高表現，自己定規律，自己是自己的絕對主人。

美爲精神活動的最高點，這種說法，我們不能贊成。美術是一種高尙的精神活動，作者在美以內，表現了自己精神的創作，精神乃覺得調協滿足；欣賞美的人，也覺着自己精神得滿足：這一切我們都承認。但是自然界之美，並不是人的精神活動的創作物。同是人的精神活動，也並不以美術之美爲止點，因此人的精神不能以美術之美爲至善，而止於這種美。

美爲精神上的一切衝突，可以得到調和之點，這一點在事實上，不能有証明。有許多美術家，正是以美術去表現自己精神上所有的衝突；這種衝突並不因爲表之於美術，而得有調和。現代的新派畫家的畫，完全是顏色和顏色的衝突，線紋和線紋的衝突，他們以畫形的衝突，代表精神衝突的痛苦。美術不能調協精神，美術之美，也不是精神衝突的最高調協點。

（乙） 美不是完全屬於感覺的

反對唯理和唯心的美術思想家，另外是研究實驗心理學的學者們，他們從另一方面去觀察美術，以美術完全爲心理作用。這班學者們，對於美術的心理關係，發前人之所未發，有功於美學；但是他們放棄美術的本身而不論，則又和他們所反對的學說一樣，偏於一面，缺而不全。

（A） 美不完全是愉快

康德曾以『美爲不含利益觀念的純粹愉快。』又以『美爲普遍愉快的對象。』現代還有許多學者，以美爲精神在「直觀」中，所有的超拔於感覺的愉快，精神在美中，忘已忘人。

這班學者所說的，都是眞的。但是以美爲精神愉快，則不免是以效果爲因，以賓爲主，以副爲正了。美能使精神愉快，乃是美的特性。然不能因此便說美是精神的愉快。

美的愉快爲精神的愉快，不含利益，超於感覺，而且普遍地及於衆人。然而哲學要問純粹精神愉快的原因。

（B）　美不是心理上的變態作用，或移情以及聯想作用

福洛益特以美爲慾情昇華的變態心理，這種主張，根基不固，拿局部偶然的現象，作爲普遍的原理，主張不能成立。而且出發點也錯了；因爲以美術爲變態心理現象，美術之美便爲畸形的產物了。

主張美術爲潛意識的動作，出發點也不對。潛意識的活動，或者是盲目的天生傾向，或者是意識所留下的陳跡，無意地又重現。這等的無意識活動，決不能造出驚人的美術。潛意識最多能作美術的發動機會。

（C）　美不完全是悅目之物

聖多瑪斯會說：「美爲悅目之物」。這種思想來自希臘，亞立斯多德也曾有同樣的主張。美感的主要機官爲目，於今我們用實驗心理學去測驗，還可以証明這種主張。同時，美對於人，必定要有形態，形態而且應該悅人心目：這也是美學上合理的原則。然而聖多瑪斯當日並不是願意下一條美的定義，他不過是對於美，予以一種解釋。於今我們若拿來作爲美的定義，則不能包括精神之美，也不能概括美的重要特性。

至於有的學者，主張美爲一種「美覺」的對象，在普通的感官以外，另外設置一種美覺，我們則不能贊成。對於自然界之美，人用眼用耳，直接可以見到或聽到美的形態，加以人心的意識，立刻可以引起美

感的愉快，不必另有美覺。

（丙） 美的定義

上面我們說過「美」不是這個，美也不僅是那個，於今我們就來說美究竟是什麼了？

「美是實體的特性，實體充實而有光輝能激起欣賞時，便稱爲美。」

（A） 美是實體的特性

凡是「有」，都是屬於兩類，或者是「自立體」，或者是自立體的「副體」。自立體是自立的個體，自己爲主，不附加於另一實體，不爲另一實體的副體。副體則不是自立體，是附在自立體而存在的，是自立體的特性。自立體的特性又可分爲兩類，有的是自立體的「絕對特性」，有的是自立體的「相對特性」。絕對特性來自自立體的本性；相對特性出自和另一實有體的關係。

美是實有的，在一般人的心目中，不成問題，就是一些不承認有眞理，不承認有客體對象的學者，對於美也承認是實有的；卽使不承認一客觀的美，最少也承認有一實在的美感。

於今我們就研究美的實在性。

（a） 美，具有客觀的美。 在認識論裏，有些學者以爲感覺的知覺沒有客觀性，感覺的知覺只是外物對於感官上所引起的心理和生理的變動。在外面無所謂聲音顏色。聲音乃是空氣的振動，在耳膜上的反應，顏色乃是光線在眼球下的反應。可是這班學者，完全不想聲音和顏色在普通人心目中的意義，即是眼睛所見者爲顏色，耳朵所聽者爲聲音。顏色便包括外物，以及光線和眼球的反應，聲音便包括外物，以及空氣振動和耳膜反應。在科學上可以叫光線爲顏色，可以叫空氣振動爲聲音，這和普通人所說的顏色聲音並不相衝突，也不能因此便說顏色和聲音不存在。不然，天地間沒有一句話可以有意義。衣不是衣，乃是纖維質；屋不是屋，乃是磚石和泥水。甚至於纖維也不是纖維，泥水也不是泥水，都不過是些原子。那就再不用說了。

美不是一種純粹主觀的感覺。美感也不是一種純粹主觀愉快，美是客觀實有的。即是說：美是眞有美；美是實在的美。

但是這個所說的「實有」或「實在」，意義很廣泛，在下面我們再加以解釋。

（b）　美是實體的特性　美既是實有的，實有的既又應該或是自立體，或是自立體的特性，美乃是實體的特性。

美的本身不是一種自立體，因爲自立體都是單體，單體是獨立的，不能和另一實體相併，也不能又是另一物體。於今美則是可以和各種實體相併合，例如美人，美花，美畫，美山，美水；美便不是自立體，而是附加在自立體上的副體，而是實體的特性。美之爲物，是表示物的一種特點。

美是實體的特性，不是絕對的特性，而是相對的特性。例於眞，是物的相對特性，因爲來自物和理智的關係。美也是如此。實體的美，來自實體和欣賞者的關係。沒有理智，「假」固然不存在，「眞」也不正式成立，沒有理智時，只有「眞」的基礎。同樣，沒有欣賞者時，也只有「美」的基礎，而沒有正式之美。

但是，實體的相對特性，旣是實體和實體的關係，關係必定在客觀上是實有的，而不僅是主觀所虛構的。

美的實體，可以是實在的實體，可以是理想的實體。自然界之美，實體都是實在的；美術之美則大都是理想的。美的實體又可以是物質的或精神的。物質體有物質之美，精神體有精神之美。自然界之美，是物質之美。

（B）實體充實

實體爲能發生美的關係，第一個條件，是要自身充實。自身充實，包含兩點：對於自己的類別，對於自己的目標，或工用，兩方面應有的特點，都該完全具備，然後纔可稱爲充實。

（a）實體對於自己類別，所該有的特性，來自實體的本性。人之爲人，在於是理性動物。理性動物不僅是有理性，理性動物的身體也應適合於理性。人的身體有人身體的特點。一個人能夠稱爲美，第一便應具備人的身體的一切特點，應該有一個完全的身體。假使一個人的身體，缺而不全，無論若何，這個人不能成爲美人。

又如一個男人有男人的特點，一個女人有女人的特點。一個男人爲美男子，應該具有男人的特點，若是他的身體柔弱白淨，有如女人，一點剛強壯健的特點都沒有，無論若何，不能成一美男子。反之，一個女人的身體沒有女人身體的特點。女人像一個男人，她也不能成爲美女。因爲缺少美男美女的基礎。

（b） 除類別的特性外，實體又該具有對於自己目標或工用所該有的特點。一座建築物，有所以建築的目標，或是住屋，或是公所，或是紀念堂，或紀念坊。假使蓋屋而屋不適於居住，修公所而公所不適於辦公，建紀念堂而紀念堂沒有一絲紀念意義，這類的建築物，也就缺少美的基礎。雖然，有時不適於住的屋，也可以成爲美的建築，但是那就已經不是一所美屋，而是另一種建築物了。

美，在本身不含利益的觀念；然而一種爲實用之物，既不合用，則於自身卽不完全，不完全之物，怎樣能成爲美呢？不爲實用之物，當然無所謂工用的特點了。

（c） 美術之美，如詩文、字畫、彫刻等，所謂實體，乃是理想的實體，那麼充實兩字怎樣解釋呢？我們看見一些出名的畫，有些是畫醜陋的人，或畫陰森暗淡的風景。卽是說醜的人物，畫在畫上，能成爲美畫。於是有人反對美應該有充實的實體。然而實際上，無論畫上或彫像上的人物，怎樣醜陋，畫爲能成爲美，一定應該有充實的實體。至於充實兩字的解釋，則在於理想實體的解釋若何。美術的實體爲美術家所理想或想像的實體，這種理想的實體，便應該有理想實體應該有的特性。例如中國畫家畫羅漢或鐵拐仙，羅漢和鐵拐仙像貌都是醜陋；但是醜羅漢有醜羅漢的特性，醜鐵拐仙有醜鐵拐仙的特性。這種特性，在畫中不能缺少，不然畫便不能美。

（C） 實體充實而有光輝

實體的充實，爲美的重要因素，而且是美的基礎；但是充實還不是美之爲美的理由，美之爲美乃是在於有光輝。充實，對於每個實體之成爲一個完全的實體，爲當然該有的條件；美則在充實之上，再多要求一個條件，即是要求充實的實體，具有光輝。一個女子爲成一個美人，首先應該具有一個完全的女子身體。但是具有完全身體的女子，不一定就是美。她的身體應該在充實以上，加以光輝，然後纔成爲美。

光輝是怎樣解釋呢？

（a）光輝所指的，是實體的形相。（Forma）美的本身，爲實體對於欣賞者的關係。在實體內，美的出發點，便是實體的形相。因爲欣賞者對於一個實體所能欣賞的，是感覺和理智所能直接認識的。感覺所能直接認識的，爲實體的形色；形色則是實體的外面形相（Forma Esterna）。理智所能直接認識的，爲實體之理，理則是實體的本性形相，（Forma Essentialis）或是本性的特性。於是美所要求的「光輝」，即是本性形相和外面形相的光輝。

實體和實體發生關係，除了絕對的實體以外，都不是以本性形相直接互相接觸，而是透過附加的特性或外面形相而相接觸。例如認識的關係：我們爲認識一物，第一用感覺，感覺所認識的，是物的外面形相，不能認識物的本性。我們爲認識一物，第二用理智。我們用理智時，也不能直接透視物的本性，我們要由物的特性，進而推到物的本性。從這一點，我們可以看出，一個實體可以有三個形相：「本性形相」，「精神特性而成的附加形相，即精神附加形相」「形色而成的附加形相，即外面形相。」

絕對實體爲純粹的實在，不含絲毫的潛能，既不能有附加特性，因此只有本性形相。絕對實體即是自有實體。其餘一切受造的實體，或是精神體，或是物質體。精神體具有本性形相和精神附加形相；物質體具有本性形相和外面形相。

美所要求的光輝，即是精神附加形相和外面形相的光輝。這兩種形相，既然都是附加形相，附加形相的光輝，必定根之於本性形相。美不要求本性形相的光輝，並不是說本性形相不能有光輝，更不是說本性形相的光輝不是美。反之，附加形相的光輝既能成美，本性形相的光輝，更能成美了。

（b）　光輝是形相鮮明

光輝按字面的意思去說，是光明輝耀。光輝第一指着一個實體帶有光亮，第二指着實體的光亮向外放射。一盞很發亮的燈，稱爲有光輝。一顆珍亮的明珠，也稱爲有光輝。一朵顏色鮮艷的玫瑰花，照着太陽，同樣也說是有光輝。

一個形相爲能有光輝，便應該是顯明的。自己顯露自己，自己表現自己。形相的顯明或晦暗，不是指着形色的顏色，也不是指着物理上的光明，形相的顯明，是形相的結構，和形相的本形，很明朗地顯露於人的感覺或理智。一個形相，不能明朗地顯露自己，便不能使感覺或理智，直接地馬上認識，因此便不能引起美感，便不能成爲美。凡是美，都是不加思索就能知爲美；若要經過思索而能纔知爲美，美便不是美了。譬如講笑話，應該是話一出口，全堂哄然大笑，纔是笑話；若是笑話說出以後，大家思索半天，纔理會到話中有可笑，然後再笑，笑話已經不是笑話。美也是這樣，美是憑感覺的直覺和理智的直觀，馬上就理會爲美，因爲美是顯明的。

美的顯明，並且不是通常的顯明，還該是鮮明，即是格外的顯明。例如，花的顏色，有淡有鮮。鮮明的顏色，較比淡明的顏色，看來更好看。顏色的鮮明，和顏色本身的程度有關，和顏色間的排列對襯也有關。很強的顏色，若排置不好，也不一定鮮明。很弱的顏色，若是對襯得法，反而可以鮮明。因此形相的鮮明，既要形相的表現力強，又要形相的結構很得其道。

每種形相，有自己顯明自己之道，各不相同，物質的形相，藉物質的條件爲顯明自己；精神的形相，藉精神的條件爲顯明自己。不能以同樣的條件，概括一切。例如，我們不能以色，或光，爲一切形相能有顯明的條件。色和光，只是視覺所覺之美。

（c）光輝是形相有不凡的結構（次序）

古代希臘哲學家和中古士林哲學，都主張美，應該有光輝和次序。次序所指的，是指着結構的匀稱和諧。近代的美術家和美術批評家，對於匀稱和諧，大多數都不贊成。另外是目前的繪畫、彫刻和音樂故意以不匀稱、不和諧爲特色。於是一些美學者，把美術和美分開，中國學者更避免美術的名詞而用藝術一詞。這輩學者，主張美引人愉快之情，愉快之情由匀稱和諧而生。然而不匀稱不調協的醜相，能使人驚心動魄，起畏懼或敬畏之情。畏懼和敬畏之情，也是美感的一部份。因此美和醜，都能使人發生美感，都能稱爲藝術。

但是在我看來，我以爲美術，不宜按美術所表現的對象去分美醜，應該按表現的形相去分美醜。美術之美醜，不是指着美術品裏面的事物或理想是美是醜，乃是這些事物或理想，是否在形相上，好好表現了出來沒有。好好表現於形相者爲美，不好好表現於形相者爲醜。因此美術或藝術只能有美，不能有醜。

同時，我以爲僅以「勻稱」「和諧」爲美的要件，也不合於美感的意義。美感當然是悅心之感；但是悅心不僅是喜樂，驚心動魄，也足以引起精神愉快。孟子區分美和大，康德也區分美和大（壯美，高尙卓絕）。美所引起的感情爲愉快，大所引起的感情爲驚嘆。我則認爲喜樂和驚嘆，同屬於精神愉快之感。就是在觀劇或看電影，當劇情引人動心流淚時，觀者一邊流淚，一邊感到精神很愉快；因爲美感不夾帶實際的利害。在實事上，畏懼、敬畏、痛哭，因爲和實際利害相連，不能在人心引起精神的愉快。但是在欣賞美時，沒有實際利害，畏懼並不是畏懼一種危險和禍害，僅是美術在直覺裏引起的感情，假使人若加以思索，則知道沒有畏懼或痛哭的必要。因此畏懼和痛哭之情，能引起精神之愉快。

畏懼和驚嘆等情感，既能是美感；畏懼和驚嘆的情感既不由勻稱和諧的形相而發；發人畏懼和驚嘆的美術品，既又是美；於是美的形相，不一定僅是勻稱和諧了。不勻稱不和諧的形相，也能是美。

但是，所謂不勻稱或不和諧的形相，能够是美；並不是說一切不勻稱不和諧的形相都能是美。不勻稱不和諧的形相能成爲美，應該具備一種條件，卽是應有不平凡的次序。

次序爲形相的結構的次序。自然界物體的結構次序，按照自然法而排列。美術品形相的結構，則由美術家去排列。美的形相，所有的結構的次序；不能是普通平常的次序，不然不足以爲美。同是玫瑰花，有的美，有的更美，有的完全不美，原因就是在於形相的結構次序，平凡不平凡。美術品之美，也看結構次序，平凡不平凡；結構平凡的作品，決不能是上乘的美術品。究竟怎樣纔算不平凡呢？還是沒有數學式的一定標準！但是不平凡，決不是怪異。形相的怪異結構而求美，必不能美。怎樣能使形相有不平凡的次序呢？這就看美術家的天才若何。天才高的，天然地知道以不平凡的次序，去結構美術的形相。沒有天才的人，則只有學習，然僅靠學習，很難達到不平凡的結構。天才的美術家，爲結構的形相，所有的根據，當然是物之自然法；然而在自然法之上，便要自出心裁。美學上所謂模仿自然，即是以自然形相爲美術形相的根據，然而不是完全抄襲物的自然形相。

（D） 美能激起欣賞（美感）

上面我們說過，美是實有體的相對特性，實有體和觀者相對，激起觀者欣賞之情，則成爲美。沒有觀者（欣賞者），便沒有正式的美。如同沒有認識的理智，即沒有正式的眞理。但是「相對」兩字，不能誤解。眞理爲事物和理智的相對關係，是說沒有理智，眞理無法成立，即如夫婦的關係，缺少夫或缺少婦，都不能成立，但是關係本身則不是隨着夫婦而異的。同樣眞理要有理智，纔能成立；可是眞理並不隨着理智而異。美的關係，也是這樣，要有欣賞者纔能成立，然而美也不隨着欣賞而異。不過，美所激起的欣賞，因着美感所有的因素很多複雜，和每個人的感官，感情以及理智有密切的關係。因此美較比眞理，多帶主觀的色彩。

對於美的欣賞，我們在下一節講美感時，再予以分析。於今我們只說，美的欣賞，發自「直覺」或「直觀」，不用推論思維。美的欣賞，兼用感覺和理智。美的欣賞，包含理智的認識和感情的愉快。八一和美相對，感覺和理智旣遇到美，心中立時感到愉快，而生欣羨之情。

（2）美的性質

解釋美的意義時，我們已經許多次提到美的性質，於今我們再把關於美的性質，最重要的幾點，概括於下：

（甲）美的區分

美的區分，和美的性質很有關係，爲區分美爲多少種類，我們必定要按美的性質去區分。美旣是實體的特性，美的性質便以實體爲根據。但是爲區分美，又不能按照實體的區分法去分，實有體普通分爲精神體或物質體，分爲自立體或依附體。美的區分，不能按照這種區分法。因爲實體自己不是大類，一切類別性也是實體。而且自立體可以是精神體，可以是物質體。依附體也可以是精神體，也可以是物質體。美的分類，便按另一標準，即以具體的實體爲標準。具體的實體，有超於自然界的精神體，有自然界的自然物體，有藝術家所創作的藝術物體；因此便有精神之美，自然之美，美術之美三種。

（A）精神之美，所有的實體和形相，都屬於精神的。造物之天主，爲絕對精神體，沒有潛能，沒有附加體。絕對精神體之美，是本性形相之美；而且美和本性形相沒有分別，美就是本性形相，也就是說美卽是天主的本性，天主也就是美，天主是整個的美。其他別的精神體，如有美，美則是精神體的附加特性。精神美的形相爲精神性，精神美的認識者爲理智。但是人的理智，藉感覺以達外物，因此人的理智在現世不能直接欣賞精神之美。人爲欣賞精神美，常要經過思索推論，然後纔能認識精神美，而後起欣賞之情。

（B）自然美，爲自然界物體之美。自然界物體，有每個個體是美的，如一朶美花。有許多物體相合而成美的，如錦繡河山。自然界的物體爲物質體，自然界物體的結構，按照自然法而成。然在這些天然而成的物體中，有些物體有不凡的形相，激起人的欣賞。反對自然美的學者，認爲自然界物體，天然而成，不表示什麼觀念，沒有創造的價值。但是我們既主張宇宙爲天主所造，自然界的物體代表天主的創造觀念，自然界的物體最饒創造的意義。而且自然界的物體代表天主創造每物的觀念，自然界之美，也就代表天主的一部份之美，因此自古到今，哲學家都主張自然美爲美術美的模型。

（C）美術美爲人造美。人爲創造美，使用自己的理智，構成一個觀念，這個觀念便是美術美的實體。再用想像感情結成觀念的形相，然後用外面的物質，把形相表現出來。美術美的實體，不是彫像的大理石或銅鐵，也不是繪畫的顏色，乃是每件美術品所代表的觀念。因此美術美的實體，常是理想的實體；但不完全是抽象的觀念，而是具體或能具體化的觀念。

（乙） 美與物質形相

自然界之美爲物質性之美，美術之美也是由物質形相（外面形相）而表現，因此美和物質形相很有關係。物質形相由物質因素而成。物質因素能為美的形相之成分者，有下列幾種。

（A）　物質特性　物質特性為感覺的直接對象。物質特性便為美的物質形相的最重要成分。如視覺之美，則以色和光為基本的成分。聽覺之美，以聲音為基本成分。其餘觸覺，味覺，嗅覺，不能直接有美感，只能間接助成美感；這些感官的對象，也只能作為美的形相的間接成分。

物質特性對於美感的關係也很大。自然美和美術美，都是以物質形相，透過感覺而激起欣賞之情。於今實驗心理學者研究的美感，中心點就是物質特性和感官的關係。

（B）　形態　物質性的形態，不是指着美的外面形相，是指着美的外面形相中所包含的物質形態。例如中國寫字，每一筆的姿式，或瘦或胖，或勁拔，或柔秀。即是物質形態。又如一張畫中，一個人的坐立姿式，也是物質形態。這些形態可以作為美的形相的成份，是很顯明的事。姿式本身能引起美感。例如每一個字，不是全憑筆的勁拔秀麗，以成美術之美嗎？

（C）　動靜　動靜本是物之姿態之一，但有時，動靜在一物中，不僅是物體的姿式，而是物的形相。例如音樂。音樂全靠音波的動靜而成。動靜雖是形相，動靜自己又構成美術的形相，音樂由音波的動靜而成。然而音樂中的動靜，是有節奏的動靜。節奏便是音樂的形相。又如海波的怒號，湖水的出韻，也是由動靜而成。

（丙）　美為主客雙全

（A）美的意義，在於充實的實體，以光輝形相，激起欣賞。實體和形相爲美的客體，欣賞者爲美的主體。美而有美，在於客體和主體互相接合。美的主客相合，較比認識的主客相合，更爲密切；因爲美在主客相合時所激起的美感，既包含了認識，又包含情感。美感的欣賞，是認識了美的客體，而又欣賞美的客體。所以我們稱美爲主客雙全。

主客雙全，美的客體和主體，既是彼此互相結合，而且在結合時，雙方都得其利。

美的客體，因美而得利。因爲美的實體和形相，雖是充實，又是光輝，若是沒有欣賞者，則像杜甫所說：「絕代有佳人，幽居在空谷。」美不足以爲美。光輝的形相，具有表現充實的實體的本能，這種本能若不遇到欣賞者的認識，便不能完全實現。有如中國古人常說，操琴需要知音。美人和琴音，雖無欣賞者，但美人和操琴者本人，認識自己的美，已經有主客相合。假使美的客體，絕無欣賞的主體，客體便不能達到目的。因此美的客體，和美的主體相結合，客體遂得完成自己本能的任務。

美的主體在欣賞美的客體時，自己精神愉快，心中滿足；這就是主體所得的利益。因此有人說，人在欣賞美時，感到自己精神的傾向，在美中得到了發揚。有如美術家說了欣賞者所願說的，想了欣賞者所願想的。又有人說，人的精神傾向於無限和絕對的目標，只有在美中，可以得到滿足。

（B）美術之美的主客雙全，另有一項意義。美術之美的主客，主是美術的欣賞者，客是美術品。但是美術之美，又另有一主客，美術的觀念和形相爲客，美術的作家爲主。欣賞者欣賞美術時，美術和欣賞者固然是各得其全，使美術之美，意義完成。然而美術之美，固不待有欣賞者而後成美；美術之美，有了作家，已經成爲美；因此作家和美術是互相完成。

美術的實體和形相，靠着作家纔能有，因爲是作者所造的。這一點人人都知道。可是我們於今所說的美術客體因着作者主體而得完成，不是說這一點，乃是說美的觀念和形相，是由作者主體而取得美的意義。美的觀念和形相，是代表（表現）作者的觀念和感情，作者在創造美的實體和形相時，不僅是像工人在製造物品一樣，美術作者創造美術，是以自己的觀念作爲美術的觀念，以自己的感情，作爲美術的感情。以自己的生命，作爲美術的生命。因此美術品可以說是活的，是有自己的生命。既然是這樣，美術品因着美術而得自己的生命（不僅是物理方面的存在），美術客體當然因着主體而得完成了。同時，美術家，在美術中，發展了自己的生命，把自己的精神伸張到美術以內，美術家自身，也到了利益，自己完成了自己的精神。因此說美術之美，爲美術家和美術的主客雙全。

這種主客雙全，爲美的最高意義，使美成爲美術家的生命。這種主客雙全的意義，在自然美中，也包含在內。自然物體，爲造物主所造，造物主是以自己的觀念爲受造物的觀念，以自己的情感爲受造物的情感，雖然造物主遠遠超出受造物之上，不靠造物去發揮自己的精神。但是受造物是造物主向外的一項表現，因此也可以說造物主和自然界之美，主客雙全。

（丁）　美爲無限與有限的結合

人的精神，常傾向於無限；然而同時人又是有限的個體。人心常夾在無限和有限的兩種要求中，人心常很難有滿足的時候。可以使人心有一刻的滿足，以致於超然忘情，是兩顆心的愛情，互相融合的一刻。愛情是沒有利害的，而又傾向於無限，但愛情出發點，是兩顆具體的心。因此愛情的融合，卽是無限和有限的結合，可以使人有一刻的滿足。然而愛情在人世，很難脫離實際的利害，當愛情轉向實際的利害時，愛情也轉向於有限的事物，於是變爲有限結合有限，愛情便不能滿足人的精神了。我們常說愛情有詩意，又說愛情容易失却詩意，愛情的詩意，就是超於利害而趨向無限的愛情。普通既稱這種無限和有限相結合的愛情爲詩意，可見在詩中，也有這種無限和有限的結合。詩爲美術，於是美術之美便是無限有限兩相結合了。

美中有無限和有限：美中的有限，是欣賞者主體的個人的經驗和感情，是美術家主體的個性，是美的客體形相；美中的無限，是美的客體觀念，是美的客體形相的光輝，是美術家主體的精神，是欣賞者主體的精神。

美的形相是有限的，因爲除却絕對精神體的形相是無限之外，別的實體的形相都是有限的。但是形相的光輝，具有無限的意義。光輝的意義，表示不凡的次序，次序是理，理爲無限。

美的實體，若是自然界之美，自然物體是有限的；若是觀念，觀念代表理想，理想爲無限的。

美術家的個性是有限的，美術家給與美術的精神生命則是無限的。欣賞者對於美的經驗，是有限的，欣賞者在美感中激動自己精神愉快，精神則是無限的。因此美術家和欣賞者的精神，在美中都有滿足的一刻，都能有遺世忘情的滿足。

（二）美感

美感，是美的認識，是美的欣賞。美的認識和欣賞，本分爲兩事，但在事實上，兩者同時並有，在認識美時，必欣賞美；在欣賞美時，必認識美。未有認識美而不欣賞美的，否則，美將不是美；也未有欣賞美而不認識美的，否則欣賞將不是欣賞。美的認識和欣賞，乃稱爲美感，因欣賞美時，人心所有的動作，以感情爲重。美感的感，不是指感覺，乃是指感情，卽是欣賞美之愉快心情。

美感在美中，爲美的中心點，也是美的正式成立點。在美感中，美的主體和客體相結合。於是我們特別提出美感，予以分析。

（1）美感的因素

美感的重要，美學學者沒有不承認；美感的意義，美學學者的主張，也大致相同；但是對於意義的解釋，大家的意見就有許多分別，因爲大家對於美感的因素，主張不一致。我們的意見，則是主張在美感中，有感覺，理智，感情三項因素，三者不可偏重。

（甲）感覺

感覺爲美感的因素，唯心論和唯理論的美學家，都不贊成，他們以美感爲理智的「直觀」。人在欣賞美時，理智直觀美的形相，無論這種美的形相是外面的客觀形相，或美術家心內的主觀形相，欣賞者常用理智去透視，常用理智去直觀，用不着感覺。但是我們認爲美感的第一步，是在認識美。人怎麼樣認識外物呢？是用感覺和理智，並不是單單用理智。

感覺對於自然美和美術美的認識，是必要的因素。人不用感覺，不能認識物質性的形相。自然美和美術美的形相，都是物質性的。精神美的認識，可以不用感覺。不過，在通常的情況下，人爲認識精神體，也藉助於感覺，以認識精神體的特性，由特性再進而認識精神。

人有五種感官，不是五種感官都可以有美感。美感的精髓，在於精神的愉快。凡是感覺，可以直接激起精神愉快的，纔能够有美感。可以直接激起精神愉快的感覺，只有視覺和聽覺，其餘觸覺、味覺，嗅覺，都不能直接激起精神愉快。觸覺、味覺、嗅覺，固然也激起愉快：觸、味、嗅三種愉快，是在三覺的感官內，又止於三覺的感官。美味的愉快，是在口內嚐着；香味的愉快，是在鼻孔內聞着，溫柔暖凉的愉快，是在觸着外物的機官內。這三覺的愉快，雖也通於人的精神，但都是間接的經過他種聯想。視覺的愉快，則不是在眼睛內，眼睛或看美色，或看醜色，眼睛沒有所謂愉快不愉快。眼睛看到美色的愉快，是人心的愉快。聽覺的愉快，也不是在耳朶內。聽美樂的愉快，也是人心的愉快。色，光，聲波，都是物質性最輕的物體，這等物體對於精神，可以直接激起反應。觸、嗅、味三覺的愉快，完全是生理方面的反應，禽獸也能有。視覺和聽覺的愉快，則是心理方面的反應。要有理性的心靈，纔會有這種反應，所以只有人能以美色美樂爲喜。

（乙）　理性

現代有些實徵主義和唯物主義的美學者，專以感覺為美感的唯一認識機官，否認理智是美感的因素。美學者大家都說，美感是不用推論思索的。若用思索，美感已經不是美感了！即使有時對於一種美，先要經過思索，然後纔能認識，然後纔生美感。可是在思索時，人心沒有美感，要在思索後已經懂得美而起愉快的一刻，人心纔眞正有美感。因此實徵和唯物的美學者。更主張美感不必用理智了。

可是美感雖不用思索，然不能不用理智。假使不用理智，禽獸不是也可以有美感嗎？美感所以要用理智，第一、美感是人有意識的動作。凡是人的有意識動作，不能不用理智。有意識就是說，經過理智的動作。第二、美感是人的精神所有的愉快。人的精神所愉快的，或是完全精神方面的愉快，或是夾有身體方面的愉快，在這兩種愉快中，精神必以精神之美為愉快。因此在自然美和美術美中，常有形相所代表的觀念，常有形相的不凡次序，為認識觀念和次序，必定要用理智。

而且理智的運用越發達的人，對於一項美術修養有素，越能欣賞這項美術。越不運用理智的人，例如小孩和農夫工人，對於美，越不感覺興趣，越不知道欣賞美。這一點也証明美感要用理智。

反對理智的美學者，骨子裏也不是主張美感完全不用理智，乃是主張美以感覺為主，理智為副。因為自然美景和美術的繪畫彫刻，欣賞時無所謂懂不懂，一看到了就知道欣賞。但是，按我們的意見，看畫或看自然風景，人心所喜歡的，不是純粹的物質顏色，而是顏色的次序。有幾種顏色，雖然容易引人有愉快之感，然而人欣賞畫和風景時，是欣賞顏色的不凡次序。不凡的次序，則是由理智去認識。因此，對於美感不用思索，我們同意贊成。對於美感不必用理智，我們則不同意。

（丙） 感情

美感中感情佔着很重要的地位，這是大家所知道的。於今就大家所知道的這一點，加以分析的研究。

（A） 感情在美感中是有意識的　我們在欣賞美時，不知不覺中，隨着美術中的情景，心中發生喜愛恐懼厭惡等等感情，同時又自然而然地在精神上感覺舒暢。於是有人說美所激動的感情，是無意識的感情，是突然而來，不知其所以然的感情。但是在我們的生活中，凡是眞摯的感情，都是突然而來，自然而生。一個人聽說父母的死訊，立時自然地發生痛苦之情。一個情人看到自己的情人，也自然而然發生愛情和愉快。所以普通常說：愛情是盲目的。但是所謂盲目，所謂天眞，所謂自然，並不是說人對於這種感情沒有意識，完全不知道，或完全不能控制；只是說天眞的感情，不由思索推出了理論以後，然後纔發生。

人在欣賞美時，隨着美術中的情景，例如戲劇或小說的情景，而發生的各種感情，也不是由潛意識中衝出來的。有人說：有許多感情，在日常的生活裏，因着各方面的拘束，不能自由發揮，於是蓄聚在潛意識中。當欣賞美術時，遇到了和自己所願發揮的感情相同的感情，潛意識裏的感情，乃一躍而出。這種解釋法，雖然於今實驗心理學的實驗似乎予以証明。我們雖不敢說實驗心理學的實驗完全不對，但是實驗所能証明者尙很少。而且人的天眞感情，也都是突然而出，難道天眞的感情也都是由潛意識而來呢？假若如何，人的感情，除却勉强而生的感情以外，都是潛意識的感情了，這是我們所不能接受的。

感情，無論是感覺方面的感情或是理性方面的感情，和認識機官直接相連。感覺方面的感情和感覺相連，遇有一種知覺，知覺的神經在神經中樞，立時刺激相應的感情的神經，立時發生相應的感情。理性的感情，和智識相連，智識在心靈（靈魂）上立時激起相應的感情。若是知覺或智識不到相當的程度，不足以激動相應的感情；於是要經過思索，推出理由，然後再由意志命令發生感情，感情便不天眞了。

（B）　美感的主要感情爲愉快，其次則爲羨慕。其他的感情，則隨美的情景，自然而生。

我們欣賞美時，心中主要的感觸，是覺得高興，覺得舒暢，爲什麼緣故我們欣賞美而覺得精神愉快呢？原因很多又很複雜。伯洛丁曾以爲欣賞美時的愉快，是在美中，找得和心靈相投之點，有如美味爲適口之物。這種理由，可以是美感愉快的理由之一，不能包含全部的理由。

有的人說，欣賞美時，精神有愉快之感，是因爲在美中人能發展自我；又有人說，是因爲在美中能使精神伸展於無限之中；又有人說，是因爲在美中，人能聯想起自己的經歷；又有人說，是因爲在美中，人能在想像裏滿足自己在實際上所不能滿足的願望。這一切的理由，都可以是美感的理由，但也都不能是唯一的理由。

慕羡之情，也是我們欣賞美時，所有的感情。我們對於自然美景或對於美術品，加以羡慕，這也是人之常情。我們通常遇到好的事物，美的事物，或偉大的人物，自然心中生羡慕之心。

欣賞美時，欣賞者隨着美術中的情景，激發他種感情。詩歌、小說、戲劇、電影、以及散文，都能使人喜，使人哭，使人憤慨，使人失望。美術越高的美術品，越能動人之情。爲什麼緣故人在欣賞美時，受美術情景的激動呢？心理學家可以舉取許多的理由。我以爲最重要的理由，是美術能使欣賞者直接與美術中的情景相接觸，使人有如眞眞身處其境，於是欣賞者乃生有如身處其境的感情。這些感情，因爲只是「如同」身處其境，不夾帶眞正的利害，乃又能使人的精神發生愉快。

（2）美感的性質

分析了美感的因素，於今再進而研究美感的性質，以更明瞭美感因素在美感內的作用。對於美感的性質，我們僅止研究最重要的三點：美感不含利益關係，美感爲直接的，美感的客觀性。

（甲）美感不含利益關係

康德曾提出這一點，以美感不含實際的利害。於今的美學家，大家都是贊成這種主張。美感雖是一種實際的感情，但是又和實際的生活相脫離。我欣賞一張畫，並不是因爲這張畫於我有利。

美和利不相連，利使精神向有限的實際，美使精神向無限的理想；利使物和人相結合，美使人和美相結合；利發於實際的事物而歸於實際的事物，美出發於實際而趨於超越現實，利是人切身的感觸，美是人超出自身的感觸。

人在欣賞美時，把自己提出切身的現實以外，自己和美相結合。因着這種結合，人心乃能够激發美術情景中的感情；因着提出自己在切身的現實以外，自己意識到美術中的情景，不是自己切身的情景，對於自己不會發生利害，精神就是在恐慌悲痛的情感中，仍舊覺得愉快。對於實用的美術品，例如房屋，美感和實用雖不能分離，然而在欣賞實用美術品時，人還是把美術品的實用作爲美的一部份，而不以爲於我有實用之利而起美感。我欣賞一座房之美，我在美感中，是以這座房子合於用，而不以爲合於我的用。以爲合於我的用，我纔起欣賞房子之美，我的美感已經不是純淨的美感，而是夾有利害的關係了。

因此對於可以實用之物所有的美感，很難是純淨的。欣賞一張畫，容易是純淨的美感。欣賞一個美女，所謂美感，很難是純淨的美感了。

（乙） 美感爲直接的

有些學者，主張美感應爲一特別的感官，因爲美感的性質，和別的知覺以及理智的知識都不相同。我們則以爲美感不能另有一認識機官。哲學上有句成語『Ens non est multiplicandum sine ratione』（沒有必要的理由，不要多添東西。）我們既不見必要添加美感機官的理由，我們便主張不要添。若說美感具有特別的性質，則是人人所可經驗的。

美感的特別性質，在於是直接的。

（A） 美感是直接的，第一、美感不經過思索和推論。人在欣賞美時，美感自然而生。有些美術之美，例如詩文，要經過思索而後纔體會詩文之美。對於詩文的思索，並不是思索詩文之美，乃是爲懂得詩文字句的意義。字句在詩文中爲構成形相的材料，有如繪畫上的顏色。人若不懂詩文的字句，就像看畫時，看不見顏色；又像聽音樂，聽不見聲音，當然不能欣賞詩文之美，所以解釋字句，不是思索詩文之美，乃是預備爲欣賞詩文之美。假使在懂得詩中每句話的意義以後，還要多加思索，以推測作者的用意，爲能看到詩之美，則已不是欣賞詩，而是研究詩了。詩之美，須多加研究而後纔能看出，詩已經無所謂美了。現代許多新畫家的畫，就要經過許多思索，以推測美之所在，這種畫不足算爲美術了。但若遇到一種美術品的成份很複雜時，人雖一見就知道是美，但不能明瞭美的意義，在加功研究以後，瞭解了美的意義，欣賞之情，越見加高。所以研究美術，可以增加美感。

（B） 美感是直接的，從感覺方面去說，沒有什麼難解的問題。感覺對於自已的對象，常是直接認識，不經過另一認識機官。人在觀看一美物或聽一美樂時，眼睛和耳朶，直接看到物，直接聽到聲。這一點絕對不成問題。但是問題則在於「美」字，眼睛看物和耳朶聽聲時，是不是直接覺到物的美和聲的美呢？口嚐味和鼻嗅香，直接嚐到或嗅到味和香的好壞，眼睛和耳朶，是否也直接看到聽到色和聲的好醜呢？在上面我們已經談到，嗅覺和味覺，分辨對象的好壞，完全是一種生理的動作，不能成爲美感，眼耳的美感，則是心理方面的作用；因此眼耳，不能直接感覺到美。再者，美的主要因素，是形相的光輝。形相的光輝，雖然也有物質的成份，但是重要的成份，是形相的不凡次序，次序則是屬於理性。不過，次序的表現，仍舊藉着形相的物質成份，例如繪畫的形相、次序，藉着顏色而表現。因此，眼和耳，直接也能覺到美的形相的次序。從這一點說，感覺也能直接達到對象之美。所以我們普通說美色悅目，美聲悅耳，或說聲色爲耳目之娛。究其實，美色和美聲之娛，是在精神上。普通所說聲色，指的是女人，聲色之娛遂下流於觸覺了。

（C） 美感爲直接的，從理智方面去說，頗有些費解。人的理智，對於自己的對象，不是直接的認識，是間接用觀念去認識，所以說人的理智沒有直觀。理智爲有觀念，是由想像中的印象去製造，想像的印象是感覺的知覺。理智製造了一物的觀念，觀念代表客體事物，人的理智乃在觀念裡直接和客體事物相接。從觀念一方面去說，理智對於客體之認識是間接的，因爲有觀念居在主體和客體之間，人不是直接用理智去看客體，人的理智沒有直觀。從客體一方面說，理智的認識則是直接的，因爲客體的事物和理智，在觀念裡，直接相接，且融合爲一。但有時客體事物在觀念裡，也不清晰，須由前後的因果，推論而知，這種知識，完全是間接的知識了。

於今我們所要討論的問題，是理智對於美，是有什麼樣的直接認識：是有直觀呢？或是有觀念的直接認識呢？

理智在美感中的作用，是對於美的評判。美的評判是抽象推論，還是實踐的評判呢？美感中的評判，是實踐的評判，不是抽象的評判。至於美術的批評，不是美感的評判，而是美術的研究，是抽象的推論。實踐的評判，不一定要用推論，例如良心對於目前所行的行爲，自然而然地立卽批判是對或是不對。因爲在人的理智中，有天生的原則，理智在人行一行為時，立刻可以知道行為合不合天生原則。因此理智對於本人目前的行為的是非，是有『直觀』。即是在代表行為的觀念裡直接看到是非，不用推論，理智對於美，也有像良心對於是非一樣的「直觀」。理智對於美，立刻知道是美，即是立刻在代表美的觀念裡，直接看到美。所以理智對於美的評判是直的，但并不是不用觀念。例如人欣賞一朵美花，當眼睛一看到花的顏色的形相次序，理智馬上有顏色和次序的觀念，在這些觀念裡，自然而然看到美。

為什麼理智在客體的觀念裡直接見到美呢？實驗心理學家可以有許多的解釋。但是我則以為理智對於美，有如理智對於行為的是非，對於行為的是非，有理智行為是非的良心，是因有天生的是非原則。理智對於美，也應有天生的原則。有如口之於味，天然知道適口不適口，理智之於美，天然知道是不是美。但是又像良心一樣，遇着很複雜的行為，良心乃生疑惑，不能定是非；理智遇着美的複雜形相，也不能馬上知道是美，那時便該加以研究，看形相究竟是美否。

（D） 美感是直接的，從感情方面說，在前面一節我們已經談過。美感的感情，是天眞的感情，不是矯揉造作的感情，自然而起，自然地流露於外。

（丙） 美感的客觀性

美是否有客觀性，這個問題，將在下一章討論美術時，予以討論。於今我們所討論的，是美感的客觀性，就是說美感的愉快以及他種感情，有不有客觀性？一個人對着美的景緻，心中喜樂或悲傷，一個人對着戲劇中的人物流淚而喜笑，這些感情，是不是完全由於欣賞美的人，自己發動自己，一點客觀的理由也沒有？

於今我們不問電影中或小說中的人物，是實事或是想像的；我們於今只問看電影和看戲劇的人因着劇情喜笑或流淚，是不是無故而喜笑或流淚？因為這種喜笑或流淚看來完全是看戲劇和看電影的人，因着自己的幻想而發這種感情。然而充其實，美感的感情也有牠的客觀性。不過，我們又聲明一句，這種所說感情的客觀性，不是說感情由一實際的客觀事物所發動，只是說感情的發動是由於一客體所發動，（客體是實際事物或是幻想事物，那另是一問題），不是主體自己任意幻想而成的。

怎麼可以証明這一點呢？我們可以有多項的証明。因着自己幻想而動感情，隨時隨地只要自己起幻想，就可因幻想的感應而動感情。美感的感情則是要「美」在當前，然後纔能發動。所以看電影時隨着電影情景而動的感情為美感；看了以後，回到家中，回憶電影的情景，再不動情，這時的感情已不是美感而是幻想的感情。

主體幻想而起的感情，沒有一定的對象，沒有一定的正點，隨着幻想而變。美感的感情，有自己的一定止點，因為是止在美的形相上。每項美感的美，都有一定的形相，或是顏色，或是曲詞，或是劇情，一成則不變。欣賞美時，美感中的感情，是止於這種形相上。

至於說美感中的感情，是不是完全由於客觀的美所發起。我以為美感中的感情由美的形相而激動，至於感情發動的程度，則主觀的因素很多。同看一戲劇的人，同受劇情的激動，但是每人所發的感情，强弱不同：有的大笑，有的微笑，有的不笑；有的流淚，有的不流淚。感情發動的程度，是隨每人主觀的條件而異。

第十一章　論美術

從上面的兩章裡，大家不要以為取得了關於美術的一切觀念，為講美術，再沒有什麼困難的問題。實際上，在這一章裏討論美術，有許多新的問題，不是按着前面兩章所說的，便可迎刃而解。於今我們按着次序，慢慢討論這些關於美術的問題。當然我們不能把一切關於美術的問題，都予以討論，我們只能討論一些較為重要的問題。

（一）美術

（1）美術的意義

在美術思想史的一章裏，我們曾看到歷代大哲學家所講的美術定義，大家的意見，不大相同，各有各自的主張，但是在不同之中，又多少有幾點相同的。這些相同之點，可以看為美術定義中不可缺的成份。第一、歷代哲學家都以美術為人的精神活動，唯物的哲學家雖否認精神，但是他們也主張宇宙人間有物質性的精神。共產黨不是也常說精神不死嗎？他們也稱美術為人的精神活動。第二、歷代哲學家都以美術和自然有關係，大多數哲學家以美術模仿自然，有的哲學家則以美術為變換自然。第三、歷代哲學家都以美術代表美術家的思想，大家在解釋「代表」一辭的意義，意見可以不同。

除這幾點以外，哲學家對於美術的意義，各有各的主張，我於今也來說一說我對美術的主張。

（甲）美術的定義

美術是什麼？「美術是人藉着物質形相，表現自己的精神，造成具有獨立價值的作品。」

於今逐段把定義予以解釋。

（A）「美術是人……」開始，我們就說明美術是人的活動。自然界的美，雖可以稱爲造物主天主的美術，但通常我們不稱之爲美術；而且通常以美術和自然相對。在禽獸中，有許多鳥唱的很美，又有些鳥作的巢很美，還有蜜蜂作的窠也很美。但是這些物件都不稱爲美術，因都不是人的作品，缺乏代表精神的價值。

美術既是人的活動，便是有意識的活動，便是自由活動。人創造美術和夢中作夢不同，和酒醉後糊說不同。人創造美術時，人對於自己的活動，知道很清楚，不是模模糊糊，似醒非醒。這就是說人的美術活動，不是下意識或潛意識的活動。

李太白作詩，據說醉後作的愈快愈好；但是李太白醉時作詩，一定不是泥醉，否則人事不醒，怎能提筆作詩。有些音樂家，忽有所感，伸筆直書，一連數日，不出門戶，一氣把歌曲寫成。這種情景，代表美術的來源，神妙莫測，稱爲靈感。但是作曲的當時，作家自己明白本人的作曲工作，並不是夢中作曲。

(B)『美術是人藉着物質形相』

美術活動，不止於人的精神以內，乃要達到外面的形相。克洛車主張美術是在人精神內，想像所構成的形相，外面的形相不算爲美術。這種主張是唯心論的主張。美術不表現於外面的形相，美術尙沒有完成。

美術的形相，表現於外，所用的材料是物質物。例如繪畫要用顏色，音樂要用聲音，詩歌要用語言文字。用物質所構成的形相，當然是形質形相，美術的形相因此是物質形相。

物質形相不能和構成形相的材料相混。繪畫用顏色，但是一張畫的形相不是顏色，乃是由顏色構成的畫圖。音樂用聲音，但是一曲歌的形相不是聲音，乃是聲音構成的曲調。小說用文字，但是一部小說的形相，不是文字，乃是由文字構成的小說情節。

物質形相，是由物質材料，按照次序，相合而成。美術的美，就在於形相的次序，有不凡之點。同是一樣的顏色，畫家善用顏色，構成一張美畫；習畫的人也使用顏色，但所畫的，平庸無奇。可見美術的特點，在創造出『不凡的』物質形相。

不凡的形相，由人造成；形相而且又是美不美的理由，形相的構造，一定受人理智的指導。因爲人爲創造一項最重要的作品，不能不用理智。但是美術家在創造美術時，不能專憑思索，思索只能推理，可以研究學術，不能創造美術。美術家創造美術，有如欣賞美術者，不用推論，只用直觀。欣賞美術者，在感覺所見或所聽的形相中，直接評判美或不美。美術家創造美術，一有了創造之念（靈感），理智立刻在想像裏看到要用的形相。

因此，美術形相之成，成於人的理智與想像。爲什麼理智立刻在想像裏看到要用的形相？這是因爲美術家有美術天才。越有天才，理智越迅速地見到要用的形相，不用思索。所作成的美術品，也越加好。沒有天才的作者，理智一時見不到要用的形相，須用思索去追求形相構造的次序，所成的作品，一定不高明。

美術家的理智在想像裏見到已有次序的形相，再把這項形相，表現出來，便成外面的物質形相。

（C）『表現自己的精神』

形相的不凡的次序，爲美所以爲美的理由；然而形相之所以爲形相，意義是在於表現作家的精神。每項實有體的形相，常是代表該項物體，代表該項物體的理由，例如人的本性形相，表現人之所以爲人之理，代表人的本性。人的外面形相，又代表一個具體的人，表現這個人和那個人所有的分別。凡是形相，都有所表現的內容，又有所代表的意義。

在自然界的美中，美的形相，卽是自然物體的形相；美之所在，在於形相的光輝；形相的光輝，則在於不凡的次序。普通我們以自然界的形相，代表自然界的物體，不代表觀念，不代表精神活動。

美術的形相，則造於美術家。美術家無論願描寫所見的人物事故，或願虛構一些人物事故；他爲描寫，先是自己的理智在自己的想像裏已構成了這些人物事故的形相，然後再把想像裏的形相表現於外。因此，外面形相所代表的，是代表美術家想像裏的形相，即是說外面的形相：物質的形相，代表精神的形相。若是美術家想像裏的形相，又代表外面一個客體，則美術的外面形相，間接又代表外面相應合的客體。例如畫家替一個人畫像，所畫的像，直接代表畫家想像裏所有的像，間接纔代表那個人的像。

美術的形相，是什麼實體的形相呢？普通，每個形相，都是牠所代表的實體的形相。人的形相是人的形相，玫瑰的形相是玫瑰的形相。美術的形相，究竟是誰的形相。一座石刻的人像，是不是石頭的形相，或是所代表的人的形相呢？石刻人像，當然不是石頭的形相，因爲石頭仍舊是石頭，和在刻像以前一樣常是石頭。那末石刻人像便當是所代表的人的形相了。可是一個人的形相常是相同的，例如百個攝影機同時攝取一個人的像，百張像都相同。但若叫兩個彫刻家或畫家同時彫刻或畫一個人的像，兩個美術家所彫或所畫的像一定不相同。可見美術形相又不是所代表的人物的形相了。然則究竟是誰的形相？乃是美術家的精神在創造美術時，這一刻中的形相。

剛纔我曾說過，美術的外面形相，直接代表美術家想像裏的形相。美術外面的形相便是代表內面形相。但是內面的形相，雖由外面形相作代表，內面形相本身也是形相，而且有些學者，僅止承認內面的形相爲美術形相，內面形相便不能是美術形相的實體，因此我們便該在想像內的形相以外，尋一實體。這種實體不能是外面的客體，否則想像內的形相已經不是美術形像，而是感覺對於外面客體的印象或理智對於外面客體的觀念。我便只能說美術的形相，是以作者的精神爲實體。美術的形相是作者精神的形相。

當然，大家不可誤解這句話的意思。畫家的精神是人的精神，在本性上，當然是以人的本性形相爲形相。但是在理性作用方面，不防有他種理性的形相。因此在創造美術時，美術家的精神，披上了美術的形相。有如一個女人穿衣服，在每個場合中，穿上一身不同的衣服。因此我們說美術的形相，表現作家的精神。

作家的精神，成爲美術形相的實體。作家的精神，便成爲美術中的人物事故。美術中所描寫的，不是外面的人物事故，乃是作家自己的精神。

（D）「造成具有獨立價値的作品」

聖多瑪斯曾說：智德是善於行事之道，藝術是善於作物之道。行事可以只有動作，藝術常應有作品，美術便常有美術品。

美術品即是美術家藉着外面的形相，表現自己的精神，所造成的作品。美術作品便是物質品，可以是一冊書，可以是一副對聯，可以是一張油畫，可以是一幅絹圖，可以是一尊銅像，可以是一座浮雕，可以是一所宮殿，可以是一個紀念石坊。

然而美術品的意義，不在於表現作家的精神，乃是在於「美」。作品若是不美，無論怎樣好地表現了作者的精神，也不算美術。因此美術品在表現精神以外，還該具有「美」的條件。

「美」的意義，在於形相的不凡，形相的不凡，表現於作品的外面形相，作品乃成爲美術品。

美術品爲成美術品，便應具有「美」。美術品的價值，便在於美的本身。

普通，人造物都是有目的，目的卽在於實用。人造物的價值，就常視實用的程度若何，而定高低。「實用」一兩字，包括甚廣，不單是指實際的用途，凡是爲人有益的，都稱爲實用；因此科學和哲學，都包括在實用以內。因此，這一切的人造物，都沒有獨立的價值，都要看對於人生的利益而定價值。這個價值，常是相對的價值，常是依附他物的價值。

「美」的意義，不包含利益。美的欣賞，也不是爲利。而且美之所以成爲美，在於人和光輝的形相相遇時，精神發生愉快。美術品旣具有光輝的形相，則在人和美術品相遇時，人就感到精神愉快。美之所以爲美，完全在這一點，美術之所以爲美術，也完全在這一點，再不用借助於另一種關係。於是美術品的價值，在於自己的本身。美術的價值，是獨立的價值。

美術的價值，具有獨立性，因爲不依賴作成美術品的材料。一件美術品的價值，不在乎是金銀寶石作成的，而是在乎是美。

美術品的價值，具有獨立性，因爲不依賴自己所含的思想或觀念。一件很平凡的事或情景，文學家或畫家，能用之而成一篇很有美術價值的詩或畫。一項很高深的學理，反而沒有美術價值。

美術品的價值，具有獨立性，因爲美術的價值，也不在乎於人生和社會是否有利益。我們欣賞美術品時，越出現實的生活以外，直接和美相對。

但是，我們並不是說，美術對於人生和社會，沒有利益。在實際上，美術對於人生和社會，貢獻很大。不過這種貢獻，不是美術之爲美的價值而是美術的附帶價值。

（乙） 美術的區別

（A） 美術的分類

討論美術的書籍，於今都陳說美術的分類，對每種美術的性質，也予以解釋。還有分論一種美術的書籍，例如詩學，文藝，繪畫或戲劇等等專門書籍。但是，這些分類法，是從美術的具體作品而言，若是就美術的哲理說，美術是不能分類的。美術的價值，完全在於『美』。美的意義，在每件美術品裏都是一樣。況且美術的價值，本身獨立，和美術品的材料以及美術的表現方式，都沒有關係，於是美術便只有一種美術，不能分爲多種美術。

然而爲着實際的便利，美學學者可以勉强從美術形相的表現方式，區分美術爲多少種。按照美術形相的表現方式，美術可分爲三大類：第一類用圖形表現式，第二類用聲節表現式，第三類用事實表現式。

第一類用圖形表現式的美術，有字，有畫，有彫刻，有建築。歐美沒有『字』的美術，中國的字，是和畫併行的。字、畫、彫刻、建築四種美術，都是以圖形去表現美術形相。這四種美術之美，在於圖形的不凡次序。還有舞蹈美術，也可以說是圖形美術。

第二類用聲節表現式的美術，爲歌樂。歌樂的形相，在於聲音的曲調。歌樂之美，即在於曲調的不凡次序。詩，雖也有聲節，但是詩之美，不以聲節之美爲首，而是以詩情之美爲首。

第三類用事實表現式的美術，爲詩、文、戲劇、小說。這四種美術，普通稱爲文藝，因爲是用文字寫成的。文字不能畫圖形，也不能成曲調，只能述說事實和思想。美術旣是具體的形相，述說抽象思想的文字，不足以成爲美術，必定是述說具體事實的文字，纔可成爲美術。所謂事實，包含人生一切的經歷。一項具體的感觸，也算人生事實。電影美術，有如戲劇，以事實表現形相，論說的散文和演講，也可以成爲美術，但很難，因爲不能以演說中之事「理」爲美，乃在於以「說」理的形式爲美。若是以「理」爲美，則已爲精神美，而不是美術之美了。

（B）美術和手藝的區別　　歐洲在古代時，美術常和手藝混爲一事。到了近代，美術和手藝纔分爲兩事。中國古代固然沒有美術的名詞，藝字則有，手藝的名詞也有。但是中國古代不以寫詩、著書、繪畫爲手藝。若成了手藝，便成爲詞匠畫匠書匠了。一稱爲匠，便已離開了美術。

藝，本表示一項技能或一種事業，手藝表示用手法去作一種職業。普通我們說用手的人不用心，用心的人不用手。手藝旣表示用手，便表示手在作事時的技術。技術是人作一事的優良方法。美術不是方法，美術便不是技術。然而在創造美術時，美術家也要知道作美術的方法，例如畫家要知道使用顏色和畫圖的方法，音樂家要知道使用樂器的方法，作詩的人要知道音韻。然而這些方法，雖稱爲技術，但不是眞正的美術，只是作美術的技術。一個人僅知道調顏色，那就只是一個匠人，不能是一個畫家。再進一層，畫家用筆的筆法，用墨的醮墨法，也是技術；一本芥子園所講的，和美術教員們所講的，也都是技術，因此都稱爲作畫法，也便都不是眞正的美術。技術是方法，方法可以學而得，美術則不可以學而得。

因此中國近來以藝術的一詞代替美術一詞，意義上可以引起誤會。古代雖有六藝的名目，以禮、樂、射、御、書、數稱爲六藝，但沒有以詩文稱爲藝。藝字常附帶着技術或手藝的意思。以美術稱美術，較比以藝術稱美術，名目更洽當。

(C) 美術和學術的區別　美術不是學術。學術用理智去思索、去研究。學術所得的是智識，學術智識而且是系統智識。美術不用理智去思索、去分析，美術只用理智去欣賞。欣賞時，理智直接見到美。美術所得的不是智識，是一件美術品，是一種美感，是一刻的精神愉快。

美術若成爲學術，已經不是美術，而是對於美術予以研究的學問。研究美術的，有美術方法學，例如芥子園；有美術批評學，有美術考証學，還有美術哲學。美術本是活的，把美術拿來做學問，就如以人的生命作實驗，有所謂實驗心理學，有所謂醫學。若眞要解剖人的生命，那就只有解剖人的屍體，生命已經不在了。美術的研究也是一樣，好的，可以解釋美感或美術天才的經驗；不好的，便把美術弄成了死屍，去加解剖，根本沒有見到美。

(2) 美術的因素

於今我們已經明白美術是什麼了，我們再進一步去討論構成美術的因素。美術的因素很多，第一個因素，當然是美術作家，作家爲美術的成因。對於這一因素，我們把牠留在下一節去討論。美術的因素，除作家以外，有牠自己的構成因素，卽是牠的質料因素。在這一節裏，我們便討論這一種因素。我們所要討論的，有下列三點：美術的內容，美術的想像，美術的感情。

（甲）美術的內容

美術的內容和形式，在歐美現代的美學裏，爲一個爭執最大的問題。有人說美術只有形式沒有內容；有人說美術只有內容沒有形式，有人說美術兼有內容和形式；而且大家對於內容和形式兩個名詞的解釋，也不完全相同。我於今也說一說我的意見。

（A）「內容」　在美術上，內容可以指一件美術品的思想，可以指美術品中的事實，也可以指美術品中的感情，就是說美術家所願意表現的。例如一篇文章，要有思想作內容；一首詩，要有感情作內容；一部小說，要有故事作內容。內容的這種解釋是通常的解釋。

但是把這種通常的解釋，用之於一切美術的內容，不是都能行的通。例如一張畫，或一曲音樂，要有什麼作內容呢？一張山水畫的內容，不能是思想，不能是感情，也不能是故事。又如彫刻和建築，也不能有通常所說的內容。大致說來，凡是圖形表現式的美術和音節表現式的美術，都不能有通常所說的內容。

故再從我們所說的美術定義去看，美術的內容，也不能是通常所說的內容。我們曾說美術爲人藉外面的形相，表現自己的精神。美術所表現的是人的精神；在創造美術時，精神所有的形相，是作家精神的形相。這種形相，即是美術內面的形相。

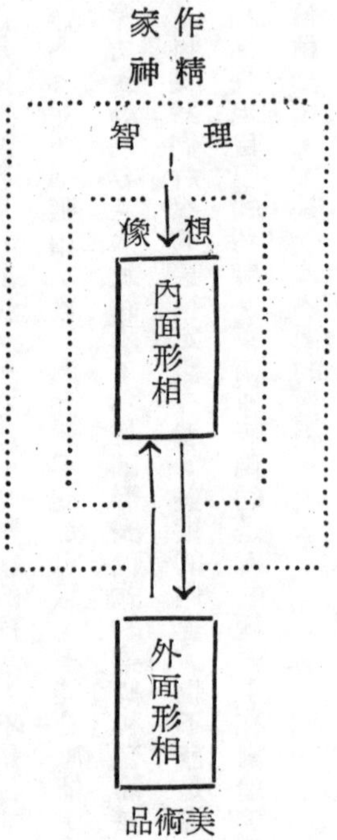

美術所表現的既是內面的形相，我們便應當以內面形相作爲美術的內容。從這一點說，美術當然有內容。

但是問題又回來了。內面的形相，在本身說又是一種形相，只是沒有質料。例如一張畫的內面形相，就是這張畫排在腦子裏，只不過沒有實際的顏色，沒有實際的畫板，畫布，或畫紙。因此現代許多學者主張，美術只有形相，沒有內容，因爲美術所表現的是表現內面的精神形相。這樣的主張，也不能說完全不對。

不過，我們可以再進一步去研究內面的形相，究竟怎樣構成。主張純粹美術的學者，以爲內面形相由點、線、聲波等的想像構成，點線聲波的想像所構成的形相，再不代表另外任何的意義。內面形相是美術，美術品是表現內面形相。因此美術純粹只是美術，不代表任何別的內容。

這種主張，我却不能贊成。無論美術的形相是外面的或內面的，不能不有表現的作用。美術的內面形相，卽是普通所說的腹稿。腹稿本身必定代表美術作家所要表現的內容。在這一點，我並不是自相衝突。前面我說人在美術中所表現的，是自己的精神。但是人在美術中所表現的精神，不是空空洞洞的精神，乃是具體的個性精神。這種個性的自我精神，由個性的精神活動而表現，卽是由自我的一種思想或一種感情而表現。美術家創造美術，用理智在想像裏構成了美術形相，不能不是表現自己的思想和感情。因此美術內面形相的構成，雖由於美術家的靈感强，天才高，不用思索，瞬息卽成。然而不能說這種瞬息卽成的形相，沒有一中心觀念，沒有一中心感情，以作形相佈局的次序標準，否則形相沒有次序，必定不能成爲美術。

因此，我主張美術有內容。美術內容卽是作家的自我精神，自我精神則是個性的思想和感情。若說美術家在心中構成美術形相，絕對不想表現什麼。美術家只是以形相代表形相，線代表線，點代表點，點線自身有完全的意義，不要代表他物然後纔取得意義。

假使是這樣，那等於說「我」不代表「我」。「我」字的聲音自有意義。可是我不代表我，只聽「我」字的聲音，那末和鳥鳴獸叫有什麼分別呢？美術的形相若沒有表現精神的作用或代表精神的價值，那和亂畫點線亂寫字，一點沒有分別，怎麼樣可以成爲美術呢？

（B）美術內容的客觀性　上面我說美術要有內容。有的人一定要問我所說的美術內容，和普通所說的內容有什麼不同？兩者不同之點，就在於美術內容，有沒有客觀性一點。

普通所說一種作品內的內容，常是有客觀性的。例如科學的內容，完全是要合於客觀的事理。工匠所造的物品，也是以合於客觀的實用爲內容。哲學的內容，也應該合於客觀的理論。

美術的內容，是作家的自我精神。自我精神由作家的個性思想或感情作代表，於是美術家所表現的，是美術家自己；而且怎樣去表現，也完全由他自己創造。美術的內容，乃是主觀的內容。畫家畫馬，不一定要眞像馬；畫家畫竹，不一定要眞像竹，因爲畫家是畫代表他的精神的馬，畫代表他的精神的竹。中國繪畫，有稱爲寫意的畫。而且在美術中，最能代表主觀內容的美術，要算中國的字。一個美字，不以這個字的字義爲內容，是以字畫的筆勢，代表寫字者的精神。

可是，我們又不能走的過於極端，我們不要說美術的內容絕對是主觀的；不然就要像未來派的畫家，畫出來的畫，無人能懂。美術家創造美術，爲表現自己的精神；他爲表現自己的精神，藉用外面的形相。外面的形相所用的構成材料，是人間的東西；或用顏色，或用語言，或用聲音，或用外物的形狀。這些物件既是人間的東西，在人間有一定的意義，紅是紅，黑是黑，我是我，你是你，人有人形，馬有馬形。美術家在創造美術形相時，可以任意配合這些材料，也可以按自己的精神，修改這些材料的意義；但是不能把這些材料的本身意義完全抹殺，任意予以他種意義，以致於紅不代表紅，我不代表我，人完全沒有人形。否則所作成的美術，已不是人間美術，人間無人可欣賞！

（C） 有目的的美術

美術在本身上說，除美感外，本是沒有其他的目的。因此美術的內容是主觀的。但是美術並不禁止美感，可以和其他的目的相連合。美術中有宗教美術，有建築美術，有工業美術，裝飾美術。這些美術，可以說是附加在另一有目的的物品以上，或者也可以說是一種實用的物品願意加上美的特性，卽是說實用品的美化。這一類有實用目的之美術，在於把實用物品的形相，予以不凡的次序，因而發生光輝，激動美感。因此這一類美術的內容是實用物本身。作者的精神，只能在形相的次序裏表現出來。於是有目的之美術，具有實用的客觀性。女人的時裝衣服，無論怎樣美，一定該是一身衣服。一座樓無論怎樣美，一定該是一座樓。一張爲宗敎用的耶穌像，一定要具有宗敎所信的耶穌的特徵。目前，歐洲爭論宗敎畫的問題，羅瑪公敎責斥現代新畫家的宗敎畫，不合於宗敎的目的。畫家們則以美術有絕對自由爲自己辯護。照我看來，畫家有不畫宗敎畫的自由，但既接受畫宗敎畫，則不能不守宗敎的原則。

（乙）美術的想像

想像和美術的關係，無論在創作者方面和或欣賞者方面，都極爲密切。欣賞者在欣賞美的，理智是在想像裏「直觀」着美。創作者在創造美術時，則是在想像裏「直觀」美術的形相。

美術家創造美術，在想像裏，理智直觀美術的形相；然這時的直觀，是創造的直觀，當美術家的理智直觀美的形相時，理智是在創造美的形相。美術家創造美的形相時，直觀美的形相，因爲美術家不用思索，是用天才。

美術家在想像內創造美的形相，理智所用的是用想像。想像內的形相，爲能表現於外，一定該是具體的形相，人的理智爲成具體的形相，只能用想像。

人的想像，有回憶的想像，有創造的想像。回憶的想像，是再現以前感覺所有的印象。創造的想像，則是利用以前感覺所有的印象，任憑本人裁剪配合，作成新的想像。美術的想像，當然該是創造的想像。

創造想像，所創造的，不是想像本身，想像由感覺而來，沒有一種感覺，卽不能有這種想像。但是在感覺裏，感覺常不是單獨立的，想像也就常不是單純的。創造想像便是在於把以往的想像，或者加以剪裁，或者新加以結合。因此創造想像所創造的，是由舊想像造出新想像，想像之新，在於和舊想像的結合不同。想像的剪裁和配合，由理智去支配。

在實驗心理學方面，關於美術的想像，有許多很可貴的說明。如聯想作用中，類似的聯想，接近的聯想等，都可用爲說明美術想像。又如想像和感情的關係，在實驗心理學中，也有許多可貴的例証。

然而美術想像，不能純粹用實驗心理學去解釋。美術家既然是創造美術，美術想像則不能完全被動地由想像和感情在心理方面的原則去支配。美術家創造美術，是自由地剪裁配合想像，自由則由理智支配。美術家創造美術的天才，因此也是有自由，也屬於理性。

（丙）　美術的感情

欣賞美術時，感情是欣賞的終點，人欣賞美術，在實際上能够是一見美術，精神就愉快。但是在理論上，認識先於感情。先要認識美術，然後纔欣賞美術。在創造美術時，感情是創造的起點。朱子詩經傳序說：『詩者，人心之感物而形於言之餘也。』樂記說：『凡音之起，由人心生也。人心之動，物之使然也。感於物而動，故形於聲。』詩和樂之生，都由於人心感於物而動。人心感於物所動的是動感情。美術家創造美術，常是因爲有所感觸。感情乃是美術的動機。有時這種動機很明顯，有時很隱晦。在詩歌和小說戲劇裏，感情的動機容易看出；在字畫彫刻，尤其是在建築裡，感情的動機，則難看得明白。

感情不僅是創造美術的動機，而且是美術想像的聯絡網。美術想像的剪裁配合，雖由一中心觀念爲標準，但美術的中心觀念，不是一抽象的觀念，是人的精神在生活中的一項經歷，因此是和感情相聯的。有時美術的中心觀念，且不過是代表一種感情。美術的想像，全篇都由感情去聯繫，理智，感情和想像，三者交織而成美術。卽使美術中所表現的，是美術中的人物的感情；但既表現在美術裏，是經過美術家作爲自己的感情了。因爲美術的內容，直接是作者精神。

美術旣爲表現人的精神，人的精神除理智外，爲意志的感情。理智的活動，常屬抽象的，不宜於美術的表現，美術所表現的，便以感情爲要。美術家在實際上也常是偏於感情的人，不是長於推理的思想家。

但是美術的動機，雖來自感情，却不能像變態心理學所說，是來自變態的心理，或來自慾情的昇華。這兩種主張，在實驗心理學上旣沒有証據，在哲理方面，很是違反美學原則，而且是不倫不類。

至於移情的主張，我也不贊成；因爲在學理上沒有根據。文學家說鳥語花笑霧愁，不是以自己的感情移之於物，乃是在想像裏，眞是想像鳥語花笑霧愁。這種現象在實際上不可能；在想像裏是可能的；美術的想像乃是創造的想像。

(二) 美術家

美術是人造的美，人能造美，學者以為分有造物主的造化功能。能參與造化功能的人一定不多，有這種本領的人稱為詩人，騷客，文學家，畫家，音樂家。這等的人，與衆不同，不單單是因為他們創造美術；他們天生的性格，也有些異於常人。

一個人若是感覺不靈敏，想像不活潑，感情不濃厚，必不能稱為美術家。美術家要在感於物時，馬上能有動於心；心一動，又要立刻在想像裏「直觀」到表現心情的具體形相，最後再要有本領把想像的形相作成外面的形相而成美術。

美術家是知道表現自己的人，而又是能够以美的形相來表現自己精神的人。善於詞令的人，知道把自己所想說的理由，都好好地說出來。長於作議論文的人，知道把自己所有的理由，都好好地寫出來。美術家則知道把自己精神上所感觸的，用光輝的形相，巧妙地表現出來。美術家所表現的，不僅是自己所願說的話，不僅是自己所有的理由，美術家所表現的，是自己的精神，是自己的心靈，是他整個的自己。

(1) 美術家的特性

美術家便不是一個尋常的人，乃是一個非常的人。美術家較比普通的人多有天生的本能，他是得天獨厚。李白曾歌說：「天生我材必有用。」美術家具有天生之才。

（甲）天才

（A）天才。在字面上的意思，即是天生之才。天生之才，可以包括人的一切本能；一切的本能，不都是天生的嗎？天才和學業相對，天才是天生的才能；學業，是學習而得的才能。

天才，在普通用語上的意義，沒有這麼廣，不指一切天生的本能，乃是指天生的一項特出才能。西洋文字多稱天才爲 Genie, Genio, Genius. 拉丁話的 Genium 代表人的聰明。有 Genium 的人，即是很聰明的人，即是理智力很高的人。我們普通說這等人天分很高。

因此天才，第一便是表示天分很高，表示天生聰明。但是這種意義仍過於廣泛，還該加以限制。天才不是普通的天生聰明，而是天生專對一門事情的聰明。善於數學的人，我們說他有數學天才；善於哲學的人，我們說他有哲學天才；善於說話的人，我們說他有演說的天才；善於作詩的人，便有寫詩的天才；善於繪畫的人，便有繪畫的天才；善於音樂的人，便有音樂天才；善於舞蹈的人，便有舞蹈的天才。

由此看來，天才不僅是理智聰明，還有善於作一門事情的技能，例如唱歌天才，要耳朵天生善於分辨音階，要喉嚨天生有好聲音。兩者缺一，就不算唱歌天才了。又於繪畫天才，要眼睛天生善於分辨顏色，又要天生善於畫圖形。因此天才，包含兩部份的天生的高度才能；包含人對於一門事件，所有天生的聰明，又包含人對於這門事件所有的天生技能。

對於一門事件，天生的高度聰明和技能，便稱爲天才。

（B）美術家的天才何在？美術家的特性，在於能够以具體的光輝形相，表現自己精神上的感觸。美術家的天才，便是在於自己的理智上具有一種特別强烈的光明，能够看見淸楚爲表現自己精神的形相。又在自己的表現能力上具有善於把內面形相表現於外面形相的技能。美術之美雖是一，美術之美的表現形式則有多種；於是美術的天才，也不只一種，有音樂天才，有繪畫天才，有作詩天才，有寫小說天才等等。每種美術的天才所有的天生高度聰明和技能，便針對這種美術的表現方式。作詩的天才，在理智方面，是立時想出（看出）爲表現自己某項感觸的想像，在技能方面，是迅速選出適當字句。美術天才的基礎在於理智；天才的因素，則在於想像的活潑，和感情的濃厚。變態心理學者以天才爲變態心理作用，以美術家爲精神失常的人。豈不是主張美術家爲精神失常的瘋子？美術家不是神精失常的人，美術家是有非常天才的人。

（C）美術天才由何而來？唐能（Taine）主張美術天才，來自遺傳，來自社會環境。研究美術的人，於是對於每個美術作家的譜系，下功夫去考証，眞有追至祖宗十三代的神氣。對於社會環境，也眞相信中國古人所云：山水淸秀的地方，生出來的人也淸秀。遺傳之說，於今已成爲一種專門學術。人的身體，人的性格，多受遺傳影響，今日已有科學的証明。但是人所得於父母的，是一個身體，身體是物質物。身體上的生理和心理機官，可以受遺傳的支配。至於理智本能，雖用神精系統作思索的工具，和神精系統關係密切，但是理智本能在本身方面，乃是精神性，乃是靈魂的本能，因此理智本能，不能是遺傳的。遺傳對於理智本能的影响，能够是神精的系統，能够是理智的運用方式。祖傳是研究一種學術或一項職業的人，可能因着遺傳而傾向這項學術或職業，並且容易學習這項學術或職業。

美術天才，既是以理智爲基礎，美術天才，便不能由遺傳而來。遺傳可給與美術家的，是感情和想像方面的特長。

我們相信人有靈魂，又相信靈魂爲造物主所造；我們便相信美術天才爲造物主所賦。這樣講來，天才眞是天才；因爲眞是天賦的才能。

社會環境不能產生天才，然能影响天才。因爲社會環境頗能影响人的生理生活和心理生活。每個地方，每個時代，各有不同的美術作風；每個美術家便可以受時代作風的影响。但另一方面，一個美術家的作風又能影响社會的作風。

（D） 天才與學習　我們說過，美術天才包括兩部份：一部份是理智的特別聰明，一部份是運用美術材料的技能。從理智特別聰明說，天才是不須學習而且也無法可學。從運用美術材料的技能說，天才也應學習，也可以學習。例如李白作詩，他的思想迅速，感情豪放，想像活潑，這一切的本領，他自己不用學習就有，別的人要學也無法可學。但是李白作詩，用字用韻，雖因天才高，不費氣力，可是他一定讀過古詩古韻，旁人要學他用字用韻也可以學。因此天才所包括的技能，用學習可以增加。天才的技能，也是技能，凡是技能，越用越熟，越學越精。字家，畫家，詩人，文人等等美術家，不是常要多年的學習，然後纔能成爲美術專家嗎？

但是沒有天才的人，無論怎樣學習，至多只能學得運用美術材料的技能，理智上的美術聰明，無法可得，至終也不過是一行藝匠罷了。

（乙）　靈感

近代和現代美術論者，常以美術家在創造美術時，必定有美術的靈感。在事實上，有些音樂家，有些詩人，有時自己願意寫音樂，願意寫詩，可是雖搞搜了枯腸，也寫不出來，或者幸而寫出來，寫出來的東西也不好。但是有時不思不想，突然感到要寫音樂或要寫詩，振筆疾書，一氣呵成。作品眞是天衣無縫，人人稱妙；連作家自己也稱妙，他也不知道自己怎麼寫成的。

這種作家自己不能理解的奇妙，近人稱之爲靈感。

（A）　靈感是什麽？　大家都談靈感，大家却都說不出來靈感是什麼。靈感常是彷彷彿彿，神妙莫測。

靈感在西洋文裏本來表示啓示。啓示是宗教神學上的名詞，用爲表示神的啓示。神在啓示人時，人用不着思索。神或是把一項事理，排在人的理智前，再光照人的理智，人便立刻懂得這項事理。神或是把一項事理用聲音告訴人，使人知道。神的啓示，突然而來，悠然而去；誰也不知道究竟怎樣。美術家創造美術時，心中所起的狀態，有似於人受神啓示時的狀態，於是學者遂美其名爲靈感。譬如杜甫曾說：「讀破萬卷書，下筆如有神。」

主張潛意識的學者，認靈感爲潛意識的出現。人作事時，普通常是有意識。但是人有下部潛意識。潛意識猶如一些東西沉在水底，通常不會浮出水面。然當水被振動時，水底的東西便翻到水面上來。人的潛意識，當人心受振動時，也衝破藩離，突然衝入人的意識中，人就不思不想地按着潛意識所現出來的，寫出來或畫出來，遂成美術。潛意識的衝出，卽是靈感。

主張變態心理學的學者，以爲靈感，乃是人的心理所有的失常變動。如人中風，人作夢，人被催眠術催眠，這些都是心理上的失常變動。美術靈感也就是這一類的失常變動。不客氣地說，靈感就是發瘋。

我們素來主張美術爲精神自由的產物，天才的基礎在於理智，當然不贊成靈感爲發瘋，也不贊成靈感爲潛意識。

假使有美術靈感，靈感必定不是非理智性的，也不是無意識的。

（B）　靈感的意義　　在事實上，美術家創造美術，不是都有所謂靈感的狀態，也不一定務必要經過所謂靈感的狀態。就像杜甫作詩，有時下筆如有神，有時則字字加以推敲。況且杜詩素以不亂用字見重於人。美術家必定要有美術天才，沒有美術天才，不能成美術家。至於靈感，可有可無。有靈感，固然更好；靈感不來，也可以勉強創作。所以美術靈感不是美術家不可少的要素，只是美術家莫大的助力。

那麼靈感究竟是什麼呢？靈感是一種啓示，然不是神的啓示，乃是人世間的啓示。人世間的啓示有什麼意思呢？人有時思索一樁事，怎麼想也想不出來，旁人忽然提醒一句，便馬上想起來了。旁人的提醒，有啓示的意思。又如一個人定下一次約會，事後他全忘了。後來因着旁人的一句話或因着遇到一件有關係的東西，驟然想起了所定的約會，這時他也是得了啓示。還有教師教學生，要使學生自己努力，便用啓示的方法，使學生們聞一知十，或聞一知百。

這一切的現象，都是人世間的啓示。這種啓示卽是用一小事，使人想起更大更多的事。美術家的靈感，乃是因着精神上的感觸，理智突發極强的光明，在想像裏馬上看淸美術的形相，同時意志也受精神感觸的推使，立刻把內面的美術形相表現於外，以成美術。

靈感包含三個因素：一是精神的感觸，爲靈感的動因；一是理智突然而發的强度光明，爲靈感的主體；一是意志的創作命令，爲靈感的成效。理智的强度光明，以及想像的躍躍欲現，都是天才所固有的才能，不足爲奇。因爲沒有美術天才的人，一定不會說自己有美術靈感；假使有，那便眞是精神變態失常。靈感所有的奇妙，在於精神的感觸，又在於感觸能發動天才。這種現象是心理方面的現象，又是精神上的現象；不容易捉摸，也不容易解釋。

美術家不僅具有美術天才，也常具有先天所生的美術性格，感情易動，觀察力極强，精神容易受感觸，因此常能實現這種靈感的現象。

（2） 美術家的創作

（甲） 美術創作的動因

凡是硏究美術學的人，都要討論美術創作的動因。世上爲什麼要有美術呢？美術家爲什麼要創造美術呢？

斯塞賓曾主張美術有如遊戲，爲剩餘精力的發展。若說美術有和兒童遊戲相似之點，如玩具的模仿性，如遊戲的想像化，如小孩假裝人物以取樂，這些情景和美術的情景很相似，另外是和戲劇很相近。但是我們若從「美」的意義去看，美術和遊戲就完全不同。美是人表現自己的精神，遊戲沒有表現性。美是創造形相去表現精神，遊戲是模仿別的事物以取快樂。因此美術不是剩餘精力的發展。況且美術的主要創造因素爲理智，理智並不是精力。

福洛益特曾主張美術爲慾情昇華，人的性慾在意識的生活裏，不能有滿意的發展，因而轉入潛意識中，然後再由潛意識昇華爲美術的情感，衝入意識以內，以成美術。這種主張，在前幾十年，曾風行一時，於今在學術界已經沒有人相信了。有些人還很不客氣批評慾性昇華論，只是代表創立這種主張的人，本人的心理失常，處處感到性慾的衝動，好像迷信鬼的人，到處見鬼！

美術家爲什麼創造美術？這個問題可以用之於許多其他的人，例如問科學家爲什麼研究科學呢？天文學家爲什麼研究天文？美術家具有美術天才，具有美術性格，天然地容易有感觸。有了感觸，則不能不創造美術。

人類爲什麼要有美術呢？人類的活動，都是爲發展自己的生命。人類所有的事業，都爲有益於人生。美術則和實際生活相脫離，自身不含有利益觀念；那末人類爲什麼要有美術？美術雖不含利益觀念，美術自身爲人生有利。人有感觸，自然有向外表現的要求。人用語言，爲表現自己的思想；人用美術，表現自已的精神。人的精神而且常有向美的傾向，哲學家常說眞美善爲「實有體」的特性，眞美善三者是對人的精神活動而言。單有實體，沒有人的精神活動，眞美善三者，都不成立。人既求眞求善，當然也求美。所以人生要有美術。創造美術者固然是求美，欣賞美術者也是求美。在美術之中，人的精神由有限升到無限，同時又使有限和無限相結合，人的精神乃有欣賞美術的愉快。

（乙）　創作與模仿

人的動作，不像造物主的動作。造物主的動作，能够從無中生有，由虛無而造宇宙。人的動作，沒有無中生有的能力「巧婦難炊無米飯」，美術家也不能由虛無而造美術。美術家創造美術時，要用物質材料，筆，墨，顏料，紙，絹，木，磚石，銅，鐵等等已成的東西，又要用已成的語言文字。就是自己的思想和想像，也是本人以往所有過的。

美術家創造美術時，他所創造的新東西，是美的形相，美的內面形相，是美術家所剪裁調合的新想像；新的外面形相，是美術家運用技能使物質材料結成新結合。例如一幅畫，畫的外面形相，爲顏色結合而成的圖形，這種圖形，是畫家造的。畫的內面形相，爲這幅畫在想像中的圖形，畫家先想好了圖形，然後纔按腦中的圖形作畫。腦中的圖形，也是畫家所造的。

但是畫家所作的圖形，用意爲成「美」。美的觀念，人不是憑空虛構的。人是從自然界的物體裏，攝取了美的觀念。人若不認識自然界的美，人便不能有美的觀念，不知道什麼是美，也就不能創造美術。人的智識愈高，對自然界的認識愈多，他所有的觀念一定愈豐富，他的美術創造力也愈强。因此美術和人類的文明，關係很密切。智識淺，文化不高的民族，他們的美術品，一定很粗陋。反之，一個民族的美術精秀，這個民族的文化一定很高了。

美的觀念，來自自然界的物體。世界上是先有自然界的物體，人造物體來在以後。人是先知道自然界中何者爲美，何者爲不美，然後自已動手創造美術。人爲創造美術，要用想像，想像來自感覺對於外物所得的印象，想像也不過是外物的圖形。因此美術家在創造美術時，常離不了自然界的物體。

自然界的美，爲美的觀念的來源，爲美的模型。美術家爲知道什麼是美，一定要欣賞自然之美。

歐洲美術界，在上一世紀，盛行寫實主義。法國文學家左拉莫伯桑等都是寫實派的大家。歐洲的繪畫、彫刻，從古到今，都以寫實爲主。美術界的寫實主義，即是模倣自然。

當代歐洲的美術界，一反前一世紀的風氣，美術家無論是詩人或畫家、彫刻家，都反對模倣自然，主張以自已的想像爲主，弄得美術界怪狀百出，烏煙瘴氣。

從美術理論方面說，美術的創作不能完全脫離自然美的模型；但也不能呆板地模倣自然之美。美術家要自出心裁，創造美的形相；然而美的形相在結合時所有次序，應不違反美的原則。按照美的原則，形相之美，在於有不凡的次序。不凡的次序，是美的次序較比普通物體的形相更好，但不是反對普通物體的形相。若畫牛，而完全沒有牛形，則不能稱爲牛了。

中國的繪畫美術，既不完全寫實，也不完全任意亂畫，很得美術的要旨。歐洲的畫，不是偏於模倣，便是偏於亂寫，常走極端。

（丙） 印象和表現

歐美的繪畫，在第十八世紀時，盛行印象派的畫法，（T Impressionismus）到了第十九世紀，則轉向主觀表現派的畫法，（Expressionismus）。同時在文學界，有寫實主義，（Realismus）有超寫實主義。（Superrealismus）寫實主義雖和印象派不完全相同，在理論上頗多相同之點。超寫實主義則和主觀表現派，在理論和實行上，都很相似，所以超寫實主義盛行於現代的畫家中。

印象派所主張的理論，主張美術家創造美術，是爲表現自然界所給與美術家的一刻的印象。美術家所表現的，以自然界爲主，然而不是純粹客觀的自然界，而是帶有作者的主觀性的自然界。在這一點上印象派和寫實主義不相同。印象派主張美術家的心情常是變動的，自然界的景物，印在美術家心中的印象，要受美術家心情的影響。自然界的景物可以常不變動，但是自然景物印在美術家心中的印象可以稍有變動。美術家所表現的，是美術家對於外面景物，一刻時間中的印象。印象派所以是客觀又兼主觀。

主觀的表現派，在上面我們已經說過，主張美術家自由任意表現自己，美術家願意怎麼畫，就怎麼畫；願意怎麼寫，就怎麼寫，不單是可以不顧傳統的規矩，連語言、顏色、物形的本來意義，也可以不顧。超寫實主義，在前面我們也曾講過，以美術爲表現精神活動，精神活動則是靈活變化，無所拘束，美術便在表現這種靈活不拘的心理現象，不是表現外面的實體或現象。

上面兩派的爭執，即是美術的主觀性和客觀性的爭執。美術家在創造美術時，是表現自然界現象呢？

是藉自然界現象表現自己的精神呢？是表現自己對於外界一時的印象呢？或自由表示自己的心理現象呢？

按美術的理論說：美術家不能僅是表現外界的現象，否則美術品已不是美術品，僅是一些照相片或自然科學的說明書。美術家也不能完全任意表現自己的心理現象，不顧一切的客觀條件，否則美術品也不成爲美術品，只是一些不能懂，更不能欣賞的怪物。美術家所表現的是自己的精神感觸，然爲表現精神，要藉用外物，因此他便不能不保存外物的本來意義，紅是紅，白是紅，我是我，牛是牛。然而他可以根據自己的精神感觸，用自己的天才，配合這些外物，使成爲一種新的形相。這種新的形相，是印象派所說的印象否，那要看美術家當時的精神感觸若何，因爲可以是印象，也可以不是印象。

（丁）個性與普遍性

美術作品，最能代表作者自己的個性，李白的詩，代表李白；杜甫的詩，代表杜甫。王維的畫，代表王維；梅道人的畫，代表梅道人。但是，美術品又最能受各地各時的人的欣賞，古代的學術書，於今人研究，只爲研究學術史。古代人的事業，在於今人看來和在當時的人看來，意義就不一樣。只有美術品，無論那一代的人，都能欣賞。因此美術品又最能代表普遍性。

而且個性表現愈淸楚，美術的美性愈高，便更能受人的欣賞，也就更能代表普遍性。看來似乎是自相矛盾；因爲美術的個性愈强，普遍性也愈大。但是究其實，事情並不是不能解釋。

美術家的個性是什麼？卽是他自己本人所有的特性。這些特性，在美術的內外形相都表現出來。在想像裏，理智構成美術相形時，美術家自己的感情，自己的思想，自己的想像，另外是想像的選擇，和想像配合的次序，都表現美術家的個性。在美術的外面形相裏，美術家對於外面材料的選擇，如顏料，如字句，如銅，如石，很能表現個性，何況外面的形相，直接又是表現內面的形相。內外形相的個性加起來，美術的個性必定很明顯。假使美術沒有個性，美術便不是表現美術家的精神，也不是美術家的作品，遂不成爲美術。

美術的普遍性又何在？美術所被人欣賞的，是美術之美。美術之美，在於美的形相具有不凡的次序。美的形相是美術家個性的代表，美的形相的次序也是代表美術家的個性，但是美術形相的次序的原則，則是人人理智中所公有的。而且這些原則還是天賦的。人欣賞美時，人不用思索，直接評判美術是美。因此，個性明瞭的美術，既更能含有美性，便更能合於人心的美的天生原則。人心天生的美的原則，人人相同，美術品遂能處處時時受人欣賞，遂是愈有個性也愈有普遍性。

（戊）美術與倫理、宗教

（A）美術與倫理，兩界不同

美術和倫理，兩者的界限不同。美術屬於美，倫理屬於善。美的價值，在於發表作者的精神，在於使人起美感。善的意義則是合於倫理規律，使人趨向人生的終向。美是以自己的目的，以自己爲止點，作家和欣賞者，對着美術就止於美術，不再追求另一目的。美以自己去發揮人的精神，愉快人的精神。善則以人生終向（最終目的）爲目的，引人止於人生終向。兩者的意義不同，兩者各爲一界。

因此倫理爲成倫理，不要求有美；美爲成美，不要求有倫理。

（B）　倫理和美，互相完成。

倫理和美雖各爲一界，意義不同，互不相屬，但並不是不互相發生關係。反之，兩者的關係很密切，可以互相完成。美可以使善的意義更完滿，善可以使美的意義更完全。

倫理爲人生各種關係的次序，倫理次序更好，更稱爲善。例如父子一倫的倫理，即是父子關係的次序，慈與孝，爲這種次序的表現。兒女孝順父母，父母教養兒女，兩方便都遵倫理次序。又如男女一倫，彼此互有倫理的次序，男女不苟合，即是這種次序的表現。

美爲想像構成的形相。爲構成美的形相，想像由理智指揮，由感情聯絡，佈置一項爲表示精神感觸的形相。美的形相雖由理智自由剪裁配合想像而成，想像則是外面物體的印象。在想像裏，牛是牛，人是人，父是父，子是子。美術家不能改換這些印象的意義，若說美術美能把牛想作人，以牛能說話。但在這時，牛字人字仍舊保存原意。美術家所能自由創造的，在於自由配合這些印象，在美術的形相中。形相的構成材料，既然保存本來意義，於是這些材料中本有的倫理次序，不但不會破毁美術形相之美，反可以增加美術形相之美。美之爲美不是在於形相有不凡的次序而具光輝嗎？倫理的次序，爲物性的天然次序，天然次序愈好，物則更有光輝。因此倫理上的光輝事跡，如爲愛國而殉身，爲愛妻而冒險，爲孝親而臥冰。以及各種善德，都能使美術更完全、更動人、更有價值。倫理的次序，可以成全美的次序。而且美術所表現的是作者的精神，倫理上的豪華，都是精神上非凡的活動。美術家很可以用倫理上的豪華代表自己的精神，表現之於美術。假使美術家荒棄倫理的次序，在美術的形相中，以反倫理次序爲次序，則美中一定有不足。人的精神是整個不分的；在人的精神上有倫理的天然原則，有美的天然原則；遇到相反倫理次序的美術時，人的精神在倫理天然原則方面，感到不安，這種不安，一定要影響人的精神在美一方面的愉快，使人的美感不完全，精神不完全愉快。

美能使善更完滿，因爲善雖能動人，美更能動人。善德若能够詩情化，不能更可令人嘆服羨慕嗎？

（C）美術家與倫理

許多學者主張美術創作和倫理沒有關係。因爲美術爲美術家的精神活動。這種活動，旣沒有別的目的，也沒有別的價值，完全以自身爲目的，以美爲美的價值；因此美術創作和倫理無關，美術家創造美術時，不受倫理道德的支配。

這種主張，我不能接受。因爲美術創作旣是人的一種有意識的活動，又是人的一種自由活動，而且還是人的精神所有最高的活動；那末怎麼可以說，這種活動和人生的終向沒有關係呢？人的精神，繼續不斷地趨向人生的終向。人在精神活動時，竟不顧精神所趨向的目的，則是殘賊精神，則是惡。

倫理道德的意義，不在於就合倫理規律，是在於倫理道德引人的精神趨向人生的最終目的。美術家在創造美術時絕對不能忘記人生的終向。

（D）美術與宗教

宗教和歐洲美術的關係，凡是究研美術的人，都知道兩者的關係很深。誰要懂到歐洲的繪畫，建築和音樂，一定先要瞭解天主教的聖經和教會歷史。歐洲美術博物館所收藏的美術品除了現代的作品外，其餘的作品，幾乎是百分之九十，是以天主教的掌故作題材的。歐洲的幾部最大詩集，如但丁神曲，歌德的浮士德，彌爾頓的樂園，以及貝多芬，莫佤爾的樂曲，莫不是描寫宗教事蹟的。從另一方面去看，歐洲的教堂，都是美術的建築品，教堂內供着極多的美術畫像和彫像。甚至天主教的宗教儀禮和歌樂，也多含有美術的成分。

為什麼宗教和美術可以有這樣密切的關係呢？

宗教的意義，在於引人精神趨向於神。天主教的神為天主，天主為無限的精神體，為人生的終向。人的精神在天主的信仰裏，飛升到無限的境界，精神能得到至大的發展。

美術的真正價值，也是在於使人的精神由有限伸到無限，從現實升到理想。人的精神既然在天主教的信仰裏，升舉到無限的境界。人的這種宗教信仰，便是人的精神的最高活動，很可以在美術中表現出來。因為美術是為表現人的精神，宗教信仰是人的精神的最高活動，為什麼不能成為美術的最高尚的題材呢？

現代歐美人的生活，已是物質壓到精神，許多人已經放棄宗教而求物質享受；因此現代歐洲美術作品，既少有宗敎性的題材，且同時失去美術的精神。

歐洲人不像中國人，歐洲人歷代信仰天主，以天主代表精神，不信天主，便信物質。中國人素來所有的宗敎信仰，不甚濃厚，但是中國人素來以宇宙間的精神代表天，宇宙間有天道，人心有天理，中國人便以追求宇宙間的精神，以發展自己的精神，如同中庸所說，盡人性以盡物性，盡物性以參天地之化育。中國美術品不以宗敎信仰爲題材，而以宇宙的精神代表爲題材。山水，友情，孝愛等等精神代表，所以在中國美術品中，隨處可見。中國美術品似乎是趨於物質，實際則趨於精神。

由此也可以見到，宗敎與美術，同是精神活動。宗敎信仰能助美術的發展，美術之美，也能加强宗敎感人之情。

美術家若不信精神，美術便失去自己的意義。美術爲表現作者的精神，作者既不信有精神，則有什麼可表現呢？何怪乎現代美術的奇形怪狀，不足供人欣賞！

一九五八年五月卅一日聖母天地母后節完稿

國立中央圖書館出版品預行編目資料

士林哲學：實踐篇／羅光著 -- 再版 -- 臺北市：臺灣學生，民80

13,468面；21公分

ISBN 957-15-0196-4（精裝）-- ISBN 957-15-0197-2（平裝）

1.士林哲學

142.2　　80000457

士林哲學—實踐篇（全一冊）

著作者：羅光

出版者：臺灣學生書局

發行人：丁文治

發行所：臺灣學生書局

台北市和平東路一段一九八號

郵政劃撥帳號○○○二四六六八號

電話：三六三四一五六

FAX：三六三六三三四

本書局登記證字號：行政院新聞局局版臺業字第一一○○號

印刷所：淵明印刷廠

地址：永和市成功路一段43巷五號

電話：九二八七一四五

香港總經銷：藝文圖書公司

地址：九龍偉業街九十九號連順大廈五字樓及七字樓

電話：七九五九五九五

定價 精裝新臺幣三五○元 平裝新臺幣三○○元

中華民國七十年十月台四版（學再版）

中華民國八十年三月再版二刷

14202

ISBN 957-15-0196-4（精裝）
ISBN 957-15-0197-2（平裝）

學生書局出版　羅　光博士著作目錄